세상을 정복하라

## 세상을 정복하라

**1판 1쇄 인쇄**　2024년 1월 25일
**1판 1쇄 발행**　2024년 1월 30일

**지은이**　김서택
**발행인**　한동인
**펴낸곳**　(주)씨뿌리는사람

**등록번호**　제2006-4호
**주　　소**　경기도 이천시 경충대로 2096-4
　　　　　 (서울사무소) T. 741-5181, 4　F. 744-1634

책값은 뒤표지에 있습니다.

ISBN 978-89-90342-66-9

Web　www.kclp.co.kr

"천국은 마치 사람이 자기 밭에 갖다 심은 겨자씨 한 알 같으니
이는 모든 씨보다 작은 것이로되 자란 후에는 나물보다 커서 나무가 되매
공중의 새들이 와서 그 가지에 깃들이느니라"(마 13:31-32)

**공급처**　기독교문사 도매부　T. 741-5181~3　F. 762-2234

세상을 정복하라
김서택

씨뿌리는 사람

● 프롤로그

# Prologue

    대학을 졸업한 청년들이 대기업에 취직하거나 교사가 되려고 할 때 이 세상 현실의 벽은 너무 높아서 도저히 들어가지 못할 것 같습니다. 마치 이스라엘 백성이 배도 없이 요단강을 건너가야 하고, 여리고 성을 무너뜨려야 하는데 아무 방법이 없는 것과 같습니다. 그러나 여호수아와 이스라엘 백성이 하나님의 말씀을 믿고 최선을 다할 때, 요단강은 멈추어서 높은 댐처럼 쌓이고 여리고 성은 손도 대지 않고 무너져 버렸습니다.

    하나님은 지금도 우리에게 세상에 들어가서 세상을 정복하라고 말씀하십니다. 우리도 하나님의 말씀을 믿고 최선을 다하면 길이 열릴 것입니다.

    지금 세상에는 많은 크리스천이 나가서 성공하고 있습니다. 그러나 우리는 아직 세상의 음란과 미신과 죄악을 정복하지 못하고 있습니다. 오히려 세상은 날이 갈수록 더 악하고 음란해지고 있습니다. 우리가 여호수아같이 하나님의 말씀을 붙들고 나가면 반드시 세상을 정복할 수 있을 것입니다.

    부족한 제 설교집을 언제나 기꺼이 책으로 만들어서 많은 교인과 청년들을 말씀으로 먹이시는 한동인 사장님께 감사드립니다. 그리고 언제나 저의 설교를 사랑하시고 따뜻한 격려를 아끼지 아니하시는 대구동부교회 성도님들께도 감사드립니다.

대구 수성교 옆에서
김서택 목사

● 차 례

# Contents

프롤로그     05

| | | | |
|---|---|---|---|
| 01 | 세상을 정복하라 | 수 1:1-9 | 09 |
| 02 | 이스라엘의 준비 | 수 1:10-18 | 19 |
| 03 | 여리고의 기생 라합 | 수 2:1-14 | 29 |
| 04 | 비밀 약속 | 수 2:15-24 | 39 |
| 05 | 첫 번째 관문 | 수 3:1-17 | 49 |
| 06 | 요단강의 기념물 | 수 4:1-24 | 59 |
| 07 | 수치를 벗은 자들 | 수 5:1-15 | 69 |
| 08 | 두 번째 장애 | 수 6:1-27 | 80 |
| 09 | 생각지도 못한 실패 | 수 7:1-15 | 89 |
| 10 | 숨은 죄의 발견 | 수 7:16-26 | 99 |
| 11 | 지혜를 주심 | 수 8:1-35 | 107 |
| 12 | 기브온 주민의 사기극 | 수 9:1-27 | 116 |
| 13 | 태양아 머무르라 | 수 10:1-15 | 126 |
| 14 | 원수의 목을 밟다 | 수 10:16-43 | 135 |
| 15 | 말과 병거와의 싸움 | 수 11:1-23 | 144 |
| 16 | 여호수아의 회고 | 수 12:1-14:5 | 154 |
| 17 | 발람의 죽음 | 수 13:22 | 163 |

| | | | |
|---|---|---|---|
| 18 | 갈렙처럼 나이 들기 | 수 14:6-15:63 | 173 |
| 19 | 지켜야 할 유산 | 수 16:1-19:51 | 183 |
| 20 | 불의의 사고 책임 | 수 20:1-9 | 192 |
| 21 | 땅이 없는 지파 | 수 21:1-45 | 201 |
| 22 | 이스라엘의 오해 | 수 22:1-34 | 210 |
| 23 | 여호수아의 설교 | 수 23:1-16 | 220 |
| 24 | 이스라엘의 변질 | 수 24:1-33 | 230 |

# 01

## 세상을 정복하라

수 1:1-9

**옛**날에 청계천이 개발되기 전에 청계천 가에는 피난을 오거나 혹은 무작정 상경한 사람들이 하꼬방이라 불리는 허름한 무허가 판잣집들에 잔뜩 모여 있었습니다. 거기 있는 사람들은 돈도 없고 기술도 없어서 매일 술이나 마시고 싸움질이나 하고 살았습니다. 대개 거기 있는 사람들은 주로 넝마라고 해서 종이를 주워서 팔아서 먹고 살았습니다. 그런 사람들이 이 세상에서 성공하기는 불가능했습니다. 가끔 젊은이 중에서 아무 대책도 없이 서울에 올라오는 사람들이 있는데, 젊은이들은 그런 사람들을 '맨땅에 헤딩한다'라고 합니다.

아마 중국에서 가장 큰 부자는 전자회사 알리바바의 회장 마윈일 것입니다. 일단 마윈의 얼굴을 사진으로 보면 거의 네모나고 볼품없게 생긴 사람이고 덩치도 크지 못합니다. 또 건강도 좋지 못해서 초등학교를 남들보다 2년 더 다녀서 졸업했다고 합니다. 그의 꿈은 경찰이 되는 것이었는데, 7번이나 시험 쳐서 다 떨어졌다고 합니다. 한번은 어느 회사에서 알바생 23명을 뽑을 때 24명이 지원했는데 마윈만

떨어지고 다른 사람들은 다 합격을 했다고 합니다. 그는 대학 시험도 두 번 떨어지고 세 번째 겨우 붙었는데, 그것도 전문학교 수준이었다고 합니다. 그런데 그는 인터넷을 보았을 때 너무 신기하고 재미가 있어서 이것으로 유통하는 사업을 하면 성공하겠다고 생각해서 덤벼들었는데, 결국 중국 최고의 전자유통회사인 알리바바를 창업하여 크게 성공했습니다.

우리가 세상을 정복한다는 것은 이 세상에 정착할 뿐 아니라 성공하고 축복을 받아서 세계에 영향을 미치는 것을 말합니다. 그러나 이 세상에는 이미 자리를 차지하고 있는 사람들이 있어서 텃세를 부리는 바람에 좀처럼 적응하기 어려운 경우가 많이 있습니다. 그래서 예수 믿는 사람들은 외부에서 온 사람들에게 텃세를 부리지 마시기 바랍니다. 크리스천은 새로운 사람들에게 친절해야 하고 잘 정착할 수 있도록 도와주어도 하나님은 얼마든지 축복을 해주신다는 것을 믿어야 합니다.

우리 크리스천들은 이 세상에서 잘할 수 있는 것이 하나밖에 없습니다. 그것은 하나님께 예배드리는 것입니다. 우리는 예수 믿고 기도하라고 하면 자신이 있는데 이 세상에서 돈 벌고 성공하라고 하면 자신이 없습니다. 우리나라에 기독교는 약 130년 전에 들어왔습니다. 그동안 복음은 우리나라에 엄청난 부흥을 일으켜서 교회 없는 동네가 없게 되었고, 수많은 목사, 장로, 기독교인들을 배출했습니다. 이제는 정치인이나 공무원, 기업가 중에서도 많은 크리스천이 있습니다.

### 1. 하나님의 명령

이스라엘에서 가장 위대한 지도자는 모세였습니다. 모세는 시내산에서 하나님을 만난 후 지팡이 하나만 들고 당시 노예로 고생하던 이스라엘 백성을 찾아와서 애굽의 바로와 대결해서 수많은 기적으로 왕과 신하들을 굴복시키고 이스라엘 백성을 애굽에서 이끌어냈습니다. 모세는 지팡이 하나로 홍해를 갈라서 이스라엘 백성으로 바다를 건너게 했고, 바로와 그 군대는 바다에 빠져 죽게 했습니다. 이어서 모세는 양식과 물이 없는 광야에서 무려 사십 년 동안 이스라엘 백성을 가나안 땅 입구까지 인도해 왔습니다. 그러나 모세는 므리바에서 물이 없을 때 백성이 원망하자 반석을 지팡이로 치라는 하나님의 말씀에 화를 내면서 두 번이나 반석을 쳤습니다. 물론 반석에서 물이 쏟아져 나와서 이스라엘 백성은 물을 마시고 살았지만, 하나님은 모세에게 너는 가나안 땅을 밟지 못하고 죽을 것이라고 말씀하셨습니다. 결국 모세는 가나안 땅이 바라다보이는 모압 땅의 느보산에 올라가서 저 멀리 약속의 땅을 바라보면서 혼자 죽습니다.

하나님의 능력의 종 모세도 가나안 땅을 들어가지 못하고 모압 땅에서 죽었습니다. 그런데 모세에게는 여호수아라는 비서가 하나 있었습니다. 하나님께서는 모세에게 죽기 전에 여호수아에게 안수하고, 그를 이스라엘의 지도자로 삼으라고 말씀하셨습니다. 그런데 여호수아는 모세가 가진 그런 능력을 하나도 가지지 못했습니다. 여호수아는 오직 모세의 종이었고 비서였을 뿐입니다. 그런데 하나님께서는 드디어 여호수아에게 가나안 땅으로 들어가서 가나안 땅에 있는 원주민들을 다 몰아내고 가나안 땅을 정복하라고 명령하셨습니다. 하나님께서는 모세도 해내지 못했던 일을 아무 힘도 없는 여호수아에게 하라고 명령하신 것이었습니다.

성경에 보면 여호수아에 대해서는 세 가지 사건이 기록된 것을 볼 수 있습니다. 첫 번째는 모세가 하나님께 십계명을 받으러 시내산에 올라갔을 때, 여호수아가 따라 올라간 것입니다. 이때 이스라엘 백성은 산 밑에서 금송아지 우상을 만들어놓고 술 마시고 떠들고 춤추고 있었는데, 이때 여호수아는 모세와 같이 산에 있었습니다. 여호수아는 모세에게 "산 밑에서 전쟁하는 소리가 납니다"라고 하자 모세는 이것은 전쟁 소리가 아니라 술 마시고 떠드는 소리라고 하면서, 내려가서 첫 번째 받은 돌비를 던져서 부수고 금송아지에게 절하고 술 마시고 춤추던 자들을 칼로 쳐서 죽게 합니다.

두 번째는 이스라엘이 광야에서 아말렉 군대의 공격을 받고 전쟁하게 된 때입니다. 그때 모세는 여호수아로 하여금 나가서 싸우게 했는데, 모세가 손을 들면 여호수아가 이기고 모세가 손을 내리면 여호수아가 아말렉에게 밀렸습니다. 이것을 보고 아론과 훌이 양편에서 모세의 손을 들고 있으니까 하루종일 여호수아가 아말렉과 싸워서 크게 이겼습니다.

세 번째는 모세가 가나안 땅 입구까지 왔을 때 이스라엘 각 지파에서 한 명씩 열두 명의 정탐꾼을 뽑아서 가나안 땅을 살피게 했습니다. 그 정탐꾼들이 보고하는 중에 열 명의 정탐꾼은 가나안 사람들은 거인이고 우리는 그 사람들에 비하면 메뚜기밖에 안 되기 때문에 애굽에 도로 돌아가서 종살이하는 것이 낫겠다고 선동했습니다. 그때 정탐꾼으로 갔던 여호수아는 갈렙과 함께 긍정적인 보고를 하는데, 그들은 우리의 밥이라고 하면서 하나님의 말씀대로 나가면 충분히 정복할 수 있다고 주장했습니다. 그러나 이스라엘 백성은 하나님을 믿지 못했습니다. 이에 하나님은 이스라엘 백성 전원을 가나안 땅에 들어가는데 불합격시키셔서 그들이 가나안 땅을 정탐했던 40일을 하루를 일 년으로 해서 40년을 광야에서 돌게 하셨습니다.

여호수아는 모세의 지도하에서 충성된 종의 노릇을 할 수 있었지만 그가 가나안에 들어가서 원주민을 다 몰아내고 정복한다는 것은 불가능한 일이었습니다. 그러나 하나님은 여호수아에게 명령하셨습니다.

1:1, "여호와의 종 모세가 죽은 후에 여호와께서 모세의 수종자 눈

의 아들 여호수아에게 말씀하여 이르시되"

　마침내 하나님의 위대한 종 모세는 모압 땅에서 죽었습니다. 그는 느보산 위에 올라가서 저 멀리 보이는 가나안 땅을 바라만 보고 거기서 죽었습니다. 그리고 이스라엘 백성은 여전히 가나안 땅에 들어가지 못하고 모압 들판에 모여 있었습니다. 이제 모세도 없는데 이스라엘 백성은 가나안 땅에 못 들어가고 애굽으로도 갈 수 없는 처지였습니다. 자칫 잘못하면 이스라엘 백성은 모압 평지에서 오도 가지도 못하고 멸망할 위기에 있었습니다.
　그때 하나님께서는 여호수아에게 가나안으로 들어가서 그 땅을 정복하라고 말씀하셨습니다.

1:2, "내 종 모세가 죽었으니 이제 너는 이 모든 백성과 더불어 일어나 이 요단을 건너 내가 그들 곧 이스라엘 자손에게 주는 그 땅으로 가라"

　하나님은 모세 없이 여호수아로 하여금 요단강을 건너가서 가나안 땅을 정복하라고 명령하셨습니다. 이것은 불가능한 일이었습니다.
　여호수아는 모세가 가졌던 능력을 하나도 가지지 못했습니다. 모세는 능력의 지팡이가 있어서 기적을 일으킬 수 있었고, 시내산에 올라가서 하나님의 얼굴을 대면해서 율법을 받았고, 모세를 대적하는 자들은 땅이 꺼져서 죽었습니다. 모세는 지팡이로 바다를 갈랐고 또 반석을 쳐서 물이 솟아나게 했습니다. 또 하나님을 만난 후 얼굴에서 광채가 났습니다. 그러나 여호수아에게는 능력의 지팡이도 없었고, 얼굴에서 빛이 나지도 않았고, 기적을 행한 적도 없었습니다. 그런데 하나님은 여호수아로 하여금 모세가 하지 못했던 가나안 땅을 정복하라고 명령하신 것입니다.

하나님께서는 여호수아에게 가나안 땅을 정복하는 것이 결코 어려운 일이 아니라고 하셨습니다.

> 1:3, "내가 모세에게 말한 바와 같이 너희 발바닥으로 밟는 곳은 모두 내가 너희에게 주었노니"

하나님께서는 여호수아나 이스라엘 백성이 가나안 땅을 밟기만 하면 그 땅을 이스라엘 백성에게 주시겠다고 약속하셨습니다. 그래서 여호수아가 가나안 땅을 정복하는 방법은 그 땅에 건너가서 땅을 밟기만 하면 되는 것입니다. 하나님께서는 우리가 이 세상 사는 것을 고민하거나 전략을 짜거나 하지 말고, 땅을 그냥 밟기만 하면 주시겠다고 약속하셨습니다. 이는 결코 어려운 일이 아닙니다.

## 2. 하나님의 조건

하나님께서는 여호수아가 이스라엘 백성을 이끌고 가나안 땅을 정복하는데 한 가지 조건만 제시하셨습니다. 그것은 율법의 말씀을 늘 가까이하고 좌로나 우로나 치우지지 말라는 것이었습니다.

> 1:7, "오직 강하고 극히 담대하여 나의 종 모세가 네게 명령한 그 율법을 다 지켜 행하고 우로나 좌로나 치우치지 말라 그리하면 어디로 가든지 형통하리니"

우선 우리가 이 말씀을 들으면 이해되지 않는 것이 있습니다. 일단 이스라엘 백성이 가나안 땅을 차지하려고 하면 전쟁을 해야 합니다. 그러면 먼저 전쟁 연습을 하고 무기를 쓰는 법을 익혀야 할 것입니다. 그러나 하나님께서는 여호수아에게 "오직 모세가 말한 여호와의 말씀을 네 입에서 떠나지 말게 하고 그것을 묵상하며 거기에 기록된 것을 다 지켜 행하라"고 말씀하셨습니다. "그리하면 너희 길이 평탄하게 될 것이며 그들이 형통할 것이라"고 하셨습니다. 그러나 이 말씀은 현실적으로는 사실 말도 되지 않는 것입니다.

예를 들어서 어떤 학생이 수능 시험을 치르는데 시험공부를 하지 않고 성경만 매일 읽는다면 어떻게 되겠습니까? 시험공부를 하지 않으면 그 학생은 수능에 좋은 점수를 얻을 수 없을 것이 분명합니다. 이와 마찬가지로 여호수아가 전쟁할 생각은 하지 않고 모세의 율법만 줄줄 읽고 있다면 가나안 족속이 저절로 죽어줄까요? 가나안 족속은 그 당시 상당한 농사 기술과 상업 기술, 전쟁 기술을 가지고 있었고 최신 무기를 가지고 있었습니다. 또 높은 성을 쌓고 있었고 그들의 군인 중에는 거인족들이 있었습니다. 거기에 비해서 이스라엘 백성은 기술도 없었고 무기도 없었고 전쟁에 경험 있는 사람도 거의 없었습니다. 그런데 어떻게 이스라엘 백성이 세상을 정복할 수 있을까요?

여기서 가장 중요한 것은 이스라엘 백성이 하나님의 말씀에 대하여 열정을 가지는 것입니다. 하나님께서는 여러 번 여호수아와 이스라엘 백성에게 강하고 담대하라고 하시고 율법책을 네 입에서 떠나게 하지 말라고 강조하셨습니다. 이것은 언제나 하나님의 말씀을 입에 달고 살라는 의미입니다. 서로 이야기할 때도 내 생각이 이렇고 네 생각이 이렇고가 아니라 하나님의 말씀이 이렇더라고 하면서 항상 하나님의 말씀을 앞세우고 현실에 겁을 집어먹지 말라고 하셨습니다. 왜냐하면 여호수아나 이스라엘 백성이 하나님의 말씀에 대하여 열정을 가질 때 그들은 한 분을 모실 수 있기 때문입니다. 바로 하나님의 천사입니다. 이 하나님의 천사는 전쟁의 천재이고 기술이나 문화나 모든 면에서 천재이십니다.

하나님의 백성은 세상에서 두 가지 일을 해야 하므로 언제나 불리합니다. 즉 그들은 하나님도 믿어야 하고, 세상일도 해야 하는 것입니다. 이 세상에 저절로 되는 일은 아무것도 없습니다. 크리스천은 술을 마시지 않고 거짓말을 하지 못합니다. 또 뇌물을 주지 못합니다. 그러나 세상 사람들은 크리스천들보다 머리가 더 좋은 데다가 술도 마시고 거짓말도 하고 부정행위도 하니까 도저히 크리스천들이 그들을 따라갈 수 없는 것입니다. 그런데 우리가 하나님의 말씀에 열심을 다하면서 세상일을 하면 어떤 일이 일어나겠습니까? 바로 하나님의 천사가 우리의 삶을 가이드 해주는 것입니다. 그래서 공부도 효과적으로 하게 하고 사업도 욕심을 내지 않고 꼭 필요한 기술에 눈을 뜨게 하시는 것입니다. 전쟁할 때도 하나님의 천사가 먼저 가서 세상 사람들의 힘을 다 빼놓기 때문에 우리가 그들을 이길 수 있는 것입니다. 그래서 하나님께서 여호수아에게 하신 명령은 바로 우리에게 하신 말씀입니다.

　우리는 너무 세상에서 사는 것을 우습게 알아도 안 되겠지만, 너무 겁을 집어먹을 필요도 없습니다. 겁을 집어먹으면 학생은 불안해서 공부가 더 되지 않습니다. 즉 학생들은 책상에 앉아 있다고 해서 공부가 되는 것은 아닙니다. 실제로 공부에 자신감을 가지고 공부를 정복해 나가야 하는 것입니다. 그래서 저희들이 대학 들어갈 때는 교회도 빠지지 않았지만 책들을 거의 모두 다 외우다시피 했습니다. 그러니까 우리는 이 세상에서 살아남을 수 있었고 하나씩 정복해 나갈 수 있었습니다.

### 3. 모세가 없는 여호수아

　왜 하나님께서는 모세가 죽은 후에 여호수아에게 가나안 땅을 정복하라고 하셨을까요? 모세가 살아 있어서 옛날처럼 여호수아를 위하여 손을 들고 기도해주고 어려운 일이 있을 때마다 하나님의 회막에 가서 기도해주면 얼마나 좋을까요? 그러나 모세는 아무리 훌륭해도 율법의 사람이었습니다. 즉 이스라엘 백성의 자발성은 없이 모세는 시내산의 불 가운데서 하나님의 음성을 듣고 얼굴에서 빛이 나는 가운데서 이스라엘 백성을 만나서 이야기했던 것입니다. 그러나 복음의 시대에서 우리는 모세의 지팡이 없이 그리고 빛나는 얼굴도 없이, 즉 모세의 카리스마 없이 오직 하나님의 말씀 하나만 붙들고 이 세상으로 뛰어 들어가야 합니다. 이때 우리 눈에 보이는 것은 아무것도 없습니다. 그러나 우리에게는 엄청난 장수가 함께 계십니다. 그는 전쟁에 능하신 신이고 철장을 가지고 질그릇을 부수듯이 세상을 두들겨 부수는 분이십니다. 바로 우리 주 예수 그리스도입니다. 물론 우리도 인간이기 때문에 이 세상에서 실패하기도 하고 좌절하기도 합니다. 그러나 힘센 장수는 우리를 곧 일으켜 세워주시고 또다시 힘을 내게 하십니다. 그런데 만일 모세가 있으면 그에게만 의지하는 바람에 자기 스스로 하나님을 의지하려고 하지 않고 스스로 기도도 하지 않고 저저 시키는 대로만 하려고 할 것입니다.

그래서 이제 더 이상 우리에게는 모세가 필요하지 않습니다. 우리에게는 모세의 지팡이나 얼굴에서 나는 빛이 필요하지 않습니다. 왜냐하면 더 강하신 분이 우리와 함께하시기 때문입니다.

> 1:5, 네 평생에 너를 능히 대적할 자가 없으리니 내가 모세와 함께 있었던 것 같이 너와 함께 있을 것임이니라 내가 너를 떠나지 아니하며 버리지 아니하리니"

우리가 하나님의 말씀을 붙들고 좌로나 우로나 치우치지 않는 비결은 바로 이 힘센 장수이신 그리스도를 붙잡는 것입니다. 물론 우리가 성경을 줄줄 읽고만 있다고 해서 저절로 공부가 되고 장사가 잘 되고 사업이 성공하는 것은 아닙니다. 그러나 주님은 우리로 하여금 효과적으로 공부하게 하시고 사업하게 하시고 운동하게 하시는 것입니다.

그래서 우리에게 꼭 필요한 자세는 우리가 이 세상에서 강한 상대를 만나거나 어려운 일을 겪는다고 해서 낙심하거나 좌절하지 않는 것입니다. 왜냐하면 우리에게는 성경만 있는 것이 아니라 하나님이 함께 계시기 때문입니다. 그래서 우리는 어떤 상황에서도 절대로 겁을 집어먹거나 절망해서는 안 됩니다.

1:9, "내가 네게 명령한 것이 아니냐 강하고 담대하라 두려워하지 말며 놀라지 말라 네가 어디로 가든지 네 하나님 여호와가 너와 함께 하느니라 하시니라"

우리가 하나님의 말씀을 붙들고 있는 이상 절대로 불안해하거나 두려워할 필요가 없습니다. 하나님은 이 세상보다 수십 배는 더 강하시기 때문입니다.

마태복음 8장에 보면, 예수님과 제자들이 갈릴리 호수를 지나가는데 돌풍이 불어서 모두 물에 빠져 죽게 되었습니다. 그때 제자들은 굉장히 두려워했습니다. 그들은 두려워서 떨면서 예수님을 깨웠습니다. "주여 우리가 죽게 된 것을 돌보지 아니하십니까?"라고 했을 때, 예수님은 바람과 파도를 잔잔케 하시면서 "왜 두려워하였느냐 이 믿음이 작은 자들아"라고 책망하셨습니다.

우리는 세상이 우리를 잡아먹으려고 덤벼들고 도저히 세상에서 살 수 없는 어려움에 처해도 두려워하거나 낙심하지 마시기 바랍니다. 우리가 세상 속으로 들어가는 데 많은 것이 필요하지 않습니다. 믿음의 첫걸음을 옮겨도 하나님은 우리와 함께하실 것입니다.

# 02

## 이스라엘의 준비

수 1:10-18

**옛**날에 저희 교회에 임학을 전공한 장로님이 계셨습니다. 저는 그 장로님이 은퇴하시기 전에 나무에 대해 배우기 좋은 장소에 같이 한번 갔으면 좋겠다고 하니까 그 장로님도 대찬성이었습니다. 그래서 우리 부부와 다른 한 장로님 부부가 한 팀이 되어 서울의 올림픽 호텔에서 잠을 자고 광림수목원을 찾아갔습니다. 거기에 있는 이름드리나무들을 보니까 이런 나무들이 6·25 때 불타지 않고 살아남았다는 것이 신기했습니다. 우리가 어렸을 때는 거의 대부분 산이 민둥산이었습니다. 왜냐하면 전쟁을 겪으면서 산에 대포도 쏘고 비행기가 폭탄을 떨어트리는 바람에 나무들이 불에 다 타버렸기 때문입니다. 그 후에 나라 전체가 열심히 산에 나무를 심었습니다. 그때 우리는 '산에 산에 나무를 심자'는 노래도 불렀습니다. 그래서 지금은 울창한 숲을 많이 가지게 되었습니다.

전쟁은 전쟁하는 나라의 모든 아름다운 것을 다 빼앗아 갑니다. 미국의 여성 작가 마가렛 미첼이 쓴 《바람과 함께 사라지다》라는 소설을 보면, 남북 전쟁 전에 있었던 남부의 아름다운 전통이나 밤마다 열리던 댄스파티, 잘생긴 남자들, 목화를 따고 돌아오는 흑인들의 노랫소리나 남부의 멋진 집들이 바람과 함께 다 사라졌다고 말하고 있습니다.

지난 2년 반 동안 계속되었던 코로나는 우리 교회의 아름다웠던 것들을 다 빼앗아 갔습니다. 여름성경학교, 청소년·청년 수련회 그리고 청소년 은혜 축제나 여성 부흥회, 메시야 연주회 등 아름다웠던 행사들을 다 빼앗아 갔고, 심지어는 교회가 수도 없이 폐쇄되는 바람에 교인들이 모이거나 출입할 수도 없었습니다. 청소년 축제를 할 때 학생들은 바닥에서 30cm씩 뛰면서 찬송했고, 여성부흥회 때는 대구에 있는 여성들이 다 온 것처럼 예배당 3층과 4층 심지어는 2층까지 여성들로만 꽉 차서 눈물 흘리고 기도하고 설교를 들었습니다. 또 메시야 연주회 때에는 성가대와 오케스트라 그리고 멋진 연주복을 입은 솔리스트들이 최고의 목소리로 헨델의 〈메시야〉를 찬양했습니다. 그러나 이 모든 것이 바람과 함께 사라지고 마치 자갈밭과 같은 삭막한 현실만 남아 있었습니다. 이제 우리는 이 폐허 위에 더 성숙하고 아름다운 신앙과 전통을 세워야 합니다. 우리는 말 한마디를 해도 다른 사람에게 은혜가 되는 말을 해야 하고 사랑 외에는 아무것도 하지 말아야 합니다.

우리 그리스도인들이 이 세상에서 성공하고 뿌리를 내리는 것은 하루아침에 망치로 뚝딱한다고 만들어지는 것이 아닙니다. 오히려 우리는 이 세상에서 성공하기도 전에 맨손으로 못을 박고 맨땅에 헤딩해야 하는 것 같이 아무것도 없는 가운데 이 세상에서 살아남아야 하고 성공해야 합니다. 우리 중에 신앙이 좋은 청년이나 교인들은 전도도 하고 성경 공부도 하고 일도 할 수 있는 직장을 찾지만 그런 직장은 이 세상에는 없습니다.

이스라엘 백성은 건물이나 숲도 없는 뜨거운 광야 길을 40년 동안 무작정 돌아다녔습니다. 그들은 대학도 다닌 적이 없었고, 시장이나 커피숍 근처도 가 본 적이 없었고, 말도 없었고 무기도 없었습니다. 그러나 하나님께서는 여호수아와 이스라엘 백성에게 아무것도 없는 맨손으로 가나안 땅에 들어가서 악하고 힘이 센 거인들을 몰아내고 멋진 새 사회를 건설하라고 명령하셨던 것입니다.

## 1. 이스라엘 백성의 장애물

이스라엘 백성이 들어가려고 하는 가나안 땅이 사람도 살지 않고 맹수도 없고 그야말로 맑은 물이 흐르고 착한 짐승들이 뛰노는 곳이라면 얼마나 좋겠습니까. 그러나 가나안 땅에는 이스라엘 백성보다 무기와 병거도 훨씬 더 현대적이고 훨씬 더 강한 거인족을 비롯한 많은 사람이 거주하고 있었습니다. 지금은 거의 멸종되어 볼 수 없지만 이 당시 가나안 땅에는 거인족들이 살았는데, 이마도 튀어나오고 키는 3m 이상이 되고 힘은 무지하게 센 족속이 있었던 것입니다. 이런 상황에서 이스라엘 백성이 가나안 사람들과 싸워서 이기고 새로운 사회와 새로운 세상을 만든다는 것은 불가능했습니다.

이스라엘 백성이 가나안 땅으로 들어가는 데는 적어도 두 가지의 큰 장애물이 있었습니다. 첫 번째는 요단강을 건너야 하는 것이었습니다. 요단강은 지리적으로 협곡으로 되어 있습니다. 협곡이라는 곳은 좁은 지형에 땅이 아주 깊이 들어가서 쉽게 건너갈 수 없는 골짜기를 말합니다.

언젠가 한 번 일본의 규슈에 있는 다카치오 협곡을 가 본 적이 있습니다. 그곳은 아주 좁은 지형에 깊은 절벽이 있고 그 밑에 물이 흐르고 있었습니다. 그 깊은 협곡을 내려가서 배를 타기도 하고 구경하기도 했는데 거기는 특히 철갑상어를 많이 키우고 있어서 아주 인상

적이었습니다. 그리고 또 대마도를 가 보니까, 그곳에 옛날 러일 전쟁 때 일본 군함이 왔다 갔다 할 수 있도록 좁은 육지를 파서 바다와 연결한 곳이 있었습니다. 그 협곡을 파는 바람에 일본 군대는 군함을 숨길 수 있었고, 먼 유럽을 돌아서 오는 러시아 함대를 격파할 수 있었다고 합니다.

그러나 이스라엘 백성은 무려 40년 동안 그 뜨거운 광야를 돌아다니기만 했기 때문에 깊은 물이 흐르는 요단강을 건너갈 수 있는 방법이 전혀 없었습니다. 특히 이스라엘이 요단강을 건너려고 했을 때는 북쪽 헬몬산의 눈이 녹아서 거의 홍수가 날 정도로 그 협곡을 가득 채워서 흐르고 있었습니다. 그들은 요단강을 건널 수 있는 배를 만들거나, 또 그 협곡을 건너는 다리를 만들 수 있는 기술도 없었습니다. 그러니 이스라엘 백성이 무작정 요단을 건너가려고 했다가는 모두 급류에 휩쓸려 죽고 말 것입니다. 그래서 이스라엘 백성은 아무리 하나님의 말씀이라고 하지만 첫 단계부터 아무것도 할 수 없었습니다.

그리고 두 번째 큰 장애물은 여리고 성이었습니다. 이스라엘 백성이 설사 요단강을 건넜다 하더라도 그 첫 성 여리고 성이 버티고 있었는데, 그 성은 난공불락이었습니다. 이스라엘 백성의 수준으로는 그 성을 기어오를 수도 없었고 그 성을 부술 수 있는 기술도 전혀 없었습니다. 요단강과 여리고 성, 이 두 가지는 이스라엘 백성이 가나안 땅을 들어가는데 처음부터 부딪쳐야만 했던 큰 장애물이었습니다.

이때 이스라엘 백성이 재산으로 가지고 있는 것은 하나님의 말씀 밖에 없었습니다. 그들이 가지고 있던 말씀은 "사람이 떡으로만 사는 것이 아니라"는 것입니다. 이스라엘 백성이 광야에 들어섰을 때 하나님은 그들에게 가장 먼저 하셨던 말씀이 "사람이 떡으로만 살 것이 아니요 하나님의 입으로부터 나오는 모든 말씀으로 살 것이라"는 것이었습니다(신 8:3). 사실 사람은 음식을 먹어야 살게 되어 있습니다. 사람이 이 세상에서 당하는 고통 중에서 가장 큰 것은 먹을 것이 없어서 굶는 고통일 것입니다.

　저는 어렸을 때부터 교회를 다녔기 때문에 제가 가장 잘할 수 있는 것은 예수 믿는 것밖에 없었습니다. 그러나 예수 잘 믿는다고 좋은 대학에 들어가는 데나 돈 버는 데 도움이 되지 않았습니다. 그러나 하나님께서 이 말씀을 하신 배경에는 중요한 의미가 들어 있습니다. 사람은 당연히 양식이 있고 돈이 있고 직장이 있어야 세상에서 먹고 살 수 있습니다. 그러나 우리가 진짜 하나님의 능력을 체험하려고 하면 아무것도 가진 것이 없는 가운데서 하나님의 말씀을 붙들어야 합니다. 그래야지만 우리의 신앙이 필사적인 신앙이 되고, 잠자고 있는 하나님의 말씀을 깨울 수 있게 됩니다. 이때 우리는 하나님의 살아계심을 체험할 수 있게 되는 것입니다. 하나님은 이스라엘 백성에게 이것을 가르쳐주시려고 그들을 그 뜨거운 광야로 몰아넣으셨던 것입니다.

　그래서 하나님의 백성이 먹을 것조차 없을 때도 기도나 예배가 필사적이 되고 하나님의 말씀은 살아서 운동하게 됩니다. 그래서 예수님께서는 기도를 가르쳐주시면서 "일용할 양식을 주옵시고"라고 기도하라고 하셨습니다. 아마 오늘날 당장 먹을 양식이 없어서 걱정하는 사람은 없을 것입니다. 그러나 우리에게는 하루치 양식만 있으면 충분하고 오히려 하루치 양식을 받는 것이 하나님의 능력을 체험하는 비결이 되는 것입니다.

　그리고 또 하나님의 약속은 마음을 강하게 하고 담대히 하라는 것이었습니다(9절). 즉 이스라엘 백성이나 우리 성도들은 세상의 유능하고 권력이나 지위가 높은 사람들을 상대로 싸워야 합니다. 이제 이스라엘 백성은 가나안 땅에 들어가게 되면 뛰어난 무기와 병거를 가지고 있는 거주민들과 싸워야 하는데, 이것은 마치 어린아이와 어른이 싸우는 것과 같았습니다. 이스라엘 백성은 자신들 보기에도 보잘것없는 메뚜기라고 했습니다.

　그러나 하나님이 이스라엘 백성에게 두려워하지 말라고 강조한 것은 그들에게는 아주 힘이 세고 지혜와 모략이 뛰어난 천사가 스물네 시간 같이 붙어 있기 때문입니다. 오늘도 예수님이 우리에게 내일 일을 걱정하지 말라고 하신 이유는 하나님이 우리 아버지가 되시기 때문입니다. 온 천하를 만드신 하나님이 내 아버지가 되시는데, 무엇을 두려워하겠습니까? 우리는 세상을 우습게 여겨도 안 되지만 너무 두려워할 필요가 없는 것입니다. 왜냐하면 오늘도 힘이 세고 지혜와 모략이 뛰어난 천사가 우리를 지키고 있기 때문입니다.

저는 가끔 임종을 앞둔 성도들을 볼 때 이것을 분명히 느낄 때가 많습니다. 아무리 믿음이 좋은 성도라 하더라도 사탄은 옛날에 그가 지은 죄를 들추어내면서 지옥으로 끌고 가겠다고 합니다. 그러면 하나님의 천사가 마귀에게 예수님의 보혈이 그의 모든 죄를 다 씻었다고 하면서 사탄을 쫓아낼 때, 성도의 얼굴이 편안해지고 오히려 입에서 찬송이 나오고 미래에 대한 소망을 가지는 모습을 볼 수 있었습니다. 그래서 아무리 임종이 다 된 성도라 하더라도 기도를 중단해서는 안 됩니다.

그리고 너무 절망적인 기도를 해서도 안 됩니다. 옛날에 어떤 분이 암에 걸려서 돌아가시게 되었을 때 그 교회 목사님이 심방을 와서는 하나님께 그 성도를 고통 없이 빨리 천국에 데려가 달라고 기도한 것입니다. 물론 그 목사님은 좋은 의도로 그런 기도를 하셨겠지만, 환자분은 빨리 죽으라고 하니까 기분이 좋지 않았습니다. 그런데 그분이 암을 이기고 병이 낫게 되었습니다. 그 후에 그분은 목사님이 원망스러워 다른 교회를 다닌다고 했습니다.

하나님이 우리 아버지가 되시는데 무엇을 염려하십니까? 복음송 중에 '기도할 수 있는데 왜 걱정하십니까?' 라는 것이 있습니다. 기도할 수 있는데 무엇을 염려하고 사람을 두려워하십니까? 예수님은 사람이 한다고 해봐야 기분을 나쁘게 하는 말을 하고, 더 악한 자라고 해봐야 죽이는 것밖에 더하겠느냐고 하시며, 영혼과 육체를 다 지옥에 던져 넣으시는 하나님을 마땅히 두려워하라고 말씀하셨습니다(마 10:28).

## 2. 이스라엘 백성의 준비물

이제 이스라엘 백성은 드디어 요단강을 건너가게 되었습니다. 건너기 위해서 준비해야 할 것이 많이 있었을 것입니다. 그들은 요단강에 들어가더라도 떠내려가지 않도록 긴 밧줄을 준비하든지 그렇지 않으면 다리라도 놓을 수 있도록 나무 같은 것을 준비해야 할 것입니다. 가장 좋은 것이 이스라엘 백성이 배를 만들어서 그 배로 백성을 나르면 강에 빠지지도 않고 좋을 것입니다.

그러나 여호수아는 이스라엘 백성에게 아무런 설명도 하지 않고 오직 3일분 식량을 준비하라고 했습니다.

> 1:11, "진중에 두루 다니며 그 백성에게 명령하여 이르기를 양식을 준비하라 사흘 안에 너희가 이 요단을 건너 너희의 하나님 여호와께서 너희에게 주사 차지하게 하시는 땅을 차지하기 위하여 들어갈 것임이니라 하라"

아마도 이스라엘 백성에게는 여호수아의 말에 이해되지 않는 것이 너무나도 많았을 것입니다. 왜냐하면 이스라엘 백성은 그때까지 만나를 먹고 있었는데 만나는 하루만 딱 보관할 수 있고 다음 날이 되면 벌레가 생기고 상한 냄새가 나서 먹을 수 없었습니다. 그러면 이스라엘 백성이 아무리 사흘 분의 만나를 준비해도 전부 다 썩어서 버리게 될 것입니다. 그리고 설사 만나가 썩어서 버리지 않는다고 하더라도 그 뒤에는 무엇을 먹고 살아야 합니까? 이스라엘 백성이 요단강을 건너가려면 사흘이 훨씬 넘게 걸릴지 모르고, 어쩌면 빨라야 한 달이 걸릴지도 모르는데 그러면 그때 무엇을 먹고 살아야 합니까? 그리고 지금 요단강이 범람해서 홍수가 나려고 하는데 배를 만들어서 건너가야 합니까? 아니면 다리를 만들어서 건너가야 합니까?

그러나 여호수아는 아무런 설명도 하지 않았고, 또 이스라엘 백성도 아무 질문도 하지 않았습니다. 왜냐하면 아무도 답을 알지 못했기 때문입니다. 여호수아나 이스라엘 백성의 마음속에 가지고 있던 확신은 오직 한 가지였습니다. 즉 '우리는 아무것도 할 수 없지만, 하나님은 어찌어찌 하신다' 는 믿음이었습니다. 이것을 우리는 '어찌어찌 신학' 으로 말을 합니다. 요즘 유행하는 말 중에는 아들이 놀라운 일을 해내면 아버지는 아들에게 '아들아, 너는 계획이 다 있었구나' 라고 말을 합니다. 아들은 이런 어려움이 있을 줄 알고 거기에 다 대비하고 있었던 것입니다. 오늘 우리는 미래에 무엇을 하며 어디서 무엇을 해야 할지 모르지만, 하나님은 다 계획을 가지고 계시다는 것입니다. 아마 옛날 이스라엘 백성 같으면 말이 많았을 것입니다. 이 사람은 이 말을 하고, 저 사람은 저 말을 해서 아주 시끄러웠을 것입니다. 그러나 이런 이스라엘 백성의 입이 다물어지는 데 40년이 걸렸습니다.

### 3. 약속을 지키는 이스라엘

사람들은 크리스천이라고 하면 열정적으로 하나님을 섬기고 많은 봉사 활동을 하는 것이 중요하다고 생각할 것입니다. 그러나 하나님이 우리에게 바라시는 가장 중요한 것은 일단 거짓말하지 않는 것입니다.

세상 사람들은 자기 몸에 보물을 액세서리로 달고 다니지만, 우리는 속에 보물을 가지고 있습니다. 그것은 바로 우리의 깨끗한 양심입니다. 왜냐하면 하나님의 백성은 깨끗한 입술이 가장 아름다운 것이기 때문입니다. 물론 하나님의 백성도 인간이기 때문에 거짓말을 할 수 있습니다. 이사야는 하나님의 성전에 들어가서 "화로다 나여 망하게 되었도다 나는 입술이 부정한 사람이요"라고 탄식했습니다. 그때 하나님의 천사가 성전 제단의 숯불을 가지고 와서 그의 입술에 대서 깨끗해졌다고 했습니다(사 6:5-7). 우리도 인간이기 때문에 거짓말할 수 있습니다. 그러나 즉시 그 거짓말한 것을 토해내야 하고 입술을 깨끗하게 해야 합니다.

또 하나님의 백성도 인간이기 때문에 마음이 자꾸 변할 수 있습니다. 처음에 우리가 기분이 좋을 때는 무엇인가를 약속하지만, 시간이 지나면 지날수록 그 약속을 지키기 힘들어집니다. 그리고 마음속으로 괜히 나만 손해를 보는 것 같은 느낌이 드는 것입니다. 그래서 우리가 누구를 도우려고 생각했는데, 한 번 더 생각하면 아까워서 액수가 반으로 줄어들고, 한 번 더 생각하면 4분의 1로 줄어들고 한 번 더 생각하면 돕지 않게 되는 것입니다. 그래서 우리는 누구를 도우려고 생각했으면 가장 먼저 그 일을 해야 합니다. 시간이 지나면 우리 마음이 변하기 때문입니다. 이것은 헌금도 마찬가지입니다. 처음에는 하나님께 어느 정도 많이 헌금하려고 했는데 생각할 때마나 반으로 줄어들게 되는 것입니다. 그러나 이것이 중요한 문제인 것은 우리가 다른 사람에게 인색한 마음을 가지면 가질수록 하나님도 우리에 대하여 인색하시게 된다는 것입니다.

여호수아는 요단강을 건너기 전에 이미 가나안 동편에서 땅을 차지한 르우벤 지파와 갓 지파와 므낫세 반 지파의 대표들을 불렀습니다. 이 지파들은 주로 목축을 했기 때문에 가나안 본토보다는 요단 동편이 훨씬 좋았습니다. 어떤 의미에서 이들은 가나안 땅에 들어가서 싸울 필요가 없었습니다. 르우벤 지파와 갓 지파와 므낫세 반 지파는 모세와 약속했습니다. 즉 요단 동편 땅을 주시면 자기들은 가나안 땅에 들어가서 정복 전쟁 끝까지 싸우겠다고 약속한 것입니다. 그러나 모세는 죽었습니다. 이제는 여호수아가 이스라엘의 지도자인데 이 세 지파 사람들은 모세와 약속했지, 여호수아와 약속한 것은 아니었습니다. 그래서 여호수아는 이 세 지파 대표를 불러놓고 "너희들은 모세와 했던 약속을 지키라"고 했습니다.

1:12-13, "여호수아가 또 르우벤 지파와 갓 지파와 므낫세 반 지파에게 말하여 이르되 여호와의 종 모세가 너희에게 명령하여 이르기를 너희의 하나님 여호와께서 너희에게 안식을 주시며 이 땅을 너희에게 주시리라 하였나니 너희는 그 말을 기억하라"

하나님의 백성은 옛날 약속을 쉽게 잊어버려서는 안 됩니다. 교회나 성도는 처음에 했던 약속을 끝까지 지켜야 합니다. 예전에 한 장로님이 저에게 오셔서 "이런이런 단체는 어려우니까 성탄 헌금으로 도와주시기를 바랍니다"라고 부탁했습니다. 그 장로님이 돌아가신 지 오래되었지만, 저는 그 약속을 지키고 있습니다. 그래서 사람들은 우리 교회가 약속을 함부로 하지도 않지만 한번 하면 끝까지 지킨다는 것을 알게 되었습니다. 그러나 가벼운 사람들은 옛날 약속을 쉽게 무시하려고 합니다. 그러나 하나님 백성의 마음은 그렇게 쉽게 변해서는 안 됩니다. 하나님은 이스라엘 백성이 망할 때 "너희의 인애가 아침 구름이나 쉬 없어지는 이슬 같도다"(호 6:4)고 말씀하셨습니다. 하나님의 종들은 신실하게 약속을 지켜서 얼마나 이 변질되어가는 세상에서 신실한 사람들인가 하는 것을 보여주어야 합니다.

우리는 할 수 있는 것이 없어도 하나님에게는 계획이 있습니다. 두려워하거나 걱정하지 말고 남에게 상처를 주지 않고 자기 마음을 잘 다스리는 신실한 성도들이 다 되시기 바랍니다.

## 03

## 여리고의 기생 라합

수 2:1-14

요즘은 큰 빌딩을 파괴하거나 철거하는 공법으로 폭발을 사용할 때가 많습니다. 즉 큰 빌딩 1층과 중간 지점에 폭약을 설치해서 폭발시키면 그 큰 빌딩이 한순간에 무너져 내리게 되는 것입니다. 그러나 만약 오래된 고층 빌딩을 철거회사에서 부숴버리려고 할 때 그 안에 있는 CC-TV로 보니까 아직 대피하지 않고 있는 노숙자가 보였다면, 곧 중단하고 수색팀을 보내어서 그 남은 노숙자를 찾아서 안전한 곳으로 데리고 나온 후에야 스위치를 눌러서 그 건물을 폭파할 것입니다. 대형 건물들을 폭약으로 부수는 것을 보면 파괴의 미학이 생각나는데, 갑자기 건물 1층과 중간층에서 꽝 하면서 폭발음이 들리고 연기가 난 후에 그 거대한 건물이 아래로 스르르 주저앉게 됩니다. 미국의 9.11 테러도 바로 이런 방법으로 뉴욕의 100층이 넘는 쌍둥이 빌딩이 주저앉게 된 것이었습니다.

여리고 성은 고고학자들에 의하여 몇 차례 발굴이 시도되었습니다. 우리가 성경을 통해서 알 수 있는 사실은 요단강을 건넌 후 가장 먼저 나타난 성이라는 것과 사람들이 돌 수 있을 정도의 평지나 언덕 위에 세워진 성이라는 것입니다. 그런데 중요한 것은 이 당시 여리고 성에 대한 하나님의 계획이 무엇이었느냐 하는 점입니다. 이 당시 여리고 성은 창세기의 소돔과 고모라와 같았습니다. 그래서 하나님의 계획에 의하면 그 성에 사는 사람이나 동물이나 식물은 하나도 남지 않고 모두 다 파괴되고 그 성은 영원히 재건되지 않는 것이었습니다. 그런데 하나님께서 여리고 성을 멸망시키려고 보니까 그 성의 수많은 사람 중에 하나님을 믿으려는 마음을 가진 한 여성이 있다는 사실을 알게 되었습니다. 하나님께서는 이 여성이 여리고 성의 많은 사람들과 함께 멸망하는 것은 너무나 아깝다고 생각하셨습니다. 그래서 이 한 여성을 구하기 위하여 이스라엘 백성이 진군하는 것을 멈추게 하시고 그 대신 스파이를 보내셨습니다. 물론 이런 믿음의 여인이 있는 줄은 여호수아도 몰랐고, 두 스파이도 몰랐고, 이 여인도 하나님이 이런 일을 하실 줄은 꿈에도 생각하지 못했습니다.

우리가 가끔 세상을 보면 이런 때 묻지 않은 아름다운 마음을 가진 여성이나 어린이가 있는 것을 보게 됩니다. 세월호가 침몰하고 있을 때 그 매점에서 일하는 아가씨는 자기가 입을 구호 조끼를 학생들에게 입혀주면서 배에서는 선원들이 가장 나중에 내리는 법이라고 말하면서 학생들을 먼저 대피하게 했습니다. 이 여자 청년은 그야말로 천사와 같은 마음을 가진 사람인 것입니다. 불이 타는 아파트에서 자기는 연기를 많이 마셔서 죽어가면서 다른 사람들을 다 깨워 살게 한 청년도 이런 아름다운 마음을 가진 사람이었습니다.

### 1. 정탐꾼을 보냄

여호수아나 이스라엘 백성 그 누구도 여리고 성에 대한 하나님의 계획을 알지 못했습니다. 더욱이 여리고 사람들은 더욱더 자신들에 대한 하나님의 계획을 알지 못했습니다. 그런데 하나님은 모든 이스라엘 백성을 싯딤이라는 곳에 멈추게 하시고, 아주 믿음이 좋은 두 명의 정탐꾼을 뽑아서 강을 건너 여리고 성에 침투해서 그 성 사람들의 무장이나 심리 상태를 조사하게 하셨습니다.

> 2:1, "눈의 아들 여호수아가 싯딤에서 두 사람을 정탐꾼으로 보내며 이르되 가서 그 땅과 여리고를 엿보라 하매 그들이 가서 라합이라 하는 기생의 집에 들어가 거기서 유숙하더니"

싯딤이라는 곳은 요단강을 건너기 전에 아카시아 나무가 있는 장소를 말합니다. 거기서 여호수아는 두 사람의 정탐꾼을 뽑아서 요단강 서쪽의 땅과 여리고 땅을 살펴보고 오라고 했습니다. 기왕 하나님의 능력으로 가나안 땅을 정복할 것 같으면 굳이 정탐꾼을 보내어서 조사하는 것 같은 인간적인 방법을 쓸 필요가 있을까요? 그냥 눈 딱 감고 출발하고 또 강을 건너고 나면 여리고 성을 기어오르든지 해서 진격하면 되지 않을까요? 그러나 때때로 하나님은 우리의 믿음이 준비되어 있으면 우리의 지혜나 노력을 하나님의 일을 하는 데 사용하기를 원하십니다. 물론 우리는 하나님의 계획이나 생각을 모두 다 알 수는 없지만 하나님이 하라고 하시는 일에 최선을 다해서 해야 합니다.

40년 전에 이스라엘 백성은 각 지파에서 한 명씩 열두 사람을 뽑아서 가나안 땅을 정탐하게 했는데, 그중의 열 사람이 부정적인 보고를 하는 바람에 이스라엘 백성은 정탐전에서 실패한 전력이 있습니다. 왜냐하면 사람들마다 생각이 다 다르기 때문입니다.

그동안 여리고 성 사람들은 좋은 기후를 가진 도시에서 마음껏 먹고 마시고 즐기고 온갖 향락과 사치와 음행을 누리면서 살았습니다.

하나님은 여리고 성 사람들이 정신을 차리도록 400년을 기다려주셨습니다. 그러나 그들은 영원히 하나님께 돌아올 마음이 없었습니다. 그들의 양심은 완전히 썩어 있었습니다. 그래서 하나님께서는 여리고 성을 완전히 폭파해서 단 한 사람이나 생물도 살리지 않을 계획을 하고 계셨습니다. 그러나 하나님이 여리고 성 사람들의 마음을 살피시는 중에 딱 한 사람 라합이라는 여자가 그 성의 죄악을 싫어하고 하나님의 백성이 되고 싶어 한다는 사실을 아셨습니다. 그래서 하나님께서는 딱 한 사람 라합이라는 여자를 살리시기 위하여 이스라엘의 진군도 멈추시고 두 명의 정탐꾼을 여리고 성에 보내신 것입니다.

《어느 인문학자의 6.25》라는 책이 있습니다. 그 책을 쓴 저자는 얼마 전에 돌아가신 유명한 분의 부인인데, 경기여고 다닐 때 1.4 후퇴의 난리를 겪게 되었습니다. 기차 위에 올라가 타고 수원까지 갔는데, 더 이상 기차가 가지 않아서 걸어서 큰 짐을 들고 눈에 발이 푹푹 파이는 눈길을 엄청나게 걸었다는 것입니다. 그 와중에 다른 사람들은 먼저 논에서 길가로 올라가서 거기서 모닥불에 모여 있는데, 자기 가족은 여자들만 무거운 짐을 지고는 그 언덕을 도무지 올라가지 못하고 있었답니다. 그런데 잠시 후에 비행기가 날아오더니 밤에 그 모닥불을 보고 기관총을 쏘아서 길에서 불을 쬐던 사람들이 전부 죽었다는 것입니다. 그때 이 여학생은 이렇게 무거운 짐을 지고 빨리 가지 못한 것도 하나님께서 우리를 살리시려고 하신 섭리임을 깨닫게 되었다고 했습니다.

하나님이 여리고 성 전체에서 살리려고 하신 한 여성은 놀랍게도 기생 라합이었습니다. 아마 기생 라합의 직업은 여관업이었던 것 같습니다. 그래서 손님이 오면 재워주기도 하고 밥도 팔고 술도 파는 일을 했던 것 같습니다. 그런데 세상적으로는 아무 권력도 없고 비천한 직업을 가진 이 비천한 여인을 하나님이 사랑하셨습니다. 사실 우리도 모두 하나님의 이러한 사랑에 의해 구원받은 사람들입니다. 우리는 아무것도 모르고 밀리고 밀렸지만 그것은 모두 하나님이 우리를 구원하는 손길이었던 것입니다.

## 2. 정체가 탄로 난 스파이

스파이에게 가장 중요한 것은 정체가 탄로 나지 않는 것입니다. 만일 스파이의 정체가 탄로 나면 즉시 체포되고 붙들려 가서 조사받든지 아니면 목숨을 잃게 됩니다.

여리고 성에 들어간 이스라엘 정탐꾼 두 사람은 금방 정체가 탄로 나고 말았습니다. 이들이 입고 있던 옷이 너무 낡았다든지 아니면 이들이 사용하는 언어가 아무래도 여리고 성의 언어와는 달랐던 것 같습니다. 그리고 여리고 성은 이스라엘 백성이 이미 요단강 건너편까지 와 있다는 소문을 듣고는 성문 경비도 엄격하게 하고 통과하는 사람도 한 사람 한 사람 조사를 했던 것 같습니다. 그래서 성을 경비하는 자들은 아무래도 이스라엘 두 정탐꾼 행세가 여리고 성이나 다른 이웃 성의 사람들이 아니라고 판단하고 그들을 미행했던 것 같습니다. 정탐꾼들은 우선 사람들이 많이 다니는 시장을 둘러보는 체하다가 당시 라합이 운영하던 여관집에 숨어 들어갔습니다. 그리고 그들은 여주인인 라합에게 먹을 것을 달라고 하고 잘 수 있도록 방도 준비해 달라고 했습니다. 그동안 성을 경비하던 자들은 여리고 왕에게 달려가서 아무리 봐도 이스라엘 정탐꾼으로 보이는 몇 사람이 성 안에 들어왔는데, 지금 기생 라합의 집에 머물고 있는 것 같다고 보고했습니다.

> 2:2, "어떤 사람이 여리고 왕에게 말하여 이르되 보소서 이 밤에 이스라엘 자손 중의 몇 사람이 이 땅을 정탐하러 이리로 들어왔나이다"

이것을 보면 여호수아의 스파이 작전은 너무 엉성했던 것 같습니다. 기왕 여리고 성을 정탐하려고 하면 준비를 단단히 해서 그 성 사람처럼 보이게 해야 했는데, 그렇지 못했던 것 같습니다. 그래서 여리고를 경비하던 자들은 금방 이 사람들이 이스라엘 자손인 줄 알아보았습니다. 그때 여리고 왕은 즉시 라합에게 군인들을 보내서 "네 집에 들어간 사람들을 이끌어내라. 그들은 이 땅을 정탐하러온 스파이라"고 하며 그들을 붙잡으라고 했습니다.

우리가 이것을 보면 아무리 여호수아가 하나님의 말씀에 순종해서 정탐꾼들을 보내었다고 하지만 참 무모했던 것을 알 수 있습니다. 만약 이스라엘 백성이 요단강을 건너서 여리고 성까지 왔는데, 두 정탐꾼이 성밖에 처형당해 있다면 이스라엘 백성이 심히 낙심했을 것입니다. 기생 라합의 집에는 왕이 보낸 군인들이 와서 스파이를 내놓으라고 했지만, 라합은 이들이 이미 성을 떠났다고 하니까 아마 라합의 집을 수색했을 것입니다.

기생 라합은 이스라엘 정탐꾼들을 보았을 때 이들이 이스라엘 사람이라는 것을 바로 알았습니다. 라합은 바로 이때가 자기가 지금까지 기다려왔던 하나님의 백성을 만나고, 하나님에 대한 자기 신앙을 고백할 기회라고 믿었습니다. 그래서 기생 라합은 여리고 왕과 두 스파이 사이에서 조금도 주저하지 않고 이스라엘 정탐꾼 쪽을 택했습니다. 기생 라합은 군인들이 집을 수색해도 스파이들이 붙들려 가지 않도록 이들을 지붕으로 데리고 가서 그곳에서 말리고 있던 삼대에 숨겼습니다.

기생 라합은 이스라엘 정탐꾼을 잡으러 온 군인들에게 "그런 사람이 오기는 했는데 나는 그들이 이스라엘 정탐꾼인 줄 몰랐다"고 했습니다. 그리고 "이 사람들은 식사를 마친 후에 성문을 닫을 즈음 밖으로 나갔는데 떠난 지 얼마 되지 않으니까 빨리 따라가면 요단강을 못 미쳐서 잡을 수 있을 것이라"고 알려주었습니다. 아마 이들은 라합의 집을 방마다 수색했을 것입니다. 그러나 라합이 이 이스라엘 사람들을 숨겼기 때문에 찾을 수 없었습니다. 그래서 그들은 라합의 말을 믿고 우르르 몰려 나가서 요단강 쪽으로 달려가서 철저하게 수색했지만 곧 성문이 닫혔습니다.

여기서 중요한 것은 라합이 조금도 망설이지 않고 이스라엘 편에 섰다는 사실입니다. 만약 라합이 이들을 신고했으면 그의 술장사나 여관업은 엄청나게 번창했을 것입니다. 그러나 라합의 마음속에는 하나님에 대한 신앙이 있었습니다. 그리고 라합은 여리고 성에 살면서 사람들이 얼마나 추하고 얼마나 이 도시가 더러운 도시인 줄 알았기 때문에 여리고를 배반하고 이스라엘 정탐꾼을 살렸던 것입니다. 그래서 야고보서에서는 기생 라합이 실천한 것이 바로 믿음이라고 했습니다(약 2:25). 즉 마음속으로 동의하는 것이 믿음이 아니라, 믿으면 행동으로 옮기는 것이 믿음이라고 했습니다.

그리고 또 하나는 라합은 정탐꾼을 잡으러 온 군인들에게 거짓말을 했습니다. 그래서 교인 중에는 선한 거짓말은 죄가 아니라고 말하는 사람들이 있습니다. 물론 생명에 관계되는 것은 율법이 이기지 못합니다. 그래서 앰뷸런스가 위급한 환자를 태우고 갈 때는 빨간불을 통과해도 법에 걸리지 않습니다. 우리가 거짓말하지 않으면 사람이 죽게 되었을 때는 해야 하지만, 그렇지 않으면 선의의 거짓말도 죄가 되기 때문에 해서는 안 됩니다.

### 3. 라합의 고백

라합은 잡으러 온 군인들을 따돌린 후에 두 이스라엘 정탐꾼이 숨어 있는 지붕에 올라가서 자기가 가지고 있는 하나님에 대한 믿음을 다 이야기했습니다. 즉 "하나님은 상천하지의 유일한 하나님이시고,

하나님은 이 여리고 성이나 가나안 땅을 다 멸하시려고 이스라엘 백성을 보낸 줄 믿는다"고 했습니다. 라합은 이스라엘 백성이 애굽을 나올 때 홍해 물을 마르게 한 것을 들었고, 요단 동쪽에 있던 시혼과 옥의 모든 백성과 왕들을 전멸시킨 사실을 알고 있다고 했습니다. 그래서 여리고 성 사람들이 겉으로 보기에는 대담한체하지만 실제로는 이스라엘 백성 때문에 마음이 녹았고 완전히 정신을 차리지 못하고 있다고 말했습니다. 그리고 그들에게 요청합니다.

> 2:12, "그러므로 이제 청하노니 내가 너희를 선대하였은즉 너희도 내 아버지의 집을 선대하도록 여호와로 내게 맹세하고 내게 증표를 내라"

그리고 라합은 두 정탐꾼에게 매우 중요한 말을 합니다. "내가 너희를 선대하였은즉 너희도 내 아버지의 집을 선대하도록 여호와로 내게 맹세하고 내게 증표를 내라"고 한 것입니다. 여기서 "선대한다"는 히브리어로 '헤세드' 입니다. 이 '헤세드' 는 번역하기 어려운 말인데, 보통 '인애' 또는 '끝없는 사랑' 이라는 식으로 번역합니다. 그러나 '인애' 의 정확한 뜻은 내가 누군가를 내 목숨을 걸고 사랑하는 것을 말합니다. 하나님의 백성에게 가장 중요한 특징은 누군가를 사랑할 때 내 기분이 좋고 그 사람이 나와 잘 통하기 때문에 사랑하는 것을 말하지 않습니다. 하나님의 백성은 누군가를 사랑하기로 했으면 자기 목숨을 걸고 그 사람을 지켜주고 보호해주는 것인데, 이것이 '헤세드' 입니다. 그래서 예수님은 우리를 사랑하셔서 자신의 목숨을 걸고 우리를 사랑하셨습니다. 나중에 이스라엘이 멸망하게 되었을 때 호세아 선지는 이스라엘 백성에게 "너희의 인애가 아침 구름이나 쉬 없어지는 이슬 같도다"(호 6:4)고 했습니다. 아침 해 뜨기 전에는 정말 사랑도 있는 것 같고 신실한 것 같기도 했는데, 해가 떠서 조금 뜨거워지면 그들의 사랑은 흔적도 없이 사라져서 금방 뒤통수를 때리는 사랑이 되었던 것입니다.

그리고 라합은 이 두 정탐꾼이 어떻게 해야 살 수 있을지 그 방법을 가르쳐주었습니다. 왜냐하면 이 두 사람이 살아야 라합도 살 수 있기 때문입니다. 그래서 라합은 자기가 살기 위해서라도 이 두 사람을 살려서 보내어야 했습니다. 라합은 이 집에 오래 있는 것은 좋지 않다고 했습니다. 군인들이 라합의 말에 속은 줄 알면 계속 이 집을 감시할 것이기 때문입니다. 그래서 오늘 밤 안으로 이 성을 떠나야 한다고 했습니다. 그런데 불행 중 다행히 라합의 집은 성벽 위에 있었습니다. 그래서 성 창문이 바로 집 창문이었던 셈입니다. 라합은 그 두 사람에게 밧줄로 밑으로 내려보낼 테니까 요단강 쪽으로 가지 말고 반대쪽 산으로 가라고 했습니다. 왜냐하면 지금 요단강 쪽에서는 이들을 잡기 위하여 철저한 수색이 벌어지고 있기 때문입니다. 그래서 3일 동안 산에 숨어 있으면 결국 수색이 실패할 것이니까 그때 요단강 쪽으로 가서 강을 건너 이스라엘 백성에게로 건너가라고 했습니다.

여기서 참 놀라운 것은 그 많은 여리고 성 사람 중에서 하나님은 믿음을 가지고 있는 한 여자를 알았던 것입니다. 그리고 하나님은 그 여자와 그 가족을 살리기 위해서 스파이도 보내시고 이스라엘 백성의 출전도 지체시키셨던 것입니다. 우리 한 사람 한 사람 모두 하나님이 아시고 우리를 이 자리까지 몰고 오셔서 예수를 믿게 하신 것입니다. 그리고 믿음이라는 것은 그냥 속으로 믿는다면 이것은 믿음이 아닙니다. 우리가 진정으로 하나님을 믿는다면 인간의 편에 서거나 세상 편에 서면 안 되고 당장 하나님의 편에 서야 하는 것입니다.

하나님의 백성에게 가장 중요한 특징은 헤세드, 즉 인애입니다. 하나님의 백성은 사람 앞에 있거나 뒤에 있다고 해서 변하면 안 됩니다. 우리는 자신의 목숨을 걸고 사랑을 지켜야 합니다. 만일 이것이 없으면 하나님의 백성은 아무 가치가 없습니다. 예수님과 제자들은 모두 죽음으로써 하나님의 사랑을 지켰습니다. 교회가 이 세상에서 조롱받고 무너지고 있는 것은 헤세드가 없기 때문입니다. 이 세상에 대한 하나님의 계획은 시장을 살리는 것도 아니고 학교를 유명하게 하는 것도 아니고 신실한 믿음을 가진 사람을 살리고 세상은 멸망시키는 것입니다.

우리는 라합 같이 행동하는 믿음이 있어야 합니다. 자기가 옳다고 믿는 것은 믿음이 아닙니다. 하나님이 하신 것을 믿는 것이 믿음이고, 하나님이 앞으로 세상을 어떻게 하실지 믿는 것이 믿음입니다. 우리는 하나님이 보내신 종들을 살려야 합니다. 그래야 우리가 살 수 있기 때문입니다. 하나님의 종이 죽으면 우리의 믿음을 누가 증명해주겠습니까? 아무리 군인들이 내놓으라고 해도 숨기고 지켜야 하는 것이 우리의 믿음입니다.

## 04 비밀 약속

수 2:15-24

우리가 아는 가장 유명한 스파이는 007 영국 스파이라고 생각할 것입니다. 그러나 그것은 영화로 재미있게 만든 것에 불과합니다. 그런데 실제로 그런 사람이 있기는 있었다고 합니다. 아마 스파이 중에서 최고의 스파이는 나치 독일의 히틀러에게도 훈장을 받고 영국 정부에서도 훈장을 받은 스페인 사람 후안 뿌홀 가르시아일 것입니다. 이 사람은 처음 영국 정보부를 찾아가서 스파이가 되겠다고 했는데, 그의 이력은 저처럼 양계장 출신이었습니다. 양계장 출신은 스파이가 될 수 없다고 거부하니까 독일로 건너가서 독일 스파이가 되어 런던에 있으면서 열심히 영국의 지도나 정보를 독일 나치에 넘긴 결과 히틀러에게 훈장까지 받게 됩니다. 그 후 그는 다시 영국 정보국을 찾아가서 히틀러의 훈장을 보여주면서 이제는 영국에서 일해도 되지 않느냐고 하니까 영국 스파이로 받아들여지게 되었습니다. 이후 이 사람은 노르망디 상륙작전을 성공시킨 숨은 공로자로 알려지게 됩니다. 그는 연합군이 노르망디에 상륙작전을 할 때 이미 공수부대가

투하된 후 독일 측에 미군이 노르망디에 상륙한다고 전보를 보내었습니다. 그래서 독일군이 노르망디를 향하여 이동할 때 갑자기 다시 전보를 보내어서 노르망디 상륙은 미끼에 불과하고 연합군은 파드칼레라는 곳에 상륙한다고 해서 독일군이 급히 방향을 틀어서 파드칼레로 가는 바람에 노르망디 상륙작전에 성공하게 됩니다.

   하나님께서 여리고 성을 소돔과 고모라처럼 파괴하려고 계획하셨을 때 그 성 안에는 여관업도 하고 술도 팔고 밥도 파는 라합이라는 여인이 있는데, 이 사람이 하나님을 믿는 믿음이 있음을 아셨습니다. 그래서 하나님은 거대한 작전을 하시는데, 이스라엘 백성의 진군을 사흘 동안 멈추게 하시고, 여리고 성의 멸망도 며칠 연기하시고, 두 명의 이스라엘 정탐꾼을 보내어서 기생 라합과 접촉하게 하신 것입니다. 이 두 스파이가 라합과 만난 것은 그야말로 우연이었습니다. 그들은 여리고를 조사하고 라합의 여관에 들어갔는데, 라합은 벌써 이 사람들의 옷차림을 보고 이스라엘 정탐꾼인 줄 알았습니다. 라합은 곧 여리고의 군인들이 몰려올 줄을 알고 이 두 스파이를 지붕에 있는 삼대에 숨기고 그들을 따돌립니다. 그리고 라합은 군인들이 다 물러간 후 지붕에 올라가서 두 스파이에게 "내가 당신들을 선대한 것같이 당신들도 우리 아버지와 우리 집을 선대해야 한다"고 말했습니다.

   여기서 '선대'한다는 것은 그냥 잘 대해준다는 말이 아니라 목숨을 걸고 끝까지 책임지는 것을 말합니다. 이 '선대'를 히브리어로 '헤세드'라고 하는데, 이 헤세드는 하나님 백성의 핵심 성품입니다. 이 목숨을 걸고 끝까지 책임지는 사랑이 없으면 이스라엘 백성의 자격이 없는 것입니다. 오늘 우리 크리스천에게는 깨끗한 양심이 가장 중요한 핵심입니다. 만일 양심을 속이는 목회자나 크리스천이 있다면 크리스천으로서 자격이 없는 사람입니다. 그런 의미에서 오늘날 얼마나 많은 크리스천과 목회자들이 양심이 없는 엉터리 크리스천인지 모릅니다.

우리는 코로나가 오는 바람에 전국의 모든 교회가 반 토막 나고 말았고, 작은 교회는 집세를 내지 못해서 문을 닫았다는 사실을 안타까워하고 있습니다. 그러나 코로나가 오기 전에 우리 한국 교회에 대형 교회는 물론이고 전국에 유명한 교회 중에 안 싸운 교회가 없을 정도로 싸웠습니다. 이것이 바로 헤세드가 없는 것이고, 크리스천의 자격이 없는 것입니다. 우리는 진정한 하나님 백성의 자격 없음을 하나님 앞에서 인정해야 합니다.

## 1. 라합의 고백

가나안 족속들이 보기에 이스라엘 백성은 이해할 수 없는 족속이었습니다. 무려 40년 전에 이스라엘 백성은 당시 최강의 나라였던 애굽을 초토화시키고 근 이백만의 사람들이 애굽을 탈출하는 데 성공했습니다. 이 소식은 그 당시 애굽이나 가나안 땅에 있는 모든 사람에게 특급 뉴스로 다 전달되었습니다. 그때는 뉴스를 전하는 사람들이 거의 낙타를 몰고 장사하는 대상들이었습니다. 그리고 그 후에 더 엄청난 뉴스가 터졌는데, 그것은 이스라엘 백성이 홍해 바닷가에서 앞길이 막히고 뒤에는 애굽 군대가 추격했는데 그들의 하나님이 홍해를 쪼개어서 길을 내시고 이스라엘 백성을 인도하셨다는 것입니다. 그리고 애굽 군대가 이스라엘을 추격하다가 바다가 다시 합쳐지는 바람에 애굽 군대는 전멸하고 말았습니다. 이것은 요즘으로 치면 CNN 뉴스나 워싱턴포스트지를 통하여 대서특필될 일이었습니다. 그리고 난 후에 이스라엘 백성은 사라져버렸습니다. 이스라엘 백성은 그 뜨거운 광야로 들어갔는데 그 후에는 아무 소식이 없었습니다. 가나안 족속들이 듣기에는 이스라엘 백성이 다 죽은 것은 아닌데 무려 40년 동안 광야를 떠돌아다닌다는 것이었습니다. 그러다가 40년 후에 이스라엘 백성이 갑자기 요단강 동쪽에 나타나서 아모리 사람의 두 왕 시혼과 옥과 싸워서 그들을 전멸시켰다는 뉴스였습니다.

가나안 족속들은 무려 40년 동안이나 이스라엘 백성이 다 죽지 않고 갑자기 나타나서 요단 동편에 있는 두 개의 나라를 전멸시켰다는 사실에 놀랐습니다. 그러나 그 수많은 가나안 족속 중에서 진정으로 이스라엘의 하나님이 온 세상의 하나님이시고, 그들이 살기 위해서는 자기들이 지금 짓고 있는 미신과 우상 숭배와 음란한 짓들을 다 버려야 한다고 생각하는 사람들은 없었습니다.

요즘에도 많은 현대인 중에는 모세가 열 가지 기적을 내린 것과 홍해를 갈라서 건넌 것을 믿는 사람들은 많지 않습니다. 특히 홍해를 히브리어로 '얌숩'이라고 하는데 '갈대 바다'라는 뜻을 가지고 있습니다. 그래서 공부 꽤나 했다는 사람들 중에는 모세나 이스라엘 백성이 정말로 홍해를 갈라서 건넌 것이 아니라 갈대가 우거진 바닷가를 건넌 것이라고 주장하는 사람들도 있습니다. 더욱이 3천5백 년 전에 있었던 이 사건 때문에 하나님만이 진짜 하나님이시고 다른 종교나 다른 신은 모두 가짜라고 말한다면 사람들은 조롱하고 비웃을지 모릅니다.

그러나 라합은 두 이스라엘 정탐꾼에게 자기 신앙을 분명히 고백했습니다. 그는 하나님께서 홍해를 가르시고 이스라엘 백성을 인도하신 것을 믿고, 또 하나님만이 오직 유일하신 참 하나님이심을 믿는다고 고백했습니다. 그리고 기생 라합은 이스라엘 백성이 여기까지 오기 전에 요단 동편의 시혼과 옥이라는 두 왕과 그 백성을 전멸시켰는데 그들이 가나안 족속들도 그렇게 심판할 줄 믿는다고 했습니다. 그런데 기생 라합은 하나님을 믿기를 원했습니다. 그리고 그와 그의 가족들은 가나안 족속들과 함께 멸망하는 것을 원하지 않았습니다. 그래서 "내가 너희를 선대한 것 같이 너희도 나를 선대하라"고 요청했습니다. 즉 "내가 내 목숨을 걸고 너희들을 살려준 것 같이 너희도 너희 목숨을 걸고 나와 내 가족의 목숨을 살려달라"고 한 것입니다.

그때 이 정탐꾼들은 왜 하나님이 자기들을 이 험한 여리고 성으로 보내었는지 그 이유를 알게 되었습니다. 그것은 이 멸망할 악한 성에도 하나님을 진정으로 믿는 한 여인이 있었기 때문입니다. 그래서 하나님께서는 먼저 두 정탐꾼으로 그들의 정체가 탄로 나게 하셔서 라합의 도움을 받게 한 후에 꼼짝하지 못하고 라합을 돕지 않을 수 없도록 만드셨던 것입니다.

## 2. 붉은 줄의 언약

이스라엘 두 정탐꾼은 자기들이 라합의 희생적인 도움으로 목숨을 건진 것이 틀림없기 때문에 그들도 이스라엘 백성으로서 라합에게 목숨을 걸고 그들을 살린다는 약속을 하게 되었습니다. 그래서 두 정탐꾼은 라합에게 목숨을 건 사랑을 약속했습니다. 즉 "네가 네 목숨을 걸고 우리를 살려주었기 때문에 우리도 우리 목숨을 걸고 너와 네 가족을 지켜주겠다"고 약속했습니다. 이 말 속에는 만일 어떤 이스라엘 백성의 실수로 라합이나 라합의 가족이 죽게 되면 자기들이 대신 죽겠다는 뜻이 들어 있습니다.

그런데 두 정탐꾼은 라합에게 두 가지 비밀 약속을 지킬 것을 요구했습니다. 첫째는 자기들이 여기에 온 것을 절대로 다른 사람들에게 말해서는 안 된다는 것이었습니다. 그럴 리는 없겠지만 라합이 다른 사람들에게 이스라엘 정탐꾼이 자기 집에 오게 되었고 자기가 그들을 숨겨주었노라고 떠들게 되면 이 비밀 작전은 탄로 나게 됩니다. 그렇다면 이 두 이스라엘 정탐꾼은 전혀 약속을 지키지 않는 사람을 위해서 자기들의 목숨을 희생하게 되는 것입니다. 그리고 하나님을 믿지도 않고 자신들의 죄를 회개하지도 않는 자들까지도 라합의 말을 들고 라합의 집에 있게 된다면 여리고 성을 멸망시키려는 하나님의 계획은 실패하게 되는 것입니다.

그리고 두 번째로 이 두 정탐꾼은 오늘 이 시간 이후로 라합의 식구들은 절대로 이 집을 떠나서는 안 된다고 했습니다. 물론 라합은 이 시간부터 여관의 문을 잠그고 장사를 포기해야 할 뿐만 아니라 가족 전체가 이 집을 방공호로 삼아서 이 집 안에만 있어야 했습니다. 라합이 여관을 열어서 장사하면 진정한 회개자와 엉터리 회개자를 구별할 수 없게 되기 때문입니다. 그래서 때때로 하나님의 백성은 하나님의 말씀을 들은 후 손해 볼 때가 많습니다. 어떤 분은 예수 믿고 난 후에 고리대금 장사를 포기하기도 하고, 어떤 분은 예수 믿기 전에 술 공장을 해서 돈을 많이 벌었는데 예수 믿고 난 후에 그 공장을 간장 공장으로 바꾸었습니다.

전에 어떤 분이 예수를 믿으려고 한다고 해서 권찰들이 심방을 갔습니다. 그 집 다락에 쌀을 넣은 단지가 있는데 거기에 귀신이 있다고 했습니다. 그리고 온 집에 붙어 있는 것이 부적이었습니다. 권찰들은 그 단지를 들고 나와서 깨어버렸고 그 안에 들어 있는 쌀로는 밥을 해 먹었습니다. 그리고 집에 붙어 있는 모든 부적을 다 떼어버렸는데, 그 집 주인은 마지막으로 하나 더 있다고 하면서 베개 안에 있는 부적까지 꺼내주었습니다.

제가 아는 한 분은 일본에서 파친코를 해서 돈을 무지무지하게 벌었습니다. 그런데 그는 예수 믿는 한국 여자와 결혼하게 되었습니다. 그 신부의 어머니는 권사였는데, 사위에게 예수 믿는 사람이 파친코를 해서 돈을 벌어야 하겠느냐고 하며 그만두라고 권유했습니다. 그래서 그분은 파친코를 정리한 후 한평생을 가난하게 살아야 했습니다. 왜냐하면 그 사람은 돈 버는 방법을 몰랐기 때문입니다.

사도행전 19장에 보면, 에베소의 마술사들이 예수를 믿고 난 후 자기들이 하던 마술을 전부 포기하고 마술책을 불태워버렸는데, 그것이은 오만이나 되었습니다. 그리고 에베소의 사람들이 전도를 받고 난 후에 집 안에 있는 조그마한 사당을 전부 다 버리니까 에베소의 상인 중에서 그런 사당을 만들어서 돈을 벌던 사람들이 장사가 안되니까 폭동을 일으켜서 사도 바울을 죽이려고 했습니다.

어느 시장에 유명한 욕쟁이 할머니가 있었습니다. 사람들이 이 할머니에게 걸리면 모두 그날은 재수 없다고 했습니다. 그런데 이분이 전도를 받게 되었습니다. 그 욕쟁이 할머니가 교회를 나가려고 결심했던 밤에 얼마나 악몽을 꾸었는지 모릅니다. 자기가 교회를 향해 가는데 미친개들이 나타나서 앞을 가로막고 옷을 잡아 물면서 교회 가면 안 된다고 소리 지르더란 것입니다. 대개 꿈에 개가 나오면 '개꿈'인데 이 꿈은 심각했던 것 같습니다. 결국 이 욕쟁이 할머니는 교회를 드디어 찾아갔고 그 뒤에는 욕을 하지 않게 되었습니다. 그리고 얼마나 겸손하고 온유한 사람이 되었던지, 교회 권사 투표에 합격해서 권사가 되었습니다. 정말 그 이후로 권사님은 욕도 하지 않고 그 교회에서 가장 겸손하고 온유한 권사님이 되었다고 합니다.

우리가 예수 믿으면 불편한 점이 많습니다. 어떤 때는 직업을 포기해야 할 때도 있고, 어떤 때는 아무것도 하지 못하고 하나님의 때를 기다려야 할 때도 있습니다. 그러나 이것이야말로 우리가 진정한 하나님 백성의 표시입니다.

라합은 두 정탐꾼에게 도주로를 치밀하게 가르쳐 주었습니다. 왜냐하면 이 두 정탐꾼이 살아야 자기도 살기 때문입니다. 우리도 자기만 신앙을 가지고 있다고 해서 구원받을 줄 생각하면 안 됩니다. 목사를 살려야 합니다. 나쁜 교인들은 목사에게 스트레스를 주어서 우울증이나 심장병으로 죽게 해놓고는 자기는 아무 상관 없다는 식으로 행동합니다. 그러나 그의 구원을 보장해줄 사람이 아무도 없습니다. 목사를 죽인 교인이 무슨 교인이라고 할 수 있겠습니까? 교회를 쪼개서 싸운 사람들도 신자가 아닙니다. 교회를 쪼갠 사람이 무슨 낯짝

이 있어서 예수님을 만나겠습니까? 저는 목회하면서 놀란 것이 있는데, 그렇게 교회를 쪼가리 내어서 싸운 사람들이 한 명도 장로직을 포기하지 않았다는 것입니다. 정말 이것이야말로 참을 수 없는 위선입니다.

> 2:18, "우리가 이 땅에 들어올 때에 우리를 달아 내린 창문에 이 붉은 줄을 매고 네 부모와 형제와 네 아버지의 가족을 다 네 집에 모으라"

라합은 하필이면 이 두 정탐꾼을 붉은 밧줄로 성 창문을 통해 내려 보냈습니다. 사실 요즘도 붉은 밧줄은 잘 사용하지 않습니다. 더욱이 그 옛날 여리고의 한 여관에 붉은 밧줄이 있었다는 것은 정말 놀라운 일입니다. 아마도 이 붉은 밧줄은 여리고 성에 불이 났을 때 비상 탈출용이 아니었을까 생각됩니다. 라합은 두 정탐꾼에게 이 붉은 밧줄로 성에서 달아 내려 탈출시켰습니다. 즉 비상용 밧줄로 탈출시킨 것입니다. 그리고 두 정탐꾼에게 산 쪽으로 가서 사흘을 숨어 있으라고 말해주었습니다.

그때 두 정탐꾼은 라합에게 지금부터 항상 이 창문에 이 붉은 밧줄을 달아놓으라고 했습니다. 왜냐하면 지금은 라합의 집을 기억할 수 있지만, 시간이 지나면 헷갈릴 수 있기 때문입니다. 그래서 이날부터 라합의 집 창문에는 이상하게 빨간 밧줄이 걸려 있었습니다. 이것은 언제나 여리고 성이 비상이라는 것을 보여줍니다. 탈출용 밧줄이 항상 걸려 있었기 때문입니다. 라합은 다른 사람이 아무리 그 밧줄을 치우라고 해도 걸어 두었습니다. 그것이야말로 자기들의 생명줄이었기 때문입니다. 이스라엘 백성은 출애굽 하기 전에 모두 어린양을 잡아서 그 피를 문기둥과 문설주에 발라 놓았습니다(출 12:7). 그것은 이스라엘 백성의 구원의 표시였는데, 죽음의 천사가 밤에 내려와서 그 피를 보고 그 집을 넘어갔기 때문입니다.

　우리 집에 예수 믿는 표시가 있다면 과연 무엇이겠습니까? 교회 표시만 있으면 그것으로 구원받을 수 있을까요? 집 안에 먼지가 묻은 성경책만 있으면 구원받을 수 있을까요? 어떤 분은 교회에서 찾아와도 심방을 받지 않는 분들이 있습니다. 자기 집 안에 진열되어 있는 술병이나 수집품을 보고 목사가 뭐라고 할까 두렵기 때문입니다. 그런 것은 좋지 않습니다. 심방을 받아야 믿음의 증거가 있습니다. 어떤 분은 이사 해도 심방을 받습니다. 개업해도 예배를 드립니다. 물론 결혼식이나 장례식을 예배로 드립니다. 제사 대신에 추도예배를 드립니다. 이것은 다 좋은 믿음의 표시입니다.

## 3. 두 정탐꾼이 돌아가다

　두 정탐꾼은 라합이 알려준 대로 붉은 밧줄을 타고 성에서 내려간 후에 바로 요단강 쪽으로 가지 않고 반대쪽 산으로 가서 사흘 있다가 수색이 다 끝난 후에 요단강을 건너가서 무사히 여호수아에게로 돌아왔습니다.

　2:23-24, "그 두 사람이 돌이켜 산에서 내려와 강을 건너 눈의 아들 여호수아에게 나아가서 그들이 겪은 모든 일을 고하고 또 여호수아에게 이르되 진실로 여호와께서 그 온 땅을 우리 손에 주셨으므로 그 땅의 모든 주민이 우리 앞에서 간담이 녹더이다 하더라"

　두 정탐꾼은 무사히 여호수아에게 돌아가서 중요한 두 가지 사실을 보고했습니다. 그 하나는 여리고 성이 겉으로는 대단하게 보여도 그 성 사람들의 마음이 다 녹아서 흐물흐물하더라는 것입니다. 그들은 이스라엘 사람들이라고 하기만 하면 간담이 녹아버렸습니다. 그래서 하나님께서 여리고 성을 우리에게 주신 것이 틀림없다고 했습니다. 그리고 또 하나는 그 악하고 음란한 성에도 하나님을 믿는 여자가 한 명 있더라는 것이었습니다. 직업으로 보면 가장 천하고 음란할 수 있는 기생이었는데 그 여자가 아니었으면 자기들은 여리고 사람들에게 잡혀 죽었을 것이라고 했습니다. 우리는 우리 목숨을 걸고 라합과 그의 가족을 지켜주기로 약속했는데, 그 표시는 창문에 달린 붉은 밧줄이라고 했습니다.

하나님은 이 세상에 그 수많은 사람 가운데 믿음을 가진 자를 알고 계십니다. 그래서 우리 한 사람을 구하기 위하여 전쟁을 연기하기도 하시고, 코로나도 제한적으로 퍼지게도 하시는 것입니다. 우리는 예수 믿고 손해 보는 것을 조금도 아까워해서는 안 됩니다. 이 세상에서 우리 목숨보다 더 귀한 것은 없기 때문입니다. 세상 사람들과 똑같이 따라 하지 말고 하나님 백성의 특징을 잘 지키는 성도들이 되시기 바랍니다.

## 05

## 첫 번째 관문

수 3:1-17

　**대**입 수험생들은 입시에 대비하여 밤에 잠을 잘 자지 못하고 텔레비전도 보지 않고 친구와 놀지도 않고 결사적으로 공부해서 어떻게 해서든지 좋은 점수를 받으려고 합니다. 그 이유는 좋은 대학에 들어가는 것이 사회에서 성공하는 첫 관문이기 때문입니다. 그런데 이 첫 관문을 패스하는 것은 결코 쉬운 일이 아닙니다. 모든 학생이 좋은 대학 좋은 학과에 합격하려고 경쟁하기 때문입니다.

　얼마 전에 서울 강남에 있는 어느 거리를 지나가게 되었습니다. 그곳에 사는 우리 교회 성도는 그곳이 강남의 학원가라고 말씀하시면서 오후 4시가 되면 얼마나 많은 학생이 학원에 공부하러 가는지 그 큰길이 빈틈없이 학생들로 꽉 찬다고 했습니다. 그리고 이 학생들은 새벽 2시까지 학원이나 독서실에서 공부한다고 했습니다. 그래서 저는 마음속으로 역시 강남은 강남이구나 하는 생각을 했습니다. 좋은 대학 좋은 학과를 졸업하면 아무래도 사회에 진출하기가 훨씬 쉽고 엘리트의 길을 걸을 수 있는 것을 볼 수 있습니다.

육상 경기에서도 스타트하는 것이 우승하는 데 아주 중요한 역할을 합니다. 육상 선수가 100m 달리기를 할 때 경기 진행자가 총을 '땅!' 하고 쏠 때 그 순간에 총알같이 튀어 나가야 다른 선수를 이길 수 있지, 머뭇거리거나 미끄러지거나 우물쭈물하다가는 승리할 수 없습니다. 세계적인 단거리 선수인 우사인 볼트가 스타트하는 것을 보니까 마치 미사일을 발사하는 것과 같았습니다. 엄청나게 큰 키를 가진 선수인데 '땅!' 하고 총소리가 나면 미사일이 발사되듯이 출발선에서 뛰쳐나가는 것을 볼 수 있었습니다. 이처럼 첫 관문을 잘 통과해야 두 번째 세 번째 관문도 잘 통과할 수 있고 나중에 높은 자리까지 올라갈 수 있는 것입니다.

이스라엘 백성에게는 40년 동안 광야를 돌아다니고 난 후 가나안 땅에 들어가는 첫 관문이 있었습니다. 그것은 바로 홍수 때처럼 언덕에 넘치는 물이 흐르고 있는 요단강을 건너가는 것이었습니다. 이스라엘 백성이 이 요단강을 건너가지 않고서는 가나안 땅을 한 평도 정복할 수 없었습니다.

### 1. 하나님의 명령

이스라엘 백성은 40년 전에 애굽을 탈출한 후 홍해 앞에 멈추게 되었고 뒤에는 애굽의 마병들이 추격하고 있을 때, 하나님께서는 홍해를 가르셔서 이스라엘 백성으로 하여금 홍해를 건너게 하시고 애굽 군대는 전부 몰살하게 하셨습니다. 그러나 이 일은 이미 40년 전의 일이었고, 그때 홍해를 건넌 사람들은 거의 다 광야에서 죽었습니다. 그리고 하나님께서 또다시 그 강물을 가르신다는 보장이 없었습니다.

이스라엘 백성은 이제 요단강을 눈앞에 두고 모여 있었습니다. 그런데 하나님께서는 이스라엘 백성에게 '이렇게 하라' 든지 '저렇게 하라' 든지 아무 말씀이 없었습니다. 이스라엘 백성은 요단강을 건너갈 방법이 없어서 모두 우두커니 흘러가는 강물만 바라보고 있었습니다. 제 해병대 친구 중에서 가장 먼저 전사한 친구가 있었습니다. 이 친구는 팀 스피릿 훈련 때 고무보트를 타고 강을 건너가는 훈련을 하고 있었는데, 소대장이기 때문에 고무보트에서 가장 먼저 뛰어내렸습니다. 그러나 그가 뛰어내렸던 임진강은 개펄 천지였습니다. 물은 머리 위에까지 넘치는데 군화는 펄에 빠져서 아무리 빼려고 해도 빠지지 않았습니다. 결국 이 소위는 완전 무장을 하고 권총도 허리에 찬 채로 그 펄에 빠져 서서 죽었습니다. 그래서 우리 동기 중에서 이 친구가 가장 먼저 국립묘지에 안장되었습니다.

하나님은 이스라엘 백성 수백만 명을 요단강 앞에 모아놓고 아무 말씀도 하시지 않고 하루 이틀이 지나가게 하셨습니다. 그리고 이스라엘 백성은 모두 아무 소리 없이 흘러가는 강물만 보고 있었습니다. 만일 이스라엘 백성이 하나님의 말씀을 기다리지 못하고 강물로 뛰어들었더라면 아마 많은 사람이 강물에 빠져 죽었을 것입니다. 특히 이스라엘 백성이 요단강을 건너가려고 했을 때는 그야말로 헬몬산에서 눈이 녹은 물이 흐르는 때이므로 물이 매우 차고 깊었습니다. 이스라엘 백성이 모두 우두커니 강물만 쳐다보고 있는 광경은 어떻게 보면 그 아까운 시간을 허비하는 것 같았습니다. 우두커니 강물만 쳐다보고 있는 시간에 다리를 만들든지 아니면 뗏목을 만들든지 해서 요단강을 건너갈 준비를 해야 할 텐데 모두 가만히 강물을 쳐다보고만 있었습니다.

그러나 이스라엘 백성 중에 어느 누구도 여호수아를 찾아가서 '왜 우리는 이 아까운 시간을 허비하고 있어야 합니까? 다리를 만들든지 뗏목을 만들든지 합시다' 라고 따지는 사람이 한 사람도 없었습니다. 왜냐하면 그 3일은 하나님을 기다리는 시간이었기 때문입니다.

우리의 인생에는 때때로 아무것도 하지 못하고 멍청하게 기다리기만 할 때가 있습니다. 우리는 그런 시간을 가장 견디지 못해 합니다. 우리나라 사람들은 모두 부지런해서 무엇이라도 해야지 아무것도 하지 않고 멍청하게 있는 것은 바보들이나 하는 짓이라고 생각하기 때문입니다.

요즘 '물멍'이나 '불멍' 같은 말이 유행하고 있습니다. 여기서 '물멍'이라는 것은 강가나 호숫가에 가서 멍하게 물을 쳐다보는 시간을 말합니다. '불멍'이라는 것은 모닥불을 피워놓고 거기에 앉아서 시간 가는 줄 모르고 멍하게 불을 보고 있는 시간을 말합니다. 제 형님 한 분이 한평생 참 바쁘게 살았고 병과도 오래 싸웠습니다. 그런데 나이가 칠십 되니까 하던 일을 다 정리하고 지방에 가서 '물멍'을 한다는 것입니다. 또 '산멍'을 할 때도 있다고 합니다. 이것은 멍하니 산을 쳐다보는 것을 말합니다. 제 형님은 자기가 일을 하지 않으면 미쳐서 죽을 줄 알았는데, 지금은 아무 생각 없이 멍하게 쳐다보는 시간이 그렇게 좋을 수 없다고 합니다. 그리고 저에게도 빨리 모든 것을 정리하고 '산멍'이나 '물멍'을 하라고 권하고 있습니다.

그러나 우리 성도들이 아무것도 하지 못하고 멍하게 있는 시간은 그냥 쓸데없이 보내는 시간이 아니라 하나님을 기다리는 시간입니다. 지금은 여호수아나 이스라엘 백성에게 분명한 것은 그들이 요단강을 건너기 위하여 할 수 있는 것이 아무것도 없다는 것입니다. 그 대신에 그들은 하나님에게는 무슨 계획이 있을 것이라고 믿었습니다. 그래서 이스라엘 백성은 아무 계획도 없고 아무것도 하지 않으면서 여호수아에게 무엇인가 하자고 하는 사람이 아무도 없었습니다.

우리에게는 하나님을 기다리는 시간이 필요합니다. 그래서 대학 시험에 떨어져서 재수하는 때도 하나님을 기다리는 시간이고, 수술받고 병실에 링거 꽂고 누워 있는 때도 하나님을 기다리는 시간입니다. 요즘 우리 교인 중에 병이 악화되어서 아무것도 하지 못하고 음식이나 물도 마시지 못하고 말도 하지 못하고 침대에 누워 있는 분이 많은

데, 그것도 하나님을 기다리는 시간입니다. 이것이 바로 천국에 들어가는 첫 관문입니다.

그런데 3일이 지난 후 하나님은 드디어 여호수아와 이스라엘 백성에게 말씀하셨습니다. 그것은 전혀 인간적인 방법이 아니었으니, 오직 하나님의 언약궤만 따라가라는 것이었습니다.

> 3:3, "백성에게 명령하여 이르되 너희는 레위 사람 제사장들이 너희 하나님 여호와의 언약궤 메는 것을 보거든 너희가 있는 곳을 떠나 그 뒤를 따르라"

대개 어떤 땅에 처음 들어갈 때는 대개 군인들이 무장하고 들어갈 때가 많습니다. 그러나 하나님께서 이스라엘 백성에게 가나안 땅에 가장 먼저 들어가게 하신 사람들은 제사장들이었습니다. 제사장은 하나님 나라의 군인들이기 때문입니다. 그런데 제사장들이 언약궤를 메고 갈 때 그 뒤를 따라가라고 했습니다. 이 언약궤라는 것은 아카시아 나무로 만든 상자입니다. 아카시아나무는 꽃은 참 향기롭고 꿀은 맛있지만, 나무 자체가 울퉁불퉁하고 비틀어져 있어서 아무 데도 쓸 수 없습니다. 그래도 아카시아나무로 상자를 만들려면 목수들은 대패니 도끼로 수천 번 아니 수만 번 깎아내어야 할 것입니다. 그리고 나서 그 상자 안팎을 금으로 싸고 그 안에 모세의 돌비를 넣은 것이 언약궤였습니다.

이 언약궤는 이스라엘 백성의 변화된 모습을 보여줍니다. 이스라엘 백성이 첫 관문인 요단강을 건너는 방법은 바로 이 언약궤를 앞세우고 따라가는 것이었습니다. 우리가 항상 설교 말씀을 앞세우고 모든 일을 하는 것은 이 언약궤를 앞세우고 따라가는 것과 같습니다. 그러면 하나님께서 우리 앞에서 우리의 길을 인도하여 주십니다. 그래서 우리는 항상 교회에서 하나님의 말씀을 먼저 들어야 합니다. 그리고 개인적으로 하나님의 말씀을 읽으면서 내 머릿속에 들어오는 영감(inspiration)대로 한번 시도해보는 것입니다. 그때 그 영감이 하나님의 말씀일 때가 많습니다.

그러나 이때 이스라엘 백성이 주의해야 할 것이 있습니다. 그것은 그들이 결코 하나님의 말씀을 앞질러가지 않는 것입니다.

> 3:4, "그러나 너희와 그 사이 거리가 이천 규빗쯤 되게 하고 그것에 가까이 하지는 말라 그리하면 너희가 행할 길을 알리니 너희가 이전에 이 길을 지나보지 못하였음이니라 하니라"

이스라엘 백성은 아직 무리에 불과했습니다. 그래서 그들이 서로 요단강을 건너가려고 달려가다 보면 하나님의 언약궤를 앞질러 가거나 우왕좌왕할 수 있었습니다. 이스라엘 백성은 그 누구도 요단강 건너의 지형을 아는 사람들이 없었기 때문입니다. 그래서 이스라엘 백성은 모두 하나님의 언약궤에서 이천 규빗 뒤에서 따라가야 했습니다. 여기서 이천 규빗은 구백 미터 정도입니다.

우리는 너무 성급하게 서두르다가 하나님을 앞서 달려가면 안 됩니다. 우리가 하나님을 앞서면 길을 잃어버리기 때문입니다. 그래서 우리는 하나님의 말씀과 우리 사이에 거리를 좀 두고 따라가야 길을 잃지 않습니다.

## 2. 제사장의 순종

> 3:6, "여호수아가 또 제사장들에게 말하여 이르되 언약궤를 메고 백성에 앞서 건너라 하매 곧 언약궤를 메고 백성에 앞서 나아가니라"

여호수아는 레위 제사장들에게 하나님의 언약궤를 메고 요단강에 들어가라고 했습니다. 레위 제사장들도 인간인데 이 깊은 강에 하나님의 언약궤까지 메고 들어가다가는 물살에 휩쓸려가든지 아니면 강에 빠져서 목숨을 잃게 될 것입니다. 그러나 레위 제사장 중 어느 누구도 여호수아가 하는 말이 도대체 이해되지 않는다고 쳐다보는 사람들이 없었습니다. 왜냐하면 그들에게는 이미 죽으면 죽으리라는 신앙이 있었기 때문입니다.

우리가 말로는 죽으면 죽으리라고 말하기 쉽습니다. 그러나 나이가 들면 들수록 생에 대한 애착을 더 가지고 건강이야말로 가장 중요하다는 것을 깨닫게 됩니다. 그래서 사람이 아무리 돈이 있고 권력이 있고 지식이 있고 명성이 있어도 아프거나 죽으면 아무 소용이 없습니다. 제사장들에게도 그들의 목숨은 중요한 것입니다. 그러나 그들은 40년 동안 광야에서 훈련받으면서 하나님의 말씀에 순종하다가 죽는 것은 영광이라는 믿음이 있었습니다. 하나님의 일을 하다가 죽으면 더 좋은 것입니다.

이때 제사장에게 가장 중요한 것은 요단강 안으로 첫걸음을 옮기는 것이었습니다. 그런데 감사하게도 제사장 중에 어느 누구도 요단 강가에서 겁이 나서 망설이는 사람이 없었습니다. 그들에게는 주님을 위해서 죽을 각오가 되어 있었기 때문입니다. 제사장들에게 필요한 것은 백 걸음, 이백 걸음이 아니었습니다. 그들은 오직 요단강에 한 걸음만 나가면 되었습니다. 우리는 하나님께 나아갈 때도 하나님을 위해서 많은 일을 해야 한다고 생각하기 쉽습니다. 그러나 우리에게 필요한 것은 믿음의 첫걸음입니다. 한 가지만 순종하면 하나님의 길이 열리게 됩니다. 제사장들이 하나님의 언약궤를 메고 요단강에 첫걸음을 떼어 담갔을 때 요단강의 급류는 끊어지기 시작했습니다.

### 3. 다시 기적을 행하시는 하나님

하나님께서는 40년 전에 이미 이스라엘 백성 앞에서 홍해의 바다가 갈라져서 길이 되게 하셨습니다. 그러나 사람들은 대개는 과거의 축복은 다 잊어버리고 미래의 길을 걱정합니다. 비록 옛날에 하나님께서 기적을 베풀어주셨다 하더라도 똑같은 기적이 또 일어난다는 보장이 없기 때문입니다.

우리의 인생은 산너머 산이라고 말합니다. 한 가지 어려움을 넘기고 보면 또 새로운 어려움이 찾아옵니다. 그래서 또다시 찾아온 어려움을 이기려고 난리를 치다가 겨우 넘기고 보면 또 새로운 어려움이 찾아옵니다. 그래서 옛날에 하나님이 행하셨던 기적을 생각할 여유가 없는 것입니다. 왜냐하면 우리에게는 끊임없이 새로운 문제가 생기기 때문입니다. 그러나 하나님은 우리가 과거에 있었던 하나님의 기적을 기억하기를 원하십니다. 하나님께서 옛날에 우리를 도우셨다면 또다시 틀림없이 지금도 우리를 도우실 것이기 때문입니다.

하나님은 40년 전에 홍해를 가르셨습니다. 그런데 이번에 제사장이 하나님의 말씀에 순종해서 요단강 안으로 첫걸음을 옮겼을 때, 하나님은 요단강이 마치 벽처럼 쌓이게 하셨습니다. 요단강 북쪽으로 거슬러 올라가면 먼 곳에 아담이라는 성이 있었습니다. 요단강은 거기에서부터 마치 댐처럼 쌓이기 시작했습니다. 요단강은 저 위쪽에서 물 벽으로 쌓여 올라가고, 지금 흐르는 물은 아래쪽 사해로 흘러가 버리니까 요단강은 맨땅이 되었던 것입니다.

> 3:17, "여호와의 언약궤를 멘 제사장들은 요단 가운데 마른 땅에 굳게 섰고 그 모든 백성이 요단을 건너기를 마칠 때까지 모든 이스라엘은 그 마른 땅으로 건너갔더라"

그렇게 제사장들은 언약궤를 메고 강 한가운데까지 들어가서 거기서 언약궤를 메고 서 있었습니다. 그리고 모든 이스라엘 백성은 요단강으로 내려가서 이미 마른 땅이 되어 있는 요단강을 건너서 가나안 땅으로 들어갔습니다.

  그런데 놀라운 것은 제사장들의 인내였습니다. 제사장들은 강 한복판에 서서 모든 이스라엘 백성이 요단강을 건너갈 때까지 한 걸음도 움직이지 않고 서서 있었습니다. 그렇게 제사장들은 가장 먼저 요단강에 들어갔고, 가장 나중에 요단강에서 올라왔습니다. 교회에도 어려움이 있으면 목사가 가장 먼저 들어가야 하고 가장 나중에 나와야 합니다. 그래야 잘 움직이지 못하는 할아버지나 할머니들이 당황하지 않고 목사님을 쳐다보면서 차근차근하게 행동하게 되는 것입니다.

  여호수아와 이스라엘 백성이 사흘 동안 하나님을 기다렸을 때, 하나님은 요단강이 끊어지게 하셨을 뿐 아니라 보너스까지 주셨습니다. 그것은 먼저 하나님께서 여호수아에게 주신 축복인데, 하나님은 여호수아를 아주 위대하게 만드시겠다고 약속하셨습니다. 하나님은 여호수아에게 모세와 함께 있었던 것처럼 여호수아와 함께 있겠다고 하셨습니다. 그래서 이스라엘 백성은 오늘부터 여호수아를 함부로 대하지 못하고 그를 존경하고 그의 말에 복종하게 됩니다. 그리고 하나님께서는 이스라엘 백성에게 그들이 요단강을 마른 땅으로 건넌 것이 가나안 땅에 있는 거인들과 악한 자들과 전쟁 잘하는 자들을 모두 물리치는 증거가 될 것이라고 말씀하셨습니다.

  이스라엘 백성이 어린아이나 노인이나 여자나 가축들까지 모두 다 건넌 후에 여호수아는 제사장들에게 요단강에서 올라오라고 명령했습니다. 제사장들의 발이 요단강 위에 올라섰을 때 하늘 꼭대기까지 쌓여 있던 요단강의 물 벽이 무너지면서 요단강은 다시 세차게 흘러갔습니다.

과거에 기적을 행하셨던 하나님은 지금도 우리에게 기적을 행하십니다. 과거에 우리에게 부흥을 주셨던 하나님은 오늘도 우리에게 부흥을 주십니다. 과거에 우리에게 축복을 주셨던 하나님은 오늘도 우리에게 축복을 주십니다. 우리에게 필요한 것은 하나님을 향하여 한 걸음을 옮기는 것입니다. 우리가 하나님의 말씀에 첫걸음만 옮기면 또다시 놀라운 기적이 일어날 것입니다.

# 06

## 요단강의 기념물

수 4:1-24

우리가 과거에 있었던 아름다운 추억들을 다시 기억하는 것은 참 행복한 일입니다. 왜냐하면 과거의 아름다웠던 추억들이 우리에게 매일 찾아오는 우울하고 기분 나쁜 생각들을 물리칠 수 있기 때문입니다. 더욱이 옛날의 사진이라든지 기념물 같은 것이 있으면 더 실감 나게 과거를 생생하게 추억할 수 있을 것입니다.

저는 어렸을 때 반 클라이번이라는 피아니스트가 치는 베토벤 협주곡 5번 '황제'(Emperor)에 매료되었습니다. 그러나 대학 입시 준비를 해야 했기 때문에 음악을 가까이할 수 없었습니다. 그러나 제 마음속에는 언제나 반 클라이번의 베토벤 협주곡 5번이 살아 있었습니다. 그러다가 나중에 미국에서 전 세계 피아니스트를 대상으로 4년에 한 번씩 열리는 반 클라이번 피아노 콩쿠르가 있다는 것을 알고는 굉장히 반가웠습니다. 이 대회에서 한국의 젊은 피아니스트들이 입상하곤 했습니다. 드디어 얼마 전에 한국의 18세 된 임윤찬이라는 청년이 최고상을 받고는 세계적인 영웅이 되었습니다. 이 청년은 참 겸손하게도 인터뷰에서 "자기는 1등 하려고 이 대회에 나온 것이 아니라 자신의 연주가 얼마나 성숙했는지 확인받기 위해서 나왔다"고 했습니다. 그리고 그는 준결승 때 리스트의 '초절정 연습곡' 12곡 전체를 65분 동안 막힘없이 연주해서 청중을 놀라게 했습니다. 그리고 그는 결승전에서 미친 사람 아니고는 완전히 소화할 수 없다는 라흐마니노프의 피아노 협주곡 3번을 완벽하게 연주했는데, 지휘자는 지휘하면서 울었다고 합니다. 사람들은 반 클라이번이라는 연주자를 잊어버리고 있었는데 그를 기억하는 콩쿠르가 열리는 바람에 그도 기억할 수 있을 뿐 아니라 오히려 그보다 뛰어난 천재를 온 세상이 발견하게 된 것입니다.

이스라엘 백성은 드디어 요단강을 건넜습니다. 이스라엘 백성이 요단강을 건넌 방식은 특이했습니다. 제사장들이 하나님의 언약궤를 메고 요단강으로 무조건 들어가니까 그 강 위쪽에서 물이 댐처럼 쌓이고 강은 마른 땅이 되어서 모든 이스라엘 백성이 전혀 어려움을 겪지 않고 건너갈 수 있었습니다. 그런데 중요한 것은 이스라엘 백성이 요단강을 이렇게 기적적으로 건넌 것이 이번에만 딱 한 번 일어나는 일이냐, 아니면 앞으로도 얼마든지 일어날 수 있는 일이냐 하는 것입니다.

하나님께서는 여호수아에게 이스라엘 열두 지파에서 한 명씩 뽑아서 제사장들이 요단강 가운데 서 있던 발밑에서 큰 돌을 하나씩 빼내서 어깨에 메고 그 열두 개의 돌을 그들이 잠을 자게 될 곳에 쌓아두라고 하셨습니다(4:2-3). 그리고 하나님께서는 이스라엘 백성에게 제사장이 서 있던 곳에도 열두 개의 돌을 쌓아두라고 말씀하셨습니다. 그래서 열두 개의 돌은 제사장이 서 있던 곳에도 있었고, 이스라엘 백성이 요단강을 건너고 난 후 잠을 자는 곳에도 쌓여 있었습니다. 물론 강 한가운데 있는 열두 개의 돌은 홍수가 나고 물이 세차게 흐르면 굴러가고 말 것입니다. 마치 우리의 기억처럼 우리의 머리에서 지워지고 말 것입니다. 그러나 이스라엘 백성이 진을 치고 있는 곳에 쌓아둔 열두 개의 돌은 이스라엘 백성이 일부러 없애지 않는 이상 그 자리를 늘 지키고 있을 것입니다.

## 1. 고정된 과거 기억들

우리가 옛날에 시골 할아버지 댁이나 큰아버지 댁에 가면 마루 벽 위에 있는 액자에 끼워져 있는 오래된 사진을 볼 수 있었습니다. 거기에는 할아버지가 옛날 젊었을 때 전통 방식으로 결혼한 흑백 사진이나 환갑 사진도 보이는데 모두 한복을 입고 있고 아이들을 안고 있는데, 그 아이들이 지금은 다 늙은 어른이 된 것입니다.

우리는 때때로 하나님께서 우리에게 행하신 놀라운 기적들도 마치 오래된 사진 액자 속에 있는 흑백 사진처럼, 오늘 시대에는 맞지 않고 움직이지도 않는 낡은 사진으로 생각하기 쉽습니다. 하나님께서 여호수아와 이스라엘 백성으로 하여금 요단강을 건너게 하신 것은 마치 모세와 그 시대 이스라엘 백성 앞에서 홍해 바다를 가르시고 건너게 하신 것과 같은 엄청난 기적의 사건이었습니다.

그러나 이스라엘 백성이 요단강을 건너 가나안 땅으로 가면 거기에는 어마어마한 거인족이 있고 또 무기와 전투력이 뛰어난 가나안 족속들이 수도 없이 있었습니다. 물론 이스라엘 백성이 요단강을 건넌 것은 대단한 일이지만 사실 중요한 것은 이제부터 가나안 족속들과 싸워서 이기는 것이었습니다. 그래서 이스라엘 백성은 하나님께서 요단강을 기적으로 건너게 하신 것은 기억할 시간조차도 없었던 것입니다. 왜냐하면 이스라엘 백성은 요단강을 건넜다고 해서 모든 것이 끝나는 것이 아니라 그때부터 끝없는 새로운 문제들과 부딪쳐야 했기 때문입니다. 이것이 바로 우리가 신앙생활하는데 느끼는 어려움입니다.

 우리는 대학에 진학하거나 혹은 아이나 자기 몸이 아프면 하나님께 간절히 기도하고 매달리게 됩니다. 그 결과 대학에 합격하고 아픈 것이나 병든 것도 기적적으로 치유가 되면 이것은 하나님의 놀라운 기적이고 하나님의 축복입니다. 그러나 우리는 과거의 기억에만 매달려 있을 수 없습니다. 왜냐하면 대학에 들어가도 시험을 쳐야 하고 취직해야 하고 남자들의 경우에는 군대를 갔다 와야 하는 등의 많은 일이 기다리고 있기 때문입니다. 그래서 우리는 하나님이 과거에 내 기도를 들어주시고 은혜를 베풀어주신 것에만 매달려서 울고 웃을 시간이 없는 것입니다. 우리는 끊임없이 밀려오는 새로운 문제와 매일 싸워야 합니다. 그러다 보면 하나님께서 과거에 기도를 들어주시고 응답해주신 것은 하나의 움직이지 않는 흑백 사진처럼 액자 안에 갇혀 있게 되는 것입니다. 그러니 하나님이 과거에 기도를 들어주신 것은 이제는 하나의 잊힌 추억에 불과하고, 이제부터 밀어닥치는 새로운 일들을 내 머리와 힘으로 해결해야 한다고 생각하게 되는 것입니다.

 오래전에 한 형제가 결혼하는데 어려움이 많았습니다. 그는 노총각이었고 가지고 있는 돈도 많지 못했습니다. 그가 결혼하려고 하니까 신부도 찾아야 하고 집도 구해야 하고 결혼 비용도 마련해야 했습니다. 그런데 그는 아주 절약해서 결혼식을 했고, 저는 주례로서 이 새 가정이 하나님의 축복으로 모든 일에 형통하고 잘되도록 축복했습니다. 그런데 그 형제는 결혼한 지 몇 주가 되지 않아서 IMF가 오는 바람에 회사가 부도나서 문을 닫게 되었습니다. 그 형제는 저를 찾아와서 "목사님께서 분명히 하나님의 은혜로 축복해주신 결혼인데 결혼한 지 몇 주 만에 직장이 없어지게 되었습니다. 이제 무엇을 먹고 살아야 합니까?"라고 불평 섞인 질문을 했습니다. 그때 저는 함께 하나님께 기도해 보자고 했습니다. 그리고 우리가 하나님께 기도하는 동안 놀라운 일이 일어났습니다. 그것은 회사 사원들이 모두 단결해서 돈을 모아서 자기 회사를 다시 사서 회생시켰던 것입니다. 그 후에 이 형제는 직급이 더 올라가 과장이 되었고 이제는 사장이 되어서 옛날에 만들던 물건을 파는 가게를 운영하고 있었습니다. 지금은 우리 교회를 출석하고 있지 않지만 얼마나 우리 교회 설교를 잘 듣는지 실제로는 인터넷 동부교회 교인이라고 했습니다. 이런 경험이 있는 분들은 모든 어려움이 생길 때마다 하나님이 축복하신 그 순간으로 돌아가서 다시 시작합니다. 그러니까 이상하게 길이 생기고 더 큰 축복이 생기게 됩니다.

우리 교회 어떤 부부는 결혼한 지 10년이 지나도록 아기가 생기지 않았습니다. 거기에다가 남편은 하나님에 대한 믿음도 부족했습니다. 아마도 부인은 10년 동안 아이를 위해서 기도한 것 같습니다. 하지만 놀랍게도 결혼한 지 10년 만에 임신하게 되었습니다. 그런데 이 부인에게 임신중독 증세가 나타나서 아이를 낳는 것이 힘들다고 했습니다. 우리는 합심해서 기도했는데 아이를 무사하게 낳았습니다. 그러자 남편도 아이가 생기는 것을 보고 하나님에 대한 뜨거운 믿음을 가지게 되었습니다. 그리고 하나님은 거기에서 그치지 않으셨습니다. 하나님은 또 다음 아기를 주셨습니다. 하나님의 축복은 한 번으로 끝나는 것이 아니라 계속 부어주시는 것이었습니다. 그래서 그 부부는 두 번째 아이도 낳아서 잘 키우고 있습니다.

하나님은 이스라엘 백성이 단순히 요단강을 건너는 것으로 끝난 것이 아니라 앞으로도 계속 하나님의 능력이 나타난다는 것을 알기 원하셨습니다. 물론 이스라엘 백성의 기적은 갑자기 나타난 것은 아니었습니다. 이스라엘 백성은 40년 동안 광야에서 훈련받았고, 또 요단강가에서 사흘을 인내하며 기다렸습니다. 그리고 그들은 제사장이 하나님의 언약궤를 메고 무조건 요단강으로 들어가라고 하니까 들어갔습니다. 그때 요단강은 마른 땅이 되었습니다. 이는 하나님께서 이스라엘 백성이 요단강을 건넜듯이 가나안의 모든 족속을 이기고 새

나라를 건설할 것임을 보여주는 것이었습니다. 그래서 이스라엘 백성의 마음속에는 요단강을 건넌 기적의 사건이 항상 살아 있어야 했습니다.

## 2. 요단강에서 돌을 가져와서 쌓으라

이스라엘 백성이 요단강을 건너는 것은 어려운 일이 아니었습니다. 물이 없는 강이기 때문에 그냥 움푹하게 들어간 긴 구릉과 같아서 이스라엘 백성은 모두 쉽게 요단강을 건넜습니다. 이스라엘 백성이 홍해를 건널 때는 바다를 건너야 했기 때문에 거리가 멀었고 더욱이 양쪽에 바닷물이 쌓여 있었기 때문에 굉장히 거창했습니다. 그런데 물이 하나도 없는 강을 건너는 것은 너무나도 간단하고 쉬운 일이었습니다. 이스라엘 백성은 모두 순식간에 요단강을 건넜습니다. 그래서 이스라엘 백성이 요단강을 건넌 것은 더 잊어버리기 쉬웠습니다. 그러나 하나님에게는 이스라엘 백성이 홍해를 건넌 것이나 요단강을 건넌 것이나 모두 다 같이 중요한 하나님의 능력이었습니다.

그래서 하나님께서는 이스라엘 백성이 요단강 건넌 것을 잊어버리지 않도록 기념하기 위해 요단강 안에서 돌을 가져오라고 명령하셨습니다.

4:2-3, "백성의 각 지파에 한 사람씩 열두 사람을 택하고 그들에게 명령하여 이르기를 요단 가운데 제사장들의 발이 굳게 선 그 곳에서 돌 열둘을 택하여 그것을 가져다가 오늘밤 너희가 유숙할 그 곳에 두게 하라 하시니라"

하나님께서는 이스라엘 백성이 하나님의 능력으로 요단강을 건넌 것을 잊지 않기를 원하셨습니다. 이스라엘 백성은 앞으로 가나안 땅에서 일어나게 될 모든 일을 하나님의 능력으로 해결해야 할 것이기 때문입니다. 하나님께서는 이스라엘 백성이 요단강을 건넌 것을 통해서 하나님께서 끝까지 이스라엘 백성을 책임지신다는 사실을 깨닫기를 원하셨습니다. 하나님은 이스라엘 백성을 기분 좋고 생각이 날 때 한 번만 도우시고 내팽개치시는 하나님이 결코 아니시라는 것입니다.

하나님은 이스라엘 열두 지파에서 한 명씩 택해서 열두 명이 요단강에 다시 들어가서 제사장이 서 있는 그 발밑에서 큰 돌 열두 개를 어깨에 메고 나오게 하셨습니다. 돌을 어깨에 메고 온 것을 보면 상당히 큰 돌이라는 것을 알 수 있습니다. 그런데 그 돌들은 요단강 아무 데서나 주워온 것이 아니라 제사장이 서 있는 그 발 부근에서 상당히 큰 돌을 파내어서 들고 온 것입니다. 이것은 무슨 의미가 있습니까? 앞으로 이스라엘 백성이 가나안 땅에서 수없는 원수들과 어려운 일을 당하겠지만 그들이 지금 요단강을 건넌 것처럼 하나님의 능력으로 다 해결할 것이라는 약속입니다.

그리고 하나님은 여호수아에게 열두 개의 돌을 제사장이 서 있던 곳에도 세우라고 말씀하셨습니다.

> 4:9, "여호수아가 또 요단 가운데 곧 언약궤를 멘 제사장들의 발이 선 곳에 돌 열둘을 세웠더니 오늘까지 거기에 있더라"

열두 개의 돌은 연결된 것입니다. 즉 이스라엘 백성이 이제 가나안 땅에서 거인족들과 싸워야 할 곳에 하나님의 증거의 돌이 있었고, 또 이스라엘 백성이 요단강을 건너가는 힘의 원천이 되었던 제사장이 섰던 곳에도 하나님의 증거의 돌이 있었던 것입니다. 이것은 이스라엘 백성이 가나안 땅에서 싸워야 하는 모든 어려움은 제사장이 요단강을 건넜던 것처럼 하나님의 능력으로 다 해결될 것이라는 것을 보여주는 증거물이었습니다. 그런데 강 가운데 있는 열두 개의 돌은 아무리 잘 쌓아도 급류가 흐르면 떠내려갈 것입니다. 그러나 이스라엘 백성이 진을 친 곳에 세워둔 열두 개의 돌은 언제나 남아 있을 것입니다. 우리는 간혹 기도로 작은 어려움이 해결될 때가 있습니다. 그러면 우리는 이것을 증거로 삼아서 앞으로 어떤 큰 어려움도 하나님의 능력으로 해결될 것을 믿어야 합니다.

### 3. 자녀 교육의 요단강

우리가 하나님의 능력으로 요단강을 건넌 것을 믿는다 하더라도 앞으로 우리가 부딪치게 되는 수많은 어려움을 요단강의 열두 개의 돌로 어떻게 해결할 수 있을까요? 가장 중요한 것은 이스라엘 백성이 요단강을 건널 때 하나님의 언약궤를 앞서지 않고 이천 규빗 정도, 즉 1km정도 거리를 두고 따라갔다는 사실입니다. 큰 바다를 건너가는 배라면 가장 중요한 것이 배의 엔진이 튼튼한 것입니다. 우리의 엔진은 바로 하나님의 말씀을 설교하는 것입니다. 우리가 하나님의 말씀을 앞세우고 따라가면 아무것도 하지 않는 것처럼 보이지만 실제로는 앞으로 나아가고 있는 것입니다. 그리고 배가 일단 항구를 벗어나면 파도가 밀려오기 시작합니다. 그때 배는 파도에 밀려서 앞으로 나가지 못할 것 같은데 엔진이 튼튼하면 그 파도를 헤치고 앞으로 나가게 됩니다. 그래서 우리가 세상을 이기는 가장 중요한 비결은 교회 안에서 설교가 강력한 것입니다. 만일 목회자의 설교가 세상 이야기나 자기 자랑으로 가득하고 하나님의 말씀이 없으면 이것은 마치 배를 부두에 매어놓고 파티하는 것과 같습니다. 배를 부두에 매어놓고 파티하면 좋은 것 같지만 미래를 향해서 한 걸음도 나아가지 못할 것입니다.

우리는 모두 자녀들이 좋은 교육을 받고 부모 이상으로 성공하기를 바랍니다. 그것을 하기 위해서 부모는 어떻게 해서든지 자녀들에게 좋은 교육을 받게 하려고 애를 씁니다.

하나님께서는 자녀 교육에 있어서 가장 중요한 것이 바로 자녀들에게 요단강의 이 놀라운 기적의 체험을 가르쳐주는 것이라고 말씀하셨습니다.

4:6-7, "이것이 너희 중에 표징이 되리라 후일에 너희의 자손들이 물어 이르되 이 돌들은 무슨 뜻이냐 하거든 그들에게 이르기를 요단 물이 여호와의 언약궤 앞에서 끊어졌나니 곧 언약궤가 요단을 건널 때에 요단 물이 끊어졌으므로 이 돌들이 이스라엘 자손에게 영원히 기념이 되리라 하라 하니라"

앞으로 자녀들이 요단강으로 소풍 올 때가 있을 것입니다. 그때 아이들은 열두 개로 된 돌무더기를 보고 선생님이나 부모님에게 물을 것입니다. "아빠, 이 돌들은 왜 여기 있어요?"라고 물으면 그때 "우리가 옛날 가나안 땅으로 들어올 때 하나님께서 요단강의 물이 끊어지게 하셔서 쌓이게 하셨단다"라고 가르쳐주는 것입니다. 그러면 아이들은 "와, 하나님은 정말 대단하신 분이시네요"라고 하면서 "지금도 하나님은 그런 능력을 행하실까요?"라고 하며 다시 물을 것입니다. 그러면 이때 "물론, 하나님은 지금도 우리를 지키시고 능력을 행하시는 분이란다"라고 가르쳐주라는 것입니다. 이것이 바른 교육이 아니겠습니까?

우리가 자손들에게 물려줄 수 있는 가장 중요한 유산은 내가 체험하고 기도 응답받은 능력의 하나님입니다. 이것은 우리나라 최고의 기업의 상속자가 되는 것보다 더 큰 복입니다. 우리가 하나님의 복을 상속한 것은 바로 위기 때 그 가치가 드러나게 됩니다.

우리 그리스도인들에게는 엄청난 능력이 함께 합니다. 그것은 바로 온 우주를 만드신 살아계신 하나님의 능력입니다. 그래서 우리가 기도하면 정부가 바뀌기도 하고 악한 자들이 몰락하기도 합니다. 우리 성도님들은 세상을 너무 우습게 알아도 안 되지만 너무 두려워할 필요도 없습니다. 하나님의 말씀을 앞세우고 나가면 모든 원수는 다 무너지게 될 것입니다.

## 07 수치를 벗은 자들
수 5:1-15

**하**나님께서는 무려 40년 동안 광야를 돌아다녔던 이스라엘 백성에게 가나안 땅을 정복하라고 명령하셨습니다. 그러나 이스라엘 백성은 가진 무기도 없었고 배나 다리도 없어서 요단강을 건널 수조차 없었습니다. 그러나 가나안 족속은 거인들과 수많은 종족이 살고 있었고, 전쟁하는 무기들이 있었고, 높고 견고한 성 안에 살고 있었습니다. 과연 이스라엘 백성이 40년 동안 광야에서 돌아다니기만 했는데 이 가나안 땅을 정복할 수 있을까요? 이와 마찬가지로 우리 성도들은 이 세상에서 특출한 기술이 있는 것도 아니고 머리가 좋은 것도 아니고 돈이 많은 집안도 아니고 가난으로 고생하고 있는데 하나님은 우리에게 이 세상을 정복하라고 명령하셨습니다. 아무것도 가지지 못한 우리가 과연 이 세상을 정복해서 사업에 성공하고 공부에 성공하고 신앙적으로 큰 부흥을 일으킬 수 있을까요?

이스라엘 백성은 요단강가까지 왔지만 요단강을 건널 수 없어서 3일을 강가에서 기다렸습니다. 그러나 이스라엘 백성 중 어느 누구도 여호수아에게 어떻게 요단강을 건널 것인지 묻는 사람이 없었습니다. 여호수아와 이스라엘 백성이 하나님의 말씀에 순종해서 언약궤를 앞세우고 요단강을 들어섰을 때 요단강은 상류에서부터 물이 끊어져 쌓이기 시작했습니다. 물이 마치 성벽처럼 쌓였던 것입니다. 그리고 결국 이스라엘 백성은 가나안 땅으로 들어오게 되었습니다. 이스라엘 백성은 광야에서 40년 동안 그냥 돌아다니기만 했던 것이 아닙니다. 그들은 드디어 하나님을 모시는 데 성공했던 것입니다. 마찬가지로 우리는 광야와 같은 이 세상에서 예배드리고 신앙 생활하면서 그냥 세월만 보내는 것이 아닙니다. 우리는 우리 안에 천지를 지으신 하나님을 모시려고 하는 것입니다. 우리가 하나님을 우리 안에 모시기만 하면 우리는 핵무기를 가진 것과 같이 됩니다. 우리는 단숨에 적을 무찌를 수 있을 것입니다.

우리나라에서는 아무리 높은 사람도 죄를 짓거나 부정부패에 빠지면 검찰에 소환되어 검찰청 입구에 있는 포토라인 위에 서게 됩니다. 그때 많은 신문사 사진 기자나 텔레비전 카메라 기자가 나와서 번쩍번쩍 사진을 찍는데, 그다음 날 신문에는 대문짝만하게 그 사진이 나오게 됩니다. 그때는 어느 누구라도 정말 창피해서 죽고 싶을 것입니다.

이스라엘 백성은 드디어 하나님의 기적으로 요단강을 건넜습니다. 이제 이스라엘 백성이 해야 할 일은 요단강가에 진지를 구축한다든지 아니면 좀 더 안전한 쪽으로 이동해야 할 것입니다. 그러나 이때 하나님은 이스라엘 백성이 도저히 이해할 수 없는 명령을 내리셨습니다. 그것은 이스라엘 백성이 건넌 요단강가에서 적들이 보는 앞에서 할례를 행하라는 것이었습니다. 이스라엘 남자들이 할례를 받으면 그다음 날부터 아파서 움직이지를 못합니다. 그때 가나안 족들이 쳐들어와서 이스라엘 백성을 죽이면 전부 몰살당하고 말 것입니다. 그러나 하나님은 이스라엘 백성이 가나안 땅을 건넜을 때 전혀 이해할 수 없는 명령을 내리신 것입니다.

## 1. 하나님의 이해할 수 없는 명령

이스라엘 백성은 하나님의 기적으로 요단강을 건넜습니다. 이것을 보면 정말 하나님이 살아계시며 이스라엘 백성에게는 하나님의 능력이 있다는 것을 알 수 있습니다. 이스라엘 백성이 하나님의 능력으로 요단강을 건넜다는 소문이 전 가나안 족속에게 퍼지면서 그들을 벌벌 떨게 만들었습니다.

> 5:1, "요단 서쪽의 아모리 사람의 모든 왕들과 해변의 가나안 사람의 모든 왕들이 여호와께서 요단 물을 이스라엘 자손들 앞에서 말리시고 우리를 건너게 하셨음을 듣고 마음이 녹았고 이스라엘 자손들 때문에 정신을 잃었더라"

가나아의 모든 족속들은 거의 전부 이스라엘 백성이 요단강을 건너오려면 강물이 좀 줄어들 때를 기다려야 하니까 적어도 몇 달은 기다려야 할 것이라고 생각했습니다. 그런데 이스라엘 백성은 하루도 안 되는 시간에 요단강을 건너버렸습니다. 이 소문을 듣고는 가나안 땅의 모든 족속이나 왕들의 마음이 녹아버렸다고 했습니다. 그들은 '이제 우리는 모두 다 죽었구나'라고 생각했던 것입니다. 그러나 가나안 족속들이 이스라엘 백성을 두려워한다는 사실을 이스라엘 백성은 알지 못했습니다. 그들은 40년 동안 지금의 노숙자나 난민들처럼 생활했기 때문에 아주 비참한 자존감을 가지고 있었습니다. 그래서 이스라엘 백성은 자기 자신들을 거지라고 여기고 이 세상에서 할 수 있는 것이 아무것도 없다고 생각하고 있었던 것입니다.

때때로 우리는 이 세상에서 믿지 않는 사람들에게 굉장히 무서운 존재처럼 보여질 때가 있습니다. 우리는 기도를 할 수 있고 찬송을 부르며 세상 사람들은 모르는 하나님의 세계를 알고 있기 때문입니다. 그러나 우리가 직장이 없거나 돈이 없거나 집이 없이 오래 살고 있으면 우리는 자신이 아무것도 아니라는 비참한 자존감을 가지기 쉽습니다.

그때 하나님께서는 여호수아에게 모든 이스라엘 백성을 모으고 여리고 들판에서 부싯돌로 할례를 받게 하라고 명령하셨습니다. 여기서 재미있는 것이 왜 하필이면 '부싯돌로 할례를 하라'고 하셨을까 하는 점입니다. 이스라엘 백성은 그때까지 제대로 된 칼이 없었기 때문입니다. 우리가 여기서 알 수 있는 것은 이스라엘 백성이 출애굽 해서 40년 동안 광야를 도는 동안 세상이 너무 많이 변해버렸다는 사실입니다. 이스라엘 백성이 출애굽할 때만 해도 돌칼을 쓰는 문명이었습니다. 기껏 해봐야 청동기를 쓰는 문화였습니다. 그런데 이스라엘 백성이 40년이나 광야를 돌아다니는 동안 세계는 철기 문명으로 변해 있었습니다. 그래서 가나안 족속들은 이미 쇠칼과 쇠로 된 병거를 사용하여 전쟁했던 것입니다. 따라서 이스라엘 백성과 세계 문명의 차이는 40년이 아니라 수백 년 이상 차이가 난다고 할 수 있었습니다.

예를 들어서 우리도 30년 전만 해도 전동 타자기를 쓰면 대단하다고 생각했습니다. 그러나 지금은 전부 노트북을 사용해서 인쇄물을 출력하고 있고, 옛날에는 유선전화기를 썼지만, 지금은 모두 5G 스마트폰을 사용해서 책도 사고 철도나 비행기도 예약하고 코로나가 퍼졌을 때는 스마트폰의 QR 코드를 사용하기도 했습니다. 요즘은 전쟁할 때도 총으로 쏘는 것이 아니라 무인기를 띄워서 무인기에서 보내는 사진을 보고 미사일을 쏘아서 상대방을 공격하는 전략을 사용하고 있습니다.

하나님께서는 이스라엘 백성이 이렇게 문명이 뒤처져있다면 칼과

창을 만들거나 병거를 만들게 하는 것이 순서인 것 같은데, 하나님은 이스라엘 백성에게 40년 전에 쓰던 돌칼로 할례를 행하라고 명하신 것입니다. 이것은 이스라엘 백성에게는 자살 행위와 같았습니다. 남자들이 할례를 행하면 그 상처 때문에 며칠 동안 아파서 움직이지 못하는데 그때 적들이 쳐들어와서 칼이나 창으로 찔러 죽이면 완전 무방비 상태에서 죽을 수 있기 때문입니다. 그러나 이스라엘 백성 남자는 어느 누구도 하나님께 왜 이런 자살 행위를 해야 하느냐 묻지 않고 하나님의 말씀에 순종했습니다.

## 2. 할례를 받는 이유

하나님께서 이스라엘 백성에게 할례를 행하라고 하신 이유는 무엇입니까? 처음 출애굽 했던 이스라엘 사람들은 모두 할례받은 자들이었습니다. 이 사람들은 애굽에서 열 가지 재앙도 보았고 홍해가 갈라지는 기적도 보았습니다. 어떤 의미에서 이들은 정통 이스라엘 자손들이었습니다. 그러나 이스라엘 백성이 출애굽한 후에 광야에서 태어난 이스라엘 자손은 계속 이동해야 했기 때문에 아무도 할례를 받지 못했습니다. 그래서 그 당시 이스라엘 백성은 두 부류로 딱 나누어져 있었는데, 출애굽할 때 할례받은 정통 이스라엘 족속과 출애굽한 후 광야에서 태어난 무할례 족속의 젊은 세대들이었습니다. 사실 출애굽 이후 광야에서 태어난 세대는 이 세상 문명이라고는 구경도 하지 못한 촌놈들이었습니다. 그들이 본 것은 오직 불타는 광야였고, 광야의 전갈이나 방울뱀이었습니다. 그래서 나이가 든 이스라엘 자손은 젊은 세대의 아이들을 늘 부끄럽게 생각했습니다.

가끔 산모 중에서는 아기가 너무 급하게 나오는 바람에 앰뷸런스나 기차나 버스 안에서 아기를 낳는 경우가 드물게 있습니다. 우리나라 6.25 때 함흥에서 빅토리아호를 타고 피난할 때 배 안에 만 사천 명이 탔었는데, 내릴 때는 만 사천다섯 명이었다고 합니다. 즉 아기들이 그 배에서 다섯 명이나 새로 태어났던 것입니다.

이스라엘 자손 중에 광야에서 태어난 자들은 할례를 받지 못한 자들이었습니다. 그런데 놀라운 것은 할례를 받았고 애굽의 열 가지 재앙과 홍해가 갈라지는 기적을 보았던 이스라엘의 어른 세대는 죽으라고 하나님의 말씀에 순종하지 않았다는 것입니다. 그들은 가나안 남쪽 경계선까지 갔다가 그곳을 정탐하고 난 후 우리는 그들에 비하면 메뚜기에 불과하다고 하면서 애굽으로 돌아가서 노예나 되자고 했습니다. 그들은 물이 없으면 원망하고 양식이 없으면 모세와 하나님을 원망했습니다. 그래서 하나님은 이스라엘 족장들이 가나안을 정탐했던 40일의 하루를 일 년으로 쳐서 40년 동안 광야를 돌면서 전부 죽게 하셨습니다. 그래서 애굽을 떠날 때 20세 이상 되었던 정통 이스라엘 자손은 여호수아와 갈렙을 빼놓고는 전부 광야에서 다 죽고 말았습니다. 그 대신 하나님은 출애굽 할 때 어렸거나 광야에서 태어난 자들, 즉 할례받지 않은 어린 세대를 말씀으로 변화시켜서 가나안 땅을 정복하게 하신 것입니다. 그래서 하나님은 이 할례받지 않은 무식한 세대 아이들을 시험하셨는데, 그것은 바로 적들이 보는 앞에서 그동안 하지 못했던 할례를 행하게 하신 것이었습니다.

하나님은 우리에게 큰 축복을 주시기 전에 먼저 우리의 믿음을 시험해 보십니다. 그 시험에 합격해야 하나님의 축복을 받을 수 있습니다. 그러나 그렇게 하지 않고 하나님께 대들거나 주의 종과 싸우려고 하거나 자신이 더 잘난 체하려고 하다가는 국물(?)도 없이 사라져야 할지 모릅니다. 이스라엘 백성 중에서 출애굽할 때 스무 살이 넘었던 사람들은 광야에서 다 죽었습니다. 남자만 60만 명 이상이 다 죽었습니다. 그리고 오직 하나님의 말씀을 믿었던 여호수아와 갈렙만 살았습니다. 하나님의 나라에 들어가는 경쟁률은 육십만 대 이였습니다.

그러나 광야에서 태어난 어린 세대는 하나님의 말씀을 믿고 순종했습니다. 그래서 하나님께서 마지막 테스트를 하셨는데, 그것은 목숨을 건 시험이었습니다. 즉 적들을 눈앞에 두고 할례를 행하는 것이었습니다. 이스라엘 백성이 할례받고 아파서 꼼짝 못 하고 있을 때 적들이 쳐들어오면 전부 죽을 수밖에 없었습니다. 그러나 이스라엘의 이 젊은 세대는 아무도 이에 대해 항의하지 않고 묵묵히 할례를 다 받았습니다. 그런데 이스라엘 자손이 가나안 족속들이 보는 앞에서 할례를 받았는데 아무도 그들을 공격하지 못했습니다. 그 이유가 무엇일까요? 하나님께서 이스라엘 백성을 공격하지 못하도록 그들에게 두려움을 주셨기 때문입니다. 하나님께서는 죽는 것을 두려워하지 않고 하나님의 말씀에 순종했을 때 그들에게 지금 너희에게서 애굽의 수치가 굴러갔다고 말씀하셨습니다. 즉 '이제는 너희가 더 이상 애굽의 노예가 아니고 진정한 이스라엘이라'고 인정해주신 것입니다.

> 5:9, "여호와께서 여호수아에게 이르시되 내가 오늘 애굽의 수치를 너희에게서 떠나가게 하였다 하셨으므로 그 곳 이름을 오늘까지 길갈이라 하느니라"

그동안 이스라엘 백성은 출애굽 해서 모세의 인도하에 광야를 다녔지만 그들은 노예의 근성을 버리지 못했습니다. 그래서 하나님의 눈에 그들은 모두 손에 수갑을 차고 발에는 쇠사슬을 맨 죄수나 노예로 보였던 것입니다. 그런데 이스라엘 백성이 도저히 이해되지 않는 하나님의 말씀에 아무 소리 하지 않고 순종했을 때 애굽의 노예의 수갑과 쇠사슬이 풀어져서 데굴데굴 굴러가 버렸던 것입니다. 그래서 하나님은 그 장소의 이름을 '길갈'이라 짓게 하셨는데, 그 뜻은 '데굴데굴 굴러가다'라는 뜻입니다.

이스라엘 백성이 전부 멸망할 수도 있는 상황에서 하나님의 말씀에 순종했을 때 그들은 애굽의 노예의 수치를 벗어버리고 하나님 자녀의 옷을 입게 되었습니다. 이것이 세상 문명을 따라가거나 무기를 바꾸는 것보다 더 중요했던 것입니다.

## 3. 하나님의 군대장관

이스라엘 백성이 광야 40년 동안 돌아다니면서 먹었던 양식은 하늘에서 내린 만나였습니다. 그러나 이 만나는 이스라엘 백성이 요단강을 건널 때까지만 주어졌습니다. 그리고 그 뒤에는 만나가 내리지 않았습니다. 이제 이스라엘 백성은 요단강을 건넌 후 땅 한 평도 없고 직장도 없고 돈도 없는데, 어디서 양식을 구할 수 있겠습니까? 그러나 이스라엘 백성의 눈앞에는 누런 밀이 익어서 흔들거리고 있었습니다.

하나님께서는 여호수아와 이스라엘 백성에게 '이제는 더 이상 만나는 내리지 않는다. 너희들은 이제 저 여리고 들판에 있는 밀을 추수해서 음식을 만들어 먹으라' 고 말씀하셨습니다. 여리고 들판에 있는 밀은 여리고 성 사람들이 심은 것인데 그것을 베어 먹으면 남의 밀을 도둑질하는 것이 아닐까요? 하나님은 이스라엘 백성에게 아무것도 걱정하지 말라고 하셨습니다. 여리고 성에 익어 있는 밀은 하나님이 이스라엘 백성에게 주시는 선물이었습니다. 그래서 이스라엘 백성은 처음으로 여리고 성 앞에서 밀로 만든 무교병을 먹었고 볶은 곡식을 먹었습니다. 그리고 이때부터는 더 이상 만나가 내리지 않았습니다(5:12). 그러면 이스라엘 백성은 앞으로 무엇을 먹고 삽니까? 하나님이 그때그때 먹을 것을 다 준비해주실 것입니다.

이날 이스라엘 백성은 여호와 이레의 하나님을 다시 한번 체험했습니다. 여호와 이레의 하나님은 우리에게 필요한 것을 미리 준비해주시는 하나님을 말합니다. 창세기 22장에 보면, 여호와 이레의 하나님을 최초로 발견한 사람은 믿음의 조상 아브라함이었습니다. 하나님께서는 이삭이 어느 정도 자랐을 때 아브라함이 백 세에 낳은 아들 이삭을 번제로 바치라고 명령하셨습니다. 아브라함의 생각은 하나님이 미치셨든지 아니면 자기가 미쳤든지 둘 중의 하나였습니다. 자기의 하나밖에 없는 아들, 그것도 백 살에 낳은 아들을 하나님께 바치는 아버지는 미친 아버지가 아닐까요? 그러나 아브라함은 아들을 데리고 하나님이 지시하신 모리아 산으로 갔습니다. 그리고 아들을 나무 위에 묶어 놓고 칼로 아들의 가슴을 찌르려고 하는데, 하나님의 천사가 "아브라함아, 아브라함아" 하면서 부르셨습니다. 그리고 하나님은 이삭 대신에 숫양 한 마리를 준비해서 하나님께 번제로 바치게 하셨습니다. 그리고 하나님을 '여호와 이레'로 불렀습니다. 하나님은 우리의 삶을 미리 인도하시고 준비하시는 분이셨습니다. 아브라함은 여호와 이레의 하나님을 발견하는데 아들을 거의 바치기까지 하였고, 자기는 미친 아버지라는 소리를 듣는 것을 두려워하지 않았습니다.

우리가 예수님의 십자가를 믿을 때 옛날 우리는 죽고 하나님의 새 아들로 태어나게 됩니다. 그리고 옛날 못된 짓하고 방탕했던 우리는 잃어버리고 새 사람의 아들로 발견되는 것입니다. 그래서 우리는 예수를 믿는 순간 옛날의 모든 창피한 수치는 다 굴러가게 되고, 하나님은 우리를 위하여 우리가 생각하지 못한 엄청난 양식과 삶을 준비해 놓으시는 것입니다.

이스라엘 백성은 미래를 걱정할 필요가 없습니다. 왜냐하면 우리는 더 이상 세상의 노예가 아니고 하나님의 아들이 되었기 때문입니다. 하나님의 아들은 미래를 걱정하지 않습니다. 오로지 아버지를 닮아서 다른 사람에 대하여 관대한 마음을 가지고 바른 판단력만 가지면 되는 것입니다.

> 5:13, "여호수아가 여리고에 가까이 이르렀을 때에 눈을 들어 본즉 한 사람이 칼을 빼어 손에 들고 마주 서 있는지라 여호수아가 나아가서 그에게 묻되 너는 우리를 위하느냐 우리의 적들을 위하느냐 하니"

여호수아는 여리고 성을 앞에 두고 한숨을 쉬면서 '도저히 불가능한데, 우리가 이 성을 어떻게 공격하지?'라고 생각하고 있었습니다. 그때 바로 여호수아 앞에 갑옷을 입고 칼을 빼든 사람이 나타났습니다. 여호수아는 한 번도 본 적이 없는 사람이었기에 그에게 나아가서 "너는 도대체 누구냐? 우리 편 장수냐? 아니면 여리고 성 장수냐?"라고 물었습니다. 그랬더니 그 사람은 여호수아에게 "나는 하나님의 군대 장관인데 지금 도착했다"고 하셨습니다. 지금 여호수아의 눈에는 보이지 않지만 하나님의 천군 천사들이 수도 없이 내려와서 이스라엘 백성을 에워싸고 있었던 것입니다.

이때 여호수아는 하나님의 군대 장관에게 "내 주여, 종에게 무슨 말씀을 하려고 하십니까?"라고 물었습니다. 그때 하나님의 군대 장관은 "네가 선 곳은 거룩한 곳이니 발에서 신을 벗으라"고 하셨습니다. 그래서 여호수아는 얼른 발에서 신을 벗었습니다. 여기서 신을 벗는다는 행위는 무조건 복종하고 따라가는 하나님의 종이 되겠다는 의미입니다.

우리가 어느 곳에 있든지 하나님의 말씀만 붙들고 있으면 그곳은 거룩한 땅이 됩니다. 그리고 그곳에는 하나님의 군대 장관이 내려오고, 수많은 천군 천사가 내려와서 우리를 돕고 우리와 함께 싸우게 됩니다.

우리는 그동안 많이 위축되기도 하고 침체에 빠지기도 했습니다. 이것은 마치 세상의 종이 되어 손에 수갑을 차고 발에 쇠사슬을 차고 있는 것과 같은 수치스러운 모습입니다. 우리가 마음에 결단을 새롭게 해서 여호와 이레의 하나님을 붙들고 죽을 각오를 하고 하나님의 말씀에 순종하면 과거의 모든 수치가 물러가고 새 미래가 열릴 것입니다.

우리는 복잡한 생각이나 걱정을 모두 버리시기 바랍니다. 우리 발에서 신을 벗으시기 바랍니다. 그리고 눈을 들어서 우리를 도우실 하나님의 군대 장관을 볼 수 있기를 바랍니다. 이제부터 하나님이 예비하신 것을 차지하는 성도들이 다 되시기를 바랍니다.

## 두 번째 장애
수 6:1-27

인생을 살아가면서 한 가지 어려움만 해결되면 모든 것이 끝난 것처럼 생각하기 쉽지만 살다 보면 새로운 어려움이 계속 찾아오게 됩니다. 과거의 어려움은 해결했지만 새로운 어려움을 해결하지 못하면 그 인생은 비참해지고 맙니다.

옛날에는 판사나 검사 변호사 혹은 사무관 공무원을 뽑을 때 사법고시나 행정고시를 쳐서 뽑았습니다. 그때 1차 시험은 객관식이기 때문에 좀 쉬운 편이지만, 2차 시험이 아주 어려웠습니다. 그래서 2차 시험에 합격하면 고시에 합격한 것이나 마찬가지였습니다. 3차 시험은 면접인데 심한 결격 사유가 있는 사람이 아니면 다 합격을 시켜주었습니다. 그러나 1차 시험에 붙었다고 해서 농땡이를 부리다가는 10년을 공부해도 시험에 패스하기 어렵습니다. 지금 대통령도 9년간 공부해서 겨우 사법고시에 합격했고, 도지사는 10년 공부해서 고시에 합격했다고 합니다. 이것은 우리가 이 세상에서 성공하는 것도 마찬가지입니다. 우리가 한번 시험에 통과했다고 해서 이 세상에서 성공하는 것은 아닙니다. 우리가 이미 통과한 시험보다 더 어렵고 힘든 관문을 통과해야 할 때가 많이 있습니다. 우리가 이 두 번째 시험을 통과하지 못하면 어중간한 상태에서 오도 가도 못하는 처지가 되고 맙니다.

이것은 전쟁에 있어서도 마찬가지입니다. 〈라이언 일병 구하기〉라는 영화를 보면, 미군이 노르망디 해변에 상륙하는 장면이 나옵니다. 원래 상륙작전을 할 때는 수많은 함정에서 함포를 쏘아서 육지에 있는 적의 진지나 기관총을 다 파괴시켜야 상륙하기 때문에 군인들이 많이 죽지 않습니다. 그러나 그 당시 미군이 상륙했던 오마하 해변에서는 함포가 정확하게 독일군 진지를 파괴하지 못해서 진지나 기관총이 많이 남아 있었습니다. 이런 상태에서 미군이 해변에 상륙하다 보니까 기관총이나 지뢰가 터져서 많은 군인이 죽습니다. 아마 노르망디 상륙 작전에서 미군이 가장 많이 죽은 곳이 바로 이 오마하 해변일 것입니다.

그리고 미군이 해변에 상륙했다고 해서 독일군을 이긴 것이 아니었습니다. 언덕 위의 진지에서 독일군이 계속 기관총을 쏘고 있었기 때문입니다. 그래서 상륙한 미군은 빨리 해변 쪽으로 달려가고 언덕에 기대어서 독일군 진지를 향해서 수류탄을 던지고 총을 쏘아서 독일군의 항복을 받아야 2차 관문을 통과하게 되는 것입니다. 그러고 난 후에야 비로소 탱크와 장갑차도 상륙해서 적의 심장부인 베를린을 향해서 진격하게 되는 것입니다.

이것은 여호수아와 이스라엘 백성에게도 마찬가지였습니다. 이스라엘 백성이 언덕까지 철철 넘쳐흐르는 요단강을 무사히 건너야 하는 것이 1차 관문이었습니다. 그러나 요단강을 무사히 건넜다고 해서 가나안 땅으로 진격할 수 있는 것은 아니었습니다. 이제 이스라엘 백성은 두 번째 관문을 뚫어야 하는데, 그것은 바로 여리고 성을 함락시키는 것이었습니다. 그러나 이스라엘 백성은 여리고 성을 함락시킬 무기나 방법을 가지고 있지 못했습니다. 만약 그들이 여리고 성을 함락시키지 못하고 그 앞에서 우물쭈물한다면 모두 굶어 죽든지 아니면 가나안 족속의 공격을 받아 전멸하고 말 것입니다.

## 1. 움직이지 않는 여리고 성

이스라엘 백성이 하나님의 기적의 능력으로 요단강을 건너서 여리고 성 앞에 왔을 때, 여리고 성 사람들은 아예 성문을 걸어 잠그고 개미 새끼 한 마리도 나오지 않았습니다. 여호수아 이스라엘 백성의 입장에서는 일단 여리고 성 사람들이 성문을 열고 나와야 싸우든지 말든지 할 것인데, 여리고 성 사람들은 아예 성문을 걸어 잠그고 꼼짝달싹하지 않았습니다.

6:1, "이스라엘 자손들로 말미암아 여리고는 굳게 닫혔고 출입하는 자가 없더라"

이스라엘 백성이 아무리 요단강을 건너왔다 하지만, 여리고 성 사람들이 성문을 꼭 닫아놓고 출입하지 않으니 그들은 성을 구경하든지 성 밖을 뺑뺑 도는 수밖에 없었습니다. 우리 예수 믿는 사람들도 이런 경우를 많이 경험하고 있습니다. 예수 믿고 은혜를 받고 난 후에 기업체에 들어가려고 하면 아무리 많은 곳에 이력서나 자기소개서를 내어도 아예 뽑지 않으니까 낙심이 됩니다. 그래서 이제는 입사 원서를 내는 것 자체를 포기해 버리는 경우도 흔합니다. 그런데 저는 우리 청년들에게 놀라운 것은 그렇게 교사 시험의 문이 좁고 공무원이 되기 힘들다고 하는데 어떻게 해서 시험에 합격해서 정식교사가 되어 학교에 나가고 있고, 또 공무원이 되어서 출근하고 있느냐는 것입니다.

옛날에 청소년 캠프를 할 때였습니다. 그때 고3 여학생 두 명이 캠프에 왔습니다. 보통 고3이라고 하면 입시에 정신없이 바쁘므로 캠프 같은 것에 올 수 없는데 이 여학생들은 왔습니다. 그리고 거기서 성경 공부한 내용으로 연극을 하는 프로그램이 있었는데, 한 학생이 막달라 마리아가 되어서 예수님의 발을 머리털로 닦는 장면을 연출했습니다. 그때 이 학생은 자기 머리털로 선생님의 발을 닦으면서 정말 울기 시작했습니다. 이 모습을 보던 모든 사람은 놀랐습니다. 사실 이 여학생의 집에는 어려움이 많았고 마음에 상처도 많았습니다. 그러나 선생님의 발을 예수님이라고 생각하고 울면서 머리털로 발을 닦으니 이상하게 그녀의 마음이 치료되었습니다. 이 여학생은 대학을 졸업했지만 어떤 직장에서도 그를 받아주지 않아서 힘들게 임시직으로 어느 직장에 들어갔는데, 그곳에서 너무 성실하게 일하고 재능이 뛰어나니까 특채로 채용해서 근무하게 되었습니다. 또 야간 대학원을 열심히 다녀서 졸업하기도 했습니다. 어느 날 저를 만났을 때 자기 석사 논문을 제 가슴에 안겨주면서 눈물을 흘리며 감격해서 울었습니다.

우리가 예수 믿고 은혜받는 것도 참 어려운 일입니다. 그러나 이 세상에서 직장을 가지고 결혼하고 박사 학위를 받거나 교수가 되는 것은 더 어렵게 느껴질 때가 많습니다. 그래서 우리는 자기도 모르세 예수 믿는 것은 쉬운 일이고, 대학에 들어가거나 직장을 가지거나 박사 학위를 받거나 결혼하는 것은 더 어렵다고 생각하기 쉽습니다. 그래서 요즘은 청년들이 신앙에는 별로 관심을 가지지 않고 어떻게 해서든지 학원을 다니거나 해서 직장을 가지고 유학을 가고 박사가 되는 것을 더 중요한 것으로 생각하는지도 모릅니다.

하여튼 여리고 성문이 닫혀서 꼼짝달싹하지 않는데 이스라엘 백성은 여리고 성을 공격할 방법이 없었습니다. 그렇다고 해서 여리고 성을 피해서 다른 데로 가면 그 후의 사정은 더 어려워질 수밖에 없었습니다.

## 2. 현실과 동떨어진 하나님의 말씀

여호수아와 이스라엘 백성이 여리고 성을 공격하지 못하고 우물쭈물하고 있을 때 하나님께서는 여호수아에게 명령하셨습니다.

6:2, "여호와께서 여호수아에게 이르시되 보라 내가 여리고와 그 왕과 용사들을 네 손에 넘겨 주었으니"

지금 여리고 성은 문도 열리지 않고 이스라엘 백성은 여리고 성안으로 한 발짝도 들어가지 못하고 있는데, 하나님께서는 여호수아에게 말씀하셨습니다. "보라 내가 여리고와 그 왕과 용사들을 네 손에 넘겨 주었다"고 하셨습니다. 여기서 "넘겨 주었다"는 말은 '네가 여리고 왕과 군대를 이겨서 완전한 승리를 거두게 한다'는 뜻입니다. 그러나 현실은 하나님의 말씀과 너무나도 달랐습니다. 이스라엘 백성은 여리고를 이기기는커녕 성안에 발도 들여놓지 못하고 있는 형편이었던 것입니다.

우리가 때로는 주일날 주님의 말씀을 듣고 큰 은혜를 받을 때가 있습니다. 설교를 통해서 하나님이 나의 기도를 들으셨고 어려움을 해결해 주시며 틀림없이 축복해 주신다는 확신을 가지고 집에 돌아올 때가 많습니다. 우리는 그 말씀을 믿고 직장과 사업과 세상에 도전하는데, 결과는 너무 세상의 벽이 높아서 바늘도 들어가지 않고 우리는 완전히 실패할 때가 많습니다. 우리가 늘 깨닫는 것은 하나님의 말씀과 이 세상의 현실 사이에는 너무나도 높은 벽이 있어서 도저히 하나님의 말씀으로 세상을 이길 수 없다는 것입니다. 이때 우리는 하나님의 말씀을 믿는 것을 포기하고 하나님을 불신할 때가 많습니다. 이것은 우리가 하나님의 뜻을 깨닫지 못하고 있는 것입니다. 우리가 하나님의 말씀으로 세상에 나가면 실패합니다. 그때 우리는 실패한 모습

그대로 하나님께 돌아와서 울면서 하나님께 "하나님의 말씀대로 해도 안 되네요. 어떻게 하면 좋습니까?"라고 기도해야 하는 것입니다. 그러면 하나님이 반드시 우리를 위하여 길을 열어주시고 움직여 주실 것입니다.

지금 여리고 성은 조개같이 입을 다물고 있고 자라같이 목을 껍질 안에 집어넣고 이스라엘 백성의 진입에 저항하고 있습니다. 이때 하나님께서는 우리에게 하나님의 말씀에 순종할 때 우리에게서 얼마나 큰 능력이 나타날 수 있는지 보여 주시려고 하십니다. 우리는 이것을 잘 느끼지 못하지만 우리가 세상에 실패하고 하나님께 다시 돌아와서 기도할 때 우리에게는 엄청난 능력이 나타나게 됩니다.

예수님은 제자들에게 무엇이라고 말씀하셨습니까? "만일 너희에게 믿음이 겨자씨 한 알 만큼만 있어도 이 산을 명하여 여기서 저기로 옮겨지라 하면 옮겨질 것이요"(마 17:20)라고 하셨습니다. 여기서 겨자씨는 정말 좁쌀만 한 씨입니다. 우리에게 좁쌀만 한 믿음만 있어도 산이 바다로 굴러떨어지는 것입니다. 산이 굴러가서 바다에 빠지려고 하면 대개 진도 7 이상의 지진이 일어나야 합니다. 우리가 세상에 실패해서 하나님께 돌아와서 울면서 기도할 때 우리에게 하나님의 지진 같은 능력이 나타나게 됩니다. 우리는 하나님의 말씀이 아무리 말도 되지 않고 내 현실과 달라도 의심하지 마시기 바랍니다.

### 3. 하루에 한 바퀴씩

외국 사람들이 한국에 와서 가장 먼저 배우는 말은 "빨리 빨리"라는 말이라고 합니다. 우리나라 사람들은 그만큼 성질이 급하기 때문에 기다리는 것을 하지 못합니다. 우리는 또 오래 참지도 못합니다. 그러나 우리가 하나님의 능력을 체험하려면 기다려야 합니다.

6:3, "너희 모든 군사는 그 성을 둘러 성 주위를 매일 한 번씩 돌되 엿새 동안을 그리하라"

하나님께서는 여호수아와 이스라엘 백성에게 여리고 성을 공격하지 말고 성 밖을 엿새 동안 하루에 한 바퀴씩 돌라고 명령하셨습니다. 이스라엘 백성에게 오직 하루에 한 바퀴씩만 성을 돌라고 말씀하셨습니다. 하나님께서는 이스라엘 백성이 성을 돌되 창이나 칼이나 방패를 들고 도는 것이 아니라 제사장이 양 뿔로 된 나팔을 길게 불면서 행진하고, 그 뒤에는 하나님의 언약궤가 행진하고, 그 뒤에는 이스라엘 백성이 행진하라고 하신 것입니다.

왜 하나님께서는 이스라엘 백성에게 언약궤를 따라서 하루에 한 바퀴씩만 성을 돌라고 명령하셨을까요? 그것은 바로 이스라엘 백성은 하나님의 말씀을 따라가는 백성이라는 것을 보여주시려는 것입니다. 즉 이스라엘 백성은 하나님의 양이라는 것입니다. 그들은 하나님의 말씀을 앞지르지 않고 그냥 하나님이 하라고 하시는 대로 하는 사람입니다. 만약 이때 여리고 성 사람 중에서 하나님을 두려워하는 사람들이 있었다면 얼마든지 도망칠 수도 있었을 것입니다. 그러나 그들은 하나님의 백성이 하는 짓이 우습다고 생각하면서 절대로 성을 포기하지 않고 이스라엘 백성의 행진을 구경만 했습니다.

이때 하나님께서는 이스라엘 백성에게 말씀하셨습니다. 그것은 첫째, 이스라엘 백성은 한 바퀴씩 돌 때 절대로 아무 말도 하지 말라고 하셨습니다. 보통 하나님이 우리에게 어느 성을 하루에 한 바퀴씩 돌라고 하시면 우리는 말이 많을 것입니다. 그리고 화를 내는 사람도 있을 것이고 불평하는 사람도 있을 것입니다. 그러나 이스라엘 백성이 40년을 광야 생활을 한 후에 깨달은 것은 하나님이 우리보다 더 똑똑하시다는 것이었습니다. 그래서 그들은 여호와의 명령대로 엿새 동안 침묵의 행진을 했습니다. 이스라엘 백성은 이제야 하나님의 말씀

뒤를 조용히 행진하는 양들이 된 것입니다. 늑대 같은 이스라엘 백성이 양으로 변하는데 40년의 세월이 걸렸습니다.

그리고 두 번째로 하나님께서는 이스라엘 백성에게 무한정으로 돌라고 하시지 않았습니다. 하나님은 이스라엘 백성에게 일곱째 날에는 일곱 번을 돌라고 하셨습니다. 이스라엘 백성이 하루에 큰 성을 한 바퀴씩만 돌다가 일곱째 날에 갑자기 일곱 번 돌라고 하면 정신이 없었을 것입니다. 그러나 하나님의 말씀이 계속 반복이 되는 것은 하나님의 때가 다 되고 있다는 뜻입니다.

하나님께서는 여호수아에게 이스라엘 백성이 일곱 번째 되는 날 일곱 번 돌고 난 후에 제사장이 양 뿔 나팔을 길게 불면 온 힘을 다해서 큰소리로 외치라고 명령하셨습니다. 이스라엘 백성은 6일 동안 침묵으로 행진하다가 일곱째 되는 날 온 힘을 다해서 소리를 질렀습니다. 그런데 이스라엘 백성이 소리 질렀을 때 하나님의 능력이 나타났습니다. 그것은 바로 여리고 성이 아무도 손을 대지 않았는데 그 자리에서 폭삭 주저앉은 것이었습니다. 바로 진도 7 이상의 능력이 나타났던 것입니다.

여리고 성은 이스라엘 백성 앞에서 갑자기 무너져 평지가 되어버렸습니다. 하나님께서는 여호수아와 이스라엘 백성에게 가장 먼저 이스라엘 정탐꾼들을 숨긴 기생 라합과 그 가족을 꺼내어 보호하라고 하셨습니다. 그리고 하나님은 이스라엘 백성에게 여리고 성안에 들어가서 남자나 여자, 아이나 노인이나 양이나 소나 개나 생명 있는 것은 하나도 남기지 말고 다 칼로 쳐 죽이라고 하셨습니다. 그 이유는 무엇입니까? 여리고는 소돔과 고모라와 같았기 때문입니다. 하나님께서는 이스라엘 백성에게 여리고 성의 금은 패물이나 옷은 하나도 가지지 말고 전부 하나님에게 다 바치라고 명령하셨습니다. 여리고 성의 물건에는 죄의 독이 묻어 있었기 때문입니다. 이스라엘 백성이 하나님의 말씀에 순종했을 때 여리고 성은 무너져서 평지가 되었고, 하나님의 말씀에 순종했던 기생 라합과 그 식구들은 모두 살았습니다. 그러나 나머지 백성과 짐승들은 하나도 남김없이 다 죽었습니다.

오늘 우리가 사는 이 땅은 소돔과 고모라와 같습니다. 우리가 이 세상의 편리함과 부요함에 마음이 빼앗겨서 세상에 빠져 산다면 망할 수도 있을 것입니다. 그러나 하나님의 말씀에 순종하는 하나님의 백성에게는 능력이 있습니다. 하나님의 말씀을 가지고 외치는 소리에 핵무기나 지진 같은 능력이 나타나게 됩니다. 하나님이 우리에게 겨자씨 같은 믿음을 주시고 떠들고 잘난 체하는 교만을 버리고 묵묵히 하나님의 말씀에 순종해서 승리하시기를 바랍니다.

## 생각지도 못한 실패
수 7:1-15

학생 중에는 학교에서 시험만 치면 늘 전교 일 등을 하고 항상 공부를 잘하기 때문에 수능이나 대학 시험에 우수한 성적으로 합격할 줄 알았는데, 예상치 못하게 시험에 낙방하는 경우가 있습니다. 또 어떤 분은 자신의 건강에 자신을 가지고 있었는데 어느 날 건강 검진을 해보니까 암이 있거나 고치기 어려운 병이 있다는 것을 알게 된다면 낙심하게 될 것입니다.

미국은 1986년 챌린저호를 발사했습니다. 여기에는 고등학교 교사를 포함해서 7명이 타고 있었습니다. 그런데 이 우주로켓의 연료통과 본체 사이의 이음새에 약간 결함이 있었는데 그것을 아무도 발견하지 못했습니다. 이 우주선은 성공적으로 발사되는 것 같았지만 73초 만에 공중에서 폭발해서 그 안에 타고 있던 7명 전원이 사망했습니다. 이음새의 결함으로 폭발했던 것입니다. 그런데 우리 예수 믿는 사람들은 단순한 우주선이 아니라 우주를 만드신 하나님과 연결된 사람들입니다. 만일 하나님과 우리 사이의 이음새에 이상이 생기면 엄청난 폭발이 일어나게 될 것입니다.

이 세상에는 예측하지 못하고 생각하지 못했던 수많은 사고나 질병이 생기고 있습니다. 그런데 우리는 이 모든 것을 다 알 수 없습니다. 그래서 우리는 항상 하나님과 우리 사이의 관계부터 검증을 해보아야 합니다. 그럼에도 우리가 언제나 늘 게을리하는 것은 하나님과 우리 사이의 연결 관계입니다.

여호수아와 이스라엘 백성은 하나님의 능력으로 요단강을 건넜습니다. 그들은 요단강물이 강 상류 쪽에서 높은 댐처럼 쌓이는 것을 보았습니다. 그리고 그들은 가나안 땅의 첫 번째 관문인 여리고 성도 통과를 했습니다. 이스라엘 백성은 하나님의 말씀대로 하루에 한 바퀴씩 엿새를 침묵으로 돌았고 하나님은 일곱째 되는 날은 일곱 번 돌고 소리를 지르라고 말씀하셨습니다. 여호수아와 이스라엘 백성이 하나님의 말씀에 순종했을 때, 여리고 성은 그 자리에서 폭삭 무너져 내렸습니다. 이제 이스라엘 백성은 가나안을 정복할 자신이 있었습니다. 왜냐하면 이제부터는 하나님의 궤를 앞세우고 하루에 한 바퀴씩 여섯 번 돌고 일곱째 날에는 일곱 번 돌고 소리를 지르면 어떤 성이든지 무너질 것으로 생각했기 때문입니다. 그러나 이스라엘 백성은 세 번째 관문 즉 가나안 땅의 두 번째 성에서 어이없는 패배를 당하고 묵사발이 되고 말았던 것입니다. 이럴 때 어떻게 해야 이스라엘 백성이 다시 힘을 낼 수 있겠습니까?

## 1. 이스라엘의 자존감

이스라엘 백성은 이제 자신만만했습니다. 요단강을 건널 때만 해도 하나님의 능력에 대하여 확신이 없었습니다. 그러나 이번에 여리고 성이 손도 대지도 않았는데 저절로 무너지는 것을 통해서 하나님의 능력이 자신들과 함께 하는 것을 너무나도 분명히 느꼈습니다. 이제 이스라엘 백성은 가나안 족속이 아무리 높고 튼튼한 벽을 쌓고 좋은 무기를 가지고 있어도 이길 자신이 있었습니다. 그러나 이스라엘 백성은 자신들과 하나님 사이에 조그만 틈이 있을 수 있음을 생각하지 못했습니다. 이스라엘 백성은 지금 태양의 백만 배 되는 하나님의 능력을 모시고 가는 사람들이었습니다. 그러면 이스라엘 백성은 조심하고 또 조심해야 하는데 그들은 그 점에서 실패해서 하나님과 이스라엘 백성 사이에 조그만 틈이 생기게 되었습니다. 그것은 바로 아간이라는 사람의 탐욕 때문이었습니다.

> 7:1, "이스라엘 자손들이 온전히 바친 물건으로 말미암아 범죄하였으니 이는 유다 지파 세라의 증손 삽디의 손자 갈미의 아들 아간이 온전히 바친 물건을 가졌음이라 여호와께서 이스라엘 자손들에게 진노하시니라"

하나님께서는 이스라엘 백성이 여리고 성을 칠 때 그 안에 사는 남자나 여자, 어린이나 노인이나 소나 양이나 개나 돼지나 할 것 없이 전부 다 죽이라고 명령하셨습니다. 그리고 여리고 성의 탈취한 물건은 전부 하나님의 전의 창고에 넣으라고 하셨습니다. 그 이유는 하나님은 여리고 성을 소돔과 고모라같이 생각하셔서 그 안에 있는 것은 무엇이든지 전부 멸망시키기를 원하셨기 때문입니다. 하나님은 오랫동안 여리고 성에 대해서 기다려 주셨지만, 그럼에도 불구하고 여전히 욕망을 위해서 살고 음란하고 점치며 동성애를 하고 있는 이 여리고 성을 하나님은 완전히 멸망시킴으로 오고 오는 세대에 이런 성읍은 완전히 망한다는 것을 보여주시기를 원하셨던 것입니다.

이스라엘 백성은 40년을 뜨거운 광야에서 돌아다니면서 하나님을 자기들 가운데 모시는 데 성공했습니다. 그렇다면 이스라엘 백성은

'하나님을 모신 백성'이라는 자부심을 가지고 있어야 하는데, 그렇지 못한 사람들도 있었습니다.

그중 유다 지파에 아간이라는 사람이 있었습니다. 그는 여리고 성 정복 과정에서 창고나 지하실이나 구석구석을 치다가 보물을 발견하게 되었습니다. 그것은 바로 시날산 제품의 아주 비싼 외투였습니다. 그리고 금괴 하나와 은괴를 발견하게 되었습니다. 물론 하나님의 말씀에 따르려면 그 외투나 금이나 은은 자신이 가져서는 안 되고 하나님의 전 창고에 넣어야 합니다. 그런데 문제는 그때 보는 사람이 아무도 없었다는 사실입니다. 모든 인간의 마음속에는 탐욕이 있고 음란한 마음이 있습니다. 그럼에도 불구하고 자기 욕망대로 살지 못하는 이유는 항상 다른 사람들이 보는 시선이 있기 때문입니다. 그러나 만일 보는 사람이 아무도 없을 때, 우리는 하나님의 말씀을 택하겠습니까? 아니면 육체의 정욕을 따르겠습니까?

어떤 외국의 유명한 목사가 쓴 책 중에 《아무도 보는 이 없을 때 당신은 누구입니까?》라는 책이 있습니다. 사실 우리는 아무도 보는 사람이 없을 때는 남의 물건을 가지고 싶어 하는 욕망과 그것을 가져서는 안 된다는 욕심이 싸우게 됩니다. 그런데 사실은 그 책을 쓴 저자 자신도 아무도 보는 사람이 없을 때는 자신의 정욕을 이기지 못하고 성적인 범죄에 빠지고 말았습니다.

만일 아간이 바른 이스라엘 백성의 자존감을 가지고 있었더라면 자신의 욕심에 빠지지 않았을 것입니다. 그는 하나님을 모신 사람이요, 요단강을 건넜고 여리고 성을 돌아서 무너뜨린 용사 중의 용사였습니다. 그러나 아간은 자신의 모습을 인간적으로 생각해 보았더니 자신은 40년 동안 광야를 돌아다니면서 가진 것이라고는 하나도 없는 거지였습니다. 광야는 너무 더워서 고생했지만 이제 가나안 땅에 살려고 하면 멋진 외투도 있어야 할 것이고, 필요한 물건을 사려고 하면 은이나 금이 있어야 한다고 생각했던 것입니다. 그는 아무도 보는 사람이 없을 때 자신의 욕망에 사로잡히고 말았습니다. 그래서 그는 하나님의 말씀을 어기고 시날산 외투와 금덩이 하나와 은덩이 하나를 가져다가 자신의 장막에 파묻어 두었습니다.

그래서 크리스천에게는 자존감이라는 것이 아주 중요합니다. 내가 아무리 가난해도 나는 하나님의 자녀이고, 나에게는 능력의 말씀이 있다라는 자존감을 가지고 있다면 돈이나 물건의 유혹을 이길 수 있을 것입니다. 그러나 자신을 인간의 눈으로 보아서 나는 가난하고 집도 없고 돈도 없고 쓸모없는 인간이라는 자존감을 가진다면 마귀의 유혹에 걸려들 가능성이 많은 것입니다. 우리는 다른 크리스천에게 말을 할 때도 조심해서 해야 합니다. 왜냐하면 그들의 자존감을 상하게 하는 말을 하면 그는 아주 낮은 자존감을 가지게 되고 사탄의 유혹에 넘어가기 쉽기 때문입니다.

아간의 범죄는 하나님과 이스라엘 백성을 연결하고 있는 부분을 느슨하게 만들었습니다. 이것을 성경은 "여호와께서 이스라엘 백성에게 진노하셨다"라고 표현하고 있습니다. 하나님께서는 하나님과 이스라엘 백성의 이음새가 느슨해지면 위험한 일이 일어날 수 있다는 것을 아셨지만, 하나님은 그대로 두셨습니다. 왜냐하면 두 번의 승리가 이스라엘 백성을 자만하게 만들었기 때문입니다.

## 2. 아이성의 실패

여호수아는 여리고 성을 함락시킨 후, 정탐꾼들을 벧엘 옆에 있는 아이 성에 보내어서 그 성을 정탐하게 했습니다. 여호수아는 무작정 아이 성을 공격하지 않고 나름대로 치밀하게 조사해서 신중하게 공격하려고 했습니다. 그런데 여호수아는 인간적으로는 완벽하게 일을 처리했지만 하나님과의 관계가 틀어져 있다는 사실을 생각하지 못하고 있었습니다. 겉으로 보기에는 아직까지 아무 일도 없었기 때문입니다. 그러나 하나님과 이스라엘 백성의 연결 부분에 이상이 생기면 가만히 있을 때는 괜찮지만 무슨 큰일을 하든지 전쟁을 하게 되면 그 부분이 터져서 대폭발이 일어나게 됩니다.

그 대표적인 예가 엘리의 두 아들 홉니와 비느하스가 블레셋과 전쟁할 때였습니다. 그때 홉니와 비느하스는 제사장으로서 하나님 앞에 죄를 지었습니다. 헌물도 강탈하고 여성들과도 죄를 지었습니다. 홉니와 비느하스는 하나님과 틈이 생기는 것을 중요하게 생각하지 않았습니다. 그들은 하나님의 언약궤만 들고 전쟁터에 가면 무조건 이긴다고 믿고 블레셋과 싸웠는데 대폭발이 일어났습니다. 그래서 이스라엘 백성 3만 명이 죽고, 홉니와 비느하스도 죽고, 그 소식을 들은 아버지 제사장 엘리도 의자에서 뒤로 넘어져 목이 부러져 죽고, 해산하던 비느하스의 아내도 난산으로 아들을 낳고 죽었습니다. 이스라엘 백성은 세상을 이기는 것보다 하나님과의 관계가 느슨해지는 것을 조심해야 합니다.

그런데 아이 성을 정탐하고 돌아온 사람들이 아주 반가운 소식을 전해주었습니다. 그것은 아이 성이 여리고 같이 큰 성이 아니라는 것입니다. 그리고 거기에는 인구가 적어서 이스라엘 백성이 다 올라갈 것이 아니라 삼천 명쯤만 올라가서 싸우면 얼마든지 이길 수 있다고 보고했습니다.

여호수아는 이들의 말을 믿고 삼천 명만 아이 성으로 보내서 싸우게 했습니다. 그런데 이상한 일이 일어났습니다. 아이 성을 치러 올라간 이스라엘 용사들이 전혀 힘도 쓰지 못하고 정신없이 두들겨 맞다가 도망치기 시작했는데 스바림이라는 곳까지 도망쳤습니다. 그리고 그들은 내리막길에서 패하여 도망쳤는데 36명 정도가 죽었습니다. 죽은 사람은 36명에 불과하지만 이스라엘 백성의 마음은 물처럼 녹았고 엄청난 충격을 받았습니다. 그 이유는 갑자기 하나님이 자기들을 버리신 느낌이 들었고, 그들과 함께 있던 하나님의 능력이 사라진 것 같았기 때문입니다.

하나님께서 이스라엘 백성에게 여리고 성의 모든 사람이나 짐승이나 물건을 파괴하라고 명령하신 것은 여리고 성의 모든 것이 악한 바이러스에 감염되어 있었기 때문입니다. 그래서 여리고 성은 완전히 봉쇄되어야 하고 격리되어야 했습니다. 우리도 코로나 전염병에 걸린 사람들을 이송할 때는 의사나 간호사들이 방호복을 입고 환자들을 완전히 격리시키지 않았습니까? 그런데 아간은 이것을 모르고 바이러스 균이 있는 물건을 꺼내어 온 것이었습니다.

그러나 이 사실을 모르는 여호수아는 절망할 수밖에 없었습니다. 여호수아는 하나님의 능력 하나 믿고 요단강을 건너왔고, 오직 하나님의 능력 하나 믿고 가나안에서 싸우려고 했기 때문입니다. 그런데 갑자기 이스라엘에서 하나님의 능력이 사라져 버렸습니다.

7:6, "여호수아가 옷을 찢고 이스라엘 장로들과 함께 여호와의 궤 앞에서 땅에 엎드려 머리에 티끌을 뒤집어쓰고 저물도록 있다가"

여호수아는 하나님의 마음을 이해할 수 없었습니다. 지금까지 하나님은 여호수아와 이스라엘 백성을 마치 암탉이 병아리를 안듯이 여기까지 데리고 오셨는데, 갑자기 여기서 내팽개치신 것 같았기 때문입니다. 사람은 믿은 사람에게 배신당할 때 마음에 큰 상처를 입게 됩니다. 그래서 오늘날 너무나도 많은 사람이 가슴을 아파하고 화병에 걸리고 우울증으로 고통받는 것입니다.

여기 여호수아가 옷을 찢었다는 행위는 지금 자신의 절망은 말로 표현할 수 없고 이제는 이스라엘 백성의 지도자가 되는 것도 끝장났다는 뜻입니다. 여호수아는 온종일 하나님 앞에 아뢰지 않고 엎드려 있기만 했습니다. 여호수아는 아무리 생각해도 하나님을 이해할 수 없었습니다. 그래서 여호수아는 해가 질 때까지 아무 말도 하지 않고 울지도 않고 하나님 앞에 엎드려 있었습니다.

우리도 틀림없이 하나님이 우리를 축복하시고 형통하게 하시리라 믿고 어떤 일을 했는데 도무지 영문도 모르게 실패했다면 심히 낙심하게 되고 믿음의 능력을 의심하게 될 것입니다.

### 3. 하나님과의 대화

여호수아는 온종일 하나님 앞에서 옷을 찢고 머리에 흙을 뒤집어쓰고 말도 하지 않고 엎드려 있었습니다. 여호수아가 하나님께 너무나도 화가 났기 때문입니다. 그러나 저녁이 되어서 여호수아의 마음이 좀 가라앉으니까 하나님께 아뢰기 시작했습니다. 사실 우리가 하나님과 말하기 시작할 때부터 어려운 문제는 해결되기 시작하는 것입니다.

> 7:7, "이르되 슬프도소이다 주 여호와여 어찌하여 이 백성을 인도하여 요단을 건너게 하시고 우리를 아모리 사람의 손에 넘겨 멸망시키려 하셨나이까 우리가 요단 저쪽을 만족하게 여겨 거주하였더면 좋을 뻔하였나이다"

우리는 아무리 화가 나고 아무리 절망하고 아무리 죄에 빠졌다 하더라도 하나님께 이야기하기를 시작해야 합니다. 하나님께 이야기하지 않고 화만 내고 있으면 1년이 지나고 2년이 지나고 10년이 지나도 아무것도 해결되지 않기 때문입니다. 그러나 하나님께 화가 나거나 실망한 것도 이야기하고, 실패한 것도 이야기할 때 하나님은 우리에게 모든 것을 설명하여 주십니다. 그래서 모든 것이 명쾌하게 되면 우리는 다시 자신감을 회복하고 힘을 낼 수 있게 됩니다.

저녁이 되었을 때 여호수아는 하나님께 자기 속에 있는 실망과 좌절을 하나님께 말씀드리기 시작했습니다. 그는 하나님께 "슬프다"고 했습니다. 그리고 여호수아는 하나님께 지금까지의 승리가 이번의 실패로 전부 수포로 돌아갔다고 말했습니다. 이스라엘 백성이 요단강을 건너고 여리고를 무너뜨렸지만, 작은 성 아이에서 실패함으로 그들의 승리는 수치가 되었고 이제 아모리 족속이 다 몰려들어서 이스라엘을 치면 그대로 망할 것이라고 했습니다. 그러면서 여호수아는 차라리 우리로 요단강을 건너지 말게 하시고 요단 동쪽에서 사는 것이 좋을 뻔했다고 불평을 토로했습니다. 우리가 여호수아의 말을 들어보면 그가 얼마나 하나님에 대하여 실망했는지 알 수 있습니다.

지금까지 아모리 족속은 이스라엘 백성에게 신의 능력이 있다고 생각해서 벌벌 떨고 있었습니다. 그러나 이제 보니까 신의 능력은 이스라엘 백성을 떠났고 원래 무능한 모습으로 돌아갔습니다. 그러니 이스라엘 백성은 완전히 가나안 족속의 먹이밖에 되지 않으리라는 것이 여호수아의 생각이었습니다.

그러나 하나님의 대답은 간단했습니다. "왜 이렇게 엎드리고 있느냐?"고 하시며 여호수아에게 "너는 일어나서 이제 내가 하는 명령을 순종할 준비를 하라"고 하셨습니다. 하나님의 말씀은 여호수아에게 끝난 것이 아니었습니다. 여호수아는 모든 것이 끝난 것처럼 엎드려 있었지만 지금 그렇게 엎드려 있을 것이 아니라 일어서서 또다시 하나님의 말씀에 순종할 준비를 해야 한다는 것이었습니다.

그리고 하나님은 여호수아에게 설명하셨습니다. 이스라엘 백성이 작은 아이에게 진 것은 하나님이 이스라엘 백성을 떠나신 것이나 하나님의 능력이 없어진 것이 아니라는 것이었습니다. 바로 이스라엘 백성 한 사람의 죄가 하나님의 능력을 없어지게 만들었다고 알려 주셨습니다. 이스라엘 백성 한 사람이 하나님의 말씀을 어기고 하나님의 물건을 도둑질해서 숨겼기 때문에 하나님과 이스라엘 사이에 틈이 생겼고 결국 이스라엘 백성은 패배할 수밖에 없었다는 것입니다.

단 한 사람의 범죄가 이스라엘 전체를 무력하게 했습니다. 그러나 우리는 얼마나 많은 사람이 죄를 품고 살아가고 있습니까? 우리는 얼마나 많은 바이러스를 가진 채로 사탄과 싸우려고 하고 있습니까?

우리나라 교회는 코로나 이후로 엄청나게 약해졌습니다. 그래서 목회자나 교인들은 코로나를 원망하고 정부의 정치적 성격을 띤 방역 지침을 원망하고 있습니다. 그런데 한국 교회는 코로나가 터지기 전에도 엄청나게 싸웠습니다. 크고 유명한 교회나 작은 시골 교회까지 돈이나 이성 문제, 원로나 새 목사 사이의 갈등으로 엄청나게 싸웠습니다. 이 정도로 악행을 행한 한국 교회라도 하나님께 대화를 시작해야 합니다.

이때 여호수아는 이스라엘 백성의 현실을 알게 되었습니다. 그 하나는 이스라엘 백성의 수가 삼천 명이든 오만 명이든 하나님이 함께하시지 않으면 자기들은 가나안 땅에서 살 수 없다는 것이었습니다. 그들은 맹수의 먹잇감밖에 되지 않습니다. 그리고 또 하나는 아무리 이스라엘 백성이라 하더라도 보는 사람이 없을 때는 죄를 지을 수밖에 없다는 것입니다.

그런데 여기서 중요한 것은 아직은 우리가 하나님과 대화할 시간이 있다는 것입니다. 우리가 하나님과 대화할 수 있을 때 우리의 심정을 솔직하게 이야기하면 하나님은 다 들어주시고 우리가 일어서서 또 하나님의 일을 순종하게 하시는 것입니다. 우리는 모두 욕망을 가지고 있습니다. 그리고 우리는 보는 사람이 없으면 죄를 지을 수밖에 없는 약한 존재입니다. 우리는 이것을 하나님 앞에 솔직하게 아뢰고 용기를 내고 다시 일어서서 하나님의 명령에 순종하는 백성이 다 되시기를 바랍니다.

# 10
## 숨은 죄의 발견
수 7:16-26

**예**전에 제 친구가 혈액암에 걸렸습니다. 그는 처음에 감기나 몸살인 줄 알고 가까운 병원에서 약을 사 먹었는데 아무리 약을 먹어도 낫지 않으니까 큰 병원에 가서 정밀검사를 했습니다. 그 결과 그는 혈액 안에 암이 있는데, 이것이 온몸에 암을 퍼트리고 있다는 진단이 나왔습니다. 그가 살 수 있는 방법은 자기 피를 완선히 성화해서 다시 돌려받는 수밖에 없었습니다. 그래서 그는 무균실에서 몇 달을 지내야 했습니다. 그는 신앙을 가진 실력 있는 의사를 만나서 그 힘든 병을 고칠 수 있었습니다.

우리는 땅이라고 하면 사람들이 발로 밟고 사는 곳이고, 집을 짓는 곳이고, 도로를 만드는 곳이라고 생각합니다. 그러나 이 땅은 사람들이 모르는 감각을 가지고 있습니다. 그 하나는 땅도 화를 낼 수 있다는 것입니다. 그래서 땅에 사는 사람들이 음란하고 살인죄를 지으면 그 땅은 흉년을 내리든지 불이 붙든지 해서 사람들이 자기 위에 살지 못하게 합니다. 그래서 땅을 많이 사두는 것이 중요한 것이 아니라 이 땅 위에서 죄를 짓지 말아야 오래 살 수 있습니다. 그리고 땅은 피에 대하여 아주 민감합니다. 그래서 어떤 사람이 죄 없는 사람을 죽여서 죄 없는 사람의 피를 땅에 흘리면, 정부에서는 죽인 자를 반드시 찾아서 그 피를 흘려야 땅이 화를 내지 않게 됩니다. 그래서 북한같이 무죄한 사람들의 피를 많이 흘린 곳에는 언제 땅이 화를 내어서 화산 폭발이나 지진이나 전쟁이나 홍수를 일으킬지 모르는 것입니다.

## 1. 여리고의 바이러스

하나님은 여리고 성의 모든 것을 저주하셨습니다. 여리고 성에 있는 사람이나 짐승이나 물건에는 모두 저주의 바이러스가 묻어 있었습니다. 여리고 성은 또 다른 소돔과 고모라였습니다. 그래서 거기에서는 일체 사람이나 짐승이 밖으로 나가지 못해야 다른 성이 오염되지 않는 것입니다. 그래서 하나님께서는 소돔과 고모라를 하늘에서 내린 불과 유황으로 전부 다 태워 멸망시키셨던 것입니다.

하나님이 보시기에는 여리고 성도 소돔과 고모라였습니다. 그래서 여리고 성에 있는 모든 사람이나 짐승이나 물건에는 전부 심각한 죄의 바이러스가 붙어 있었습니다. 그래서 하나님은 여호수아와 이스라엘 백성에게 사람이나 짐승이나 물건을 전부 다 파괴하라고 명령하셨습니다. 그러나 유다 지파의 딱 한 사람 아간이 여리고 성의 바이러스가 있는 물건을 빼내어 자기 텐트로 가져가서 감추어 두었습니다. 만약 이것을 모르는 체하고 그대로 두면 이스라엘 백성은 가나안 땅을 정복하기도 전에 그들이 먼저 하나님의 저주에 빠져서 죽을 것입니다. 그러나 이 사실을 아는 사람은 아무도 없었습니다.

그런데 이상한 일이 일어났습니다. 그것은 이스라엘 백성이 아이 성을 공격하다가 전부 이상한 약을 먹은 것처럼 비틀거리면서 맥을 추지 못하고 도망치고 만 것입니다. 여호수아나 이스라엘 백성은 여리고 성의 저주의 바이러스가 완전히 없어진 줄 알았지만 아간 한 사람이 물건을 세 개나 빼돌리는 바람에 하나님의 저주가 남아 있었던 것입니다. 이스라엘 백성은 아이 성에서 36명이 죽었지만 여호수아나 이스라엘 백성은 절망했습니다. 이스라엘 백성이 이 작은 성 하나를 이기지 못하면 이스라엘이 가나안 땅을 정복하는 것은 말도 되지 않는 일이기 때문입니다.

여호수아는 너무나 화가 나서 온종일 하나님 앞에서 말도 하지 않고 엎드려 있었습니다. 여호수아에게는 하나님이 하시는 일이 도무지 이해되지 않았기 때문입니다. 그러다가 저녁이 되어 여호수아의 마음이 누그러졌을 때 여호수아는 하나님께 이야기하기 시작했습니다. 우리가 어떤 어려움이나 절망 가운데 있다 하더라도 하나님과 이야기를 시작하면 그 문제는 풀리기 시작합니다. 하나님은 여호수아에게 일어나라고 말씀하셨습니다. 여호수아가 엎드려 있는다고 해결될 문제가 아니기 때문입니다. 여호수아는 일어나서 할 일이 있었습니다. 그것은 바로 아직 남아 있는 여리고의 물건과 이스라엘을 배반한 아간을 처분할 일이 있었기 때문입니다.

그런데 하나님은 이스라엘 백성 중의 한 사람이 이스라엘과 하나님을 배반하고 물건을 빼돌려서 아직 이스라엘 안에 여리고 성의 저주가 남아 있다고 말씀하셨지만, 그 사람이 누구인지는 말씀하시지 않았습니다. 그 이유는 하나님께서 아직까지는 아간에게 살 수 있는 기회를 주시고 싶었기 때문입니다.

## 2. 죄인을 찾는 방식

그 당시 이스라엘 백성은 약 이백만 명 정도 되었습니다. 그중에서 누가 이스라엘을 배반했고 누가 하나님을 배반했는지 아무도 알 수 없었습니다. 이것이야말로 진짜 모래에서 바늘을 찾는 것이나 마찬가지였습니다. 그런데 하나님께서는 그 배반자가 누구라고 말씀하시지 않았습니다. 단지 이스라엘 백성을 지파별로 모이라고 말씀하셨습니다. 즉 하나님 앞에 이스라엘 열두 지파를 모이게 하셨고 그중에 제비를 뽑아서 한 지파가 걸리게 하셨습니다. 먼저 유다 지파가 뽑혔습니다. 그러고 나서 유다 지파 중에서 모든 가문이 모여서 제비를 뽑게 하셨습니다. 그랬더니 세라 족속이 뽑혔습니다. 이런 식으로 해서 하나님은 점점 그 범위를 좁혀가게 하셨습니다.

하나님께서 이렇게 하신 이유가 무엇입니까? 이것은 하나님께서 아간에게 회개할 기회를 주시기 위해서였습니다. 이스라엘 백성이 지파별로 모여서 제비를 뽑는 데는 시간이 걸렸을 것입니다. 그리고 유다 지파가 뽑혔으면 집안 대표가 모이는데도 시간이 걸렸을 것입니다. 그러고 나서 그 작은 가족 대표가 모여서 제비를 뽑는데도 시간이 걸렸을 것입니다. 제비를 뽑는데 아간도 있었을 것입니다. 그러나 이 제비는 정확하게 아간을 목표로 해서 그 범위가 좁혀지고 있었습니다. 만일 아간에게 하나님을 두려워하는 마음이 조금이라도 있었다면 제비가 몇 번 진행되지 않아서 여호수아 앞에 달려갔을 것입니다. 그리고 자기 죄를 고백했다면 아간의 양심이 완전히 죽지는 않았을 것이고 혹시 살 길이 있었을지도 모릅니다. 그러나 아간은 이 많은 이스라엘 백성 중에서 설마 하나님께서 내가 그 작은 세 개의 물건을 빼돌린 사실을 알고 계시겠나 생각했던 것입니다.

이것은 오늘 크리스천에게도 마찬가지입니다. 우리는 이 많은 사람 중에서 나 한 사람 교회에 빠지거나 혹은 죄에 빠지는 것을 하나님이 아시겠는가 생각합니다. 그러나 하나님은 자기가 만든 사람들을 하나도 빼놓지 않고 다 알고 계십니다.

아간은 하나님을 우습게 알고 설마 자기가 뽑힐까 생각하고 끝까지 버티었습니다. 그랬더니 결국 삽디의 손자요 갈미의 아들인 아간이 뽑혔습니다.

7:18, "삽디의 가족 각 남자를 가까이 나아오게 하였더니 유다 지파 세라의 증손이요 삽디의 손자요 갈미의 아들인 아간이 뽑혔더라"

이제는 아간에게 더 이상 회개할 기회가 없었습니다. 하나님은 아간에게 충분히 회개할 수 있는 시간을 주셨지만 아간은 하나님이 모르실 것이라고 생각했기 때문입니다.

우리 모든 인간은 탐욕을 다 가지고 있습니다. 아무리 하나님의 종이고 하나님의 백성이라도 악한 정욕이 다 있습니다. 우리가 죄를 짓고 난 후에도 하나님은 침묵을 지키십니다. 그때가 바로 하나님이 우리에게 회개할 기회를 주시는 시간입니다. 우리가 죄를 지어도 하나님이 가만히 계실 때 우리가 자발적으로 하나님께 회개하면 하나님은 우리 죄를 덮어주시고 더 사랑해주시고 너 축복해 주실 것입니다. 그러나 우리가 하나님을 우습게 알아서 하나님이 내 죄를 지은 줄 모르고 넘어가신다고 생각한다면 그때는 더 이상 회개할 기회가 없을 것입니다.

여호수아는 아간을 불러서 네가 무슨 짓을 행했느냐고 물어보았습니다. 아간은 이제야 비로소 하나님은 자기가 한 모든 것을 다 보고 계셨고 알고 계셨다는 사실을 깨닫게 되었습니다. 만약 아간이 하나님을 생각하지 않았더라면 '나는 아무 나쁜 짓도 하지 않았다' 고 끝까지 시치미를 뗄 수도 있었을 것입니다. 요즘 우리나라 정치인들이 하는 행위가 바로 이것입니다. 분명히 자기가 저지른 죄가 드러나 있는데도 불구하고 끝까지 잡아떼고 부정하는 것입니다. 그 이유는 그들의 눈이 멀어서 하나님의 눈이 모든 것을 다 보고 계신다는 사실을 모르기 때문입니다. 우리나라에서는 아무리 거짓된 행동을 하더라도 끝까지 잡아떼고 모른다고 해야 살아남습니다. 그러나 그렇게 해서 산 것은 산 것이 아니고 죽은 것입니다.

### 3. 아간이 준 고통

아간은 하나님이 모든 것을 다 알고 계시고 보고 계셨다는 사실을 알고는 놀랐습니다. 이스라엘 백성이 얼마나 많습니까? 그 수많은 사람 중에서 하나님은 자기 한 사람이 아무도 모르게 저지른 죄를 알고 계셨습니다. 이것을 보고 비로소 아간은 자기가 얼마나 중요한 사람인지 깨달았습니다. 하나님은 자기의 일거수일투족을 다 보고 알고 계셨던 것입니다. 그러나 아간이 이것을 깨달았을 때는 이미 너무 늦었습니다. 시편에서는 "존귀한데 처하나 깨닫지 못하는 자는 멸망할 짐승과 같다"(시 49:20)고 했습니다. 우리가 미리 자신의 소중함을 깨닫는다면 작은 욕심에 사로잡혀서 망하지 않을 것입니다. 그래서 우리에게는 자존감이 아주 중요합니다. 우리는 시시한 그런 외투나 금이나 은이 필요 없을 정도로 하나님 앞에서 소중한 사람들입니다.

아간은 자기가 몰래 저지른 죄를 다 고백했습니다. 그는 여리고 성을 뒤지다가 아무도 보는 사람이 없을 때 시날산 고급 외투 한 벌과 금덩이 하나와 은덩이 하나를 슬쩍해서 자기 장막의 땅을 파고 그 속에 감추었다고 고백했습니다. 사람들이 그의 말대로 아간의 장막에 가서 땅을 파 보았더니 그 안에서 외투 한 벌과 금덩이와 은덩이가 나왔습니다.

여호수아는 드디어 결정했습니다. 아간이 이스라엘 백성 전체에게 많은 고통을 주었기 때문에 이스라엘 백성도 아간에게 고통을 주어야 한다는 것이었습니다. 그래서 여호수아는 아간과 그가 감춘 외투와 은덩이와 금덩이나 자녀들과 딸들과 양들과 소와 나귀와 장막까지 다 거두어서 골짜기로 데리고 갔습니다. 그리고 전 이스라엘 백성이 아간과 그 식구와 짐승들과 장막에 돌을 던져서 치고 그 위에 불을 살랐습니다. 그리고 그 위에 큰 돌무더기를 쌓고 그곳을 아골 골짜기라고 불렀습니다. 만일 아간의 자녀 중에서 이런 심판을 받지 않으려고 하면 그 텐트에 들어 있으면 안 되는 것입니다. 거기서 나와야 하고 거짓말에 동참하지 말아야 합니다.

아간이 여리고 성의 물건을 훔침으로 이스라엘 백성에게 준 고통이 무엇이었을까요? 우선 이스라엘 백성은 모두 힘을 쓸 수 없었습니다. 그들은 이상한 약을 먹은 것 같이 흐느적거리다가 도망치고 말았습니다. 이것이 바로 아간이 이스라엘 백성에게 준 고통이었습니다. 그리고 또 하나는 여호수아 이스라엘 백성의 미래가 없어지게 한 것이었습니다. 아간의 범죄 하나가 여호수아나 이스라엘 백성에게 한 치의 앞도 내다볼 수 없도록 절망하게 만들었습니다. 그래서 아간은 이스라엘 백성 전체의 마음을 미치게 만들었고 겁을 집어먹고 도망치게 만들었던 것입니다.

우리는 우리가 생각하는 것보다 중요한 사람입니다. 그래서 하나님은 우리의 일거수일투족을 다 보고 계신 것입니다. 그리고 우리의 숨은 죄로 말미암아 이스라엘 전체를 미치게 하고 미래가 없어지게 만드는 것입니다. 그러나 하나님은 우리가 죄를 지었다고 해서 당장 심판하시는 분이 아니십니다. 하나님은 우리에게 회개할 기회를 주십니다. 하나님이 침묵하고 계실 때가 바로 회개할 때입니다. 이때 가만히 있지 않고 하나님 앞에 고백하고 죄를 버릴 때 하나님은 죄를 덮어 주시고 우리를 더 사랑하시고 더 축복해 주십니다. 성경은 "보라 지금은 구원의 날이요 은혜의 때라"(고후 6:2)고 했습니다. 우리가 하나님과 자기 양심을 속이지 않고 모든 것이 폭로되기 전에 미리 죄를 자백하면 살 수 있습니다.

예수님은 "너희가 은밀한 데서 행한 것이 지붕 위에서 전파될 것"(눅 12:3)이라고 하셨습니다. 좋은 일도 전파되고 나쁜 일도 전파될 것입니다. 사람들은 자신의 가치를 모르고 끝까지 시치미를 떼려고 합니다. 그러나 조사가 들어가면 이미 늦습니다. 우리가 자신의 가치를 깨달으면 하나님을 두려워하게 되고 미리 고백하면 아름답게 살 수 있습니다. 그러나 아간은 너무 늦었기 때문에 아골 골짜기의 돌무더기가 되고 말았습니다.

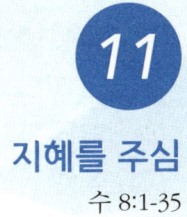

# 지혜를 주심
수 8:1-35

우리가 '트로이 목마'라고 하면 잘 아는 내용입니다. 트로이의 왕자 파리스가 스파르타에 사신으로 갔다가 그 당시 가장 아름다운 왕비 헬렌과 사랑에 빠져서 헬렌을 데리고 트로이로 도망쳐 옵니다. 이 사실에 격분한 모든 그리스의 왕들은 군대를 끌고 와서 10년간 트로이와 싸우지만 결판이 나지 않았습니다. 이때 그리스 쪽에는 아킬레우스와 아가멤논과 오디세우스 같은 용장들이 있었습니다. 10년간 싸워서 결판 나지 않으니까 오디세우스가 모략을 하나 세웠는데, 커다란 목마를 하나 만들어 놓고 모든 그리스 군대가 철수해 버린 것입니다. 이 광경을 본 트로이 왕과 군인들은 드디어 그리스 군인들이 전쟁을 포기하고 이 큰 목마를 바치며 후퇴했다고 생각해서 그 목마를 트로이 성안으로 끌어다 놓고 밤새도록 술을 마시며 춤을 추면서 승리를 기뻐했습니다.

그러나 그 목마 안에는 오디세우스와 그리스 용사 십여 명이 숨어 있었습니다. 그들은 새벽에 트로이 백성이 모두 술에 취해서 잠들었을 때 목마에서 내려와서 성문을 열고 왕궁에 불을 질렀습니다. 그리고 숨어 있던 그리스 군대는 성안으로 쳐들어와서 트로이를 불 지르고 왕을 죽이고 거기에 있는 보물을 약탈하게 됩니다. 그래서 '트로이의 목마'라고 하면 겉으로 보기에는 좋아 보이지만 속에는 음모와 속임수가 있는 술책을 의미합니다. 트로이를 망하게 한 것은 전쟁에 꼭 이겨야겠다는 트로이 왕과 백성의 교만이었습니다. 10년 동안 잘 막아내었던 전쟁을 하룻밤에 목마에게 속아서 트로이 성이 망하고 말았던 것입니다.

이스라엘 백성은 요단강을 하나님의 능력으로 건넜습니다. 그리고 첫 번째 관문인 여리고 성을 손도 대지도 않고 하루에 한 바퀴씩 돌고 마지막 날에는 일곱 번 돌고 소리만 지르니 그 견고했던 성이 무너졌습니다. 이제 이스라엘 백성은 가나안의 모든 성을 다 무너트릴 자신이 생겼습니다. 여리고 성을 무너뜨렸듯이 하루에 한 바퀴씩 돌고 마지막 날에 소리를 지르면 모두 다 무너질 것이기 때문입니다. 그러나 이스라엘 백성은 두 번째 관문인 아이 성에서 패배당합니다. 이때 여호수아는 절망했습니다. 이스라엘 백성은 모두 죽으리라 생각해서 두려워했습니다. 왜냐하면 이 소문이 퍼지면 모든 가나안 족속이 다 덤벼들어서 이스라엘 백성을 죽일 것이기 때문입니다.

그러나 하나님은 여호수아에게 일어나라고 하셨습니다. 이것이 우리에게 중요한 것입니다. 우리는 아무리 이유를 알 수 없는 실패를 당했고, 거의 망하게 되었더라도 일어나야 합니다. 아간이 저주의 바이러스가 있는 물건을 빼돌려서 이스라엘 자손이 모두 하나님의 저주에 감염되어 죽을 수 있었기 때문입니다. 그래서 여호수아와 이스라엘 백성은 아간이 가지고 있던 모든 가축이나 물건이나 텐트를 전부 골짜기로 가지고 가서 돌을 던져 죽이고 불에 태우고 큰 돌무더기를 만들어 버렸습니다.

이제 여호수아는 어떻게 해야 합니까? 또다시 아이 성에 쳐들어가야 합니까? 사람은 징크스라는 것이 있어서 한번 사고가 나면 또 사고가 날 것 같은 생각이 들게 됩니다.

## 1. 하나님 말씀의 회복

하나님의 백성에게 가장 중요한 것은 하나님이 함께하시는 것입니다. 하나님이 함께하시기만 하면 천만 대군이 덤벼들어도 우리를 이길 수 없습니다. 왜냐하면 하늘의 불말과 불병거가 먼저 적을 치기 때문입니다. 그런데 하나님께서 우리와 함께하신다는 것을 어떻게 알 수 있습니까? 그것은 바로 하나님의 음성이 들리는 것을 통해서 알 수 있습니다.

제가 어떻게 하나님이 저를 버리지 아니하시고 함께하신 것을 확신할 수 있을까요? 그것은 바로 설교를 준비할 때입니다. 성경을 해석하는데 하나님의 말씀이 막 쏟아져 나오고, 하나님이 말씀을 불러 주시는 것 같을 때가 있는데, 이때는 하나님이 나와 함께하신 것을 알 수 있습니다. 다른 것은 모두 보충적인 것에 불과합니다. 하나님이 나와 함께하시면 마음에 불안이나 걱정이 사라지고 자신감이 생기게 됩니다. 우리 교회에 하나님의 말씀이 계속되고 있을 때 하나님은 우리와 함께 계십니다. 그때 우리는 모든 과거의 실패를 떨쳐버리고 하나님의 말씀이 주시는 영감대로 움직여야 합니다.

여호수아와 이스라엘 백성이 하나님의 저주의 바이러스를 숨긴 아간을 처리했을 때 하나님의 말씀이 회복되었습니다.

8:1, "여호와께서 여호수아에게 이르시되 두려워하지 말라 놀라지 말라 군사를 다 거느리고 일어나 아이로 올라가라 보라 내가 아이 왕과 그의 백성과 그의 성읍과 그의 땅을 다 네 손에 넘겨 주었으니"

이 말씀은 여호수아나 이스라엘 백성에게 얼마나 반가운 말씀이었는지 모릅니다. 이스라엘은 전쟁하기 전에 하나님의 말씀이 먼저 회복되었습니다. 하나님은 아이 성의 왕과 백성과 땅과 모든 것을 꽁꽁 묶어서 여호수아와 이스라엘 백성에게 넘겨주겠다고 말씀하셨습니다. 이스라엘 백성이 지금까지 살아오면서 그들이 깨달았던 것은 하나님의 말씀이 그들의 생명이라는 사실이었습니다. 원래 하나님께서는 광야에서 이스라엘 백성에게 "너희는 떡으로 살지 않고 하나님의 입에서 나오는 말씀으로 산다"고 말씀하셨는데(신 8:3), 그 말씀이 맞았습니다. 이스라엘 백성이 하나님의 말씀을 들으니까 하늘에서 40년 동안 만나가 내렸고, 반석에서 물이 쏟아져 나왔습니다. 그래서 이스라엘 백성은 하나님의 말씀이 들리면 하나님이 그들과 함께하신다는 사실을 알 수 있었습니다.

그런데 드디어 여호수아와 이스라엘 백성에게 하나님의 말씀이 다시 들렸습니다. 그것은 "두려워하지 말라 놀라지 말라"는 말씀이었습니다. 그리고 모든 백성을 이끌고 올라가는데, 하나님께서 "아이 왕과 백성과 성읍을 다 네 손에 넘겨 주었다"고 말씀하셨습니다. 여호수아와 이스라엘 백성에게 하나님의 말씀이 다시 들리기 시작했다는 것은 얼마나 기쁜 일입니까? 아이 왕과 아이 성 사람들이 얼마나 싸움을 잘하는지 모르지만, 하나님이 그들을 여호수아의 손에 넘기는 순간 그들은 여호수아를 이기지 못하게 됩니다. 하나님이 그들을 어리석게 하셔서 망하는 길을 이기는 길이라고 확신하고 덤벼들 것이기 때문입니다. 사실 아이 왕이나 아이 성 사람들은 이스라엘 정탐꾼들이 생각하는 것보다 훨씬 강했습니다. 이스라엘 정탐꾼들은 삼천 명만 올라가면 이길 수 있다고 보고했다가 패하고 말았던 것입니다. 그래서 우리는 정보를 절대적으로 신뢰해서는 안 됩니다. 정보는 어디까지나 정보이지, 하나님이 하시는 말씀이 가장 정확한 정보입니다.

물론 모세의 율법에는 여호수아가 아이 성을 공격할 때 어떻게 하라는 지침은 없습니다. 마찬가지로 우리가 성경을 읽어도 공부나 사업은 어떻게 하라는 말씀은 없습니다. 그러나 성경은 우리를 축복으로 인도하는 지도입니다. 그래서 하나님은 우리의 정신 속에 자꾸 생각이 나게 하십니다. 이것이 바로 영감입니다. 그런데 우리가 지속적으로 하나님의 말씀을 들으면서 또 생각나는 것을 종합해 보면, 그것이 놀라운 하나님의 뜻일 때가 많습니다. 마치 우리가 길을 찾을 때 큰 지도와 자세한 작은 지도가 함께 필요한 것과 같습니다. 우리는 이 세상을 텔레비전이나 남들이 하는 소문을 들을 것이 아니라 하나님의 말씀으로 선명하게 볼 수 있어야 실패하지 않을 것입니다.

## 2. 지혜를 주시는 하나님

하나님께서는 이스라엘 백성이 요단강을 건너서 여리고 성을 함락시킬 때까지 인간의 생각을 전혀 할 필요가 없게 하셨습니다. 이스라엘 백성은 그냥 아무 생각 없이 하나님이 하라고 하시는 대로 하니까 요단강이 말랐고 여리고 성은 무너졌습니다. 그러나 하나님은 아이 성부터는 여호수아에게 하나님의 지혜를 주셨습니다. 이것은 바로 아이 성 사람들의 교만한 심리를 이용해서 복병을 두게 하시는 것이었습니다.

> 8:2, "너는 여리고와 그 왕에게 행한 것 같이 아이와 그 왕에게 행하되 오직 거기서 탈취할 물건과 가축은 스스로 가지라 너는 아이 성 뒤에 복병을 둘지니라 하시니"

하나님께서는 여호수아에게 아이 성 사람들은 여리고 사람들과 같이 저주의 바이러스를 가졌기 때문에 다 죽여야 한다고 명령하셨습니다. 저주의 바이러스는 얼마나 무서운지, 노인이나 어린아이나 남자나 여자 할 것 없이 다 저주받아서 미쳐 죽는 것입니다. 이번에 코로나가 퍼질 때도 아이들이 걸리는 바람에 가족이 다 확진되기도 했습니다. 그래서 일단 코로나 확진자가 생기면 요양기관이나 집에서 철저하게 격리했습니다. 그러나 저주의 바이러스는 미쳐서 죽는 병이기 때문에 격리나 간호가 불가능합니다. 결국 여리고 성이나 아이 성 사람들은 다 죽고 말았습니다.

저는 왜 이런 영화를 그 아까운 돈을 들여서 만들었을까 생각되는 영화가 있는데, 좀비 영화입니다. 사람들이 좀비에게 물리면 좀비가 되어 전부 미쳐서 비틀거리고 다니면서 병에 걸리지 않는 사람을 공격해 죽입니다. 그러면 아직 좀비가 되지 않는 사람들은 이 좀비들을 죽입니다. 물론 그런 영화들은 공상영화이고 일부러 만든 공포영화이지만 여리고나 아이 성 사람들을 보면 완전 엉터리는 아니라는 것을 알게 됩니다. 옛날 우리나라에는 동성애자들이 많지 않았습니다. 그러나 이제는 너무 많아져서 퀴어 축제까지 하고 있습니다. 점점 더 많은 사람이 미쳐가고 있습니다. 정치에 미치고 돈에 미치고 마약에 미치고 동성애에 미치고 있습니다. 이런 사람들이 낮에는 모두 멀쩡합니다. 모두 정상적으로 말을 하고 직장에서도 일을 잘합니다. 그러나 밤만 되면 클럽이나 바에 가서 술을 마시고 마약을 하고 별의별 더러운 짓을 다 하는 것입니다.

그런데 하나님께서는 아이 성에 있는 짐승들은 아직 바이러스에 감염되지 않았다고 하셨습니다. 그래서 여호수아에게 아이 성의 짐승들은 이스라엘 백성이 다 가져도 된다고 말씀하셨습니다. 이스라엘 백성은 여리고 성에서는 전쟁했지만 양 한 마리나 물건 하나 가지지 못했습니다. 왜냐하면 그들은 하나님의 천사들의 부대였기 때문입니다. 그러나 하나님은 아이 성에서는 그들에게 보수를 주셨습니다. 그들도 이제는 당당하게 일을 했기 때문입니다.

## 3. 아이 성의 매복 작전

　우리는 때때로 어려움이나 병이 들었을 때 순전히 기도함으로 응답받을 때도 있지만 세상의 방법을 사용해야 할 때도 있습니다. 예를 들어 누군가가 암에 걸렸을 때 기도로 치료받을 수도 있지만, 기도하고 난 후에 좋은 의사를 찾아서 검사하고 수술을 받아서 완치되는 것도 하나님의 방법입니다. 만일 우리가 기도로만 모든 병이 다 낫는다고 하면 모든 병원이나 의사들은 없어져야 할 것입니다. 우리는 학교도 다녀야 합니다. 텔레비전을 보고 스마트폰도 사용해야 합니다. 그러나 그것을 하나님 말씀같이 절대적으로 생각해서는 안 됩니다.
　하나님은 여호수아에게 더 이상 하나님의 기적적인 방법 외에 복병을 두고 싸우라고 하셨습니다. 이것은 앞으로 하나님께서 점점 더 우리에게 지혜를 주셔서 세상을 이기는 다양한 방법을 보여주시는 것입니다. 여호수아는 하나님의 말씀을 듣고 밤중에 군사 삼만 명을 아이 성 뒤로 보내어 매복시켰습니다. 그리고 여호수아는 이스라엘 백성에게 작전을 설명했습니다. 즉 복병은 아무 소리도 하지 말고 성 뒤에 숨어 있고, 이스라엘 백성은 이전처럼 아이 성으로 공격하러 가는 것입니다. 그러다가 이스라엘 백성이 그들과 싸우다가 이전처럼 겁을 집어먹고 도망치면 지난번에 이겼으므로 틀림없이 성을 비워두고 치러고 끝까지 쫓아올 것이라고 했습니다. 결국 사람들은 옛날에 자기가 성공했고 잘했던 것을 믿기 때문에 망하는 것입니다. 그래서 우리는 항상 새로 시작한다는 생각을 가지고 일에 임해야 실수하지 않습니다.
　여호수아는 중간에 아이 성 군대가 도망칠 곳을 예상해서 거기에도 군대를 매복해 두었습니다. 이번에 아이 성 전투는 철저한 매복 작전이었습니다. 즉 여호수아는 아이 성 사람들이 일단 성을 벗어나면 절대로 도망칠 곳이 없도록 철저하게 이중 삼중으로 포위망을 쳐놓았던 것입니다. 여기서 여호수아가 믿었던 것은 지난번에 우리가 이겼기 때문에 이번에도 이길 것이라는 생각을 가진 아이 왕의 교만이었습니다. 만약 아이 왕이 겸손해서 다른 계략이 있을지 모른다고 생각하고 성을 지켰더라면 그렇게 쉽게 망하지 않았을 것입니다.

아이 왕은 이번에는 적극적으로 싸우려고 먼저 사해 쪽으로 나왔습니다. 그러나 그들은 복병이 있는 줄을 알지 못했습니다. 이스라엘 백성은 밤에 소리도 내지 않고 이동해서 숨어 있었기 때문입니다. 여호수아와 이스라엘 백성은 아이 성 백성과 싸우는 체하다가 전부 겁에 질린 것처럼 도망쳤습니다. 그러니까 아이 성 백성과 그 옆에 벧엘에 있던 사람들까지 전부 이스라엘 백성을 추격했습니다. 그래서 그들은 이스라엘 백성의 유인책에 속아서 성문을 열어 놓고 모두 성에서 멀리까지 쫓아왔습니다. 그때 매복하고 있던 이스라엘 백성이 아이 성안에 들어가서 모든 집에 불을 지르고 그곳에 있는 사람들을 죽였습니다.

8:18, "여호와께서 여호수아에게 이르시되 네 손에 잡은 단창을 들어 아이를 가리키라 내가 이 성읍을 네 손에 넘겨 주리라 여호수아가 그의 손에 잡은 단창을 들어 그 성읍을 가리키니"

여호수아는 아이 성에서 연기가 나는 것을 보고 손에 들고 있던 단창을 들었습니다. 여호수아가 단창을 드는 것은 도망치는 체하던 이스라엘 백성이 돌아서라는 신호였습니다. 이스라엘 백성은 열심히 도망치는 체하다가 여호수아의 신호를 보고 돌이켜서 그들과 대항해서 싸우기 시작했습니다. 그리고 성에 불을 질렀던 매복한 군사들이 성에서 뛰쳐나와서 뒤에서 아이 성 군대를 쳤습니다. 아이 성 사람들은 양쪽에서 포위되었습니다. 그러다가 이스라엘 백성의 협공을 받고 딴 길로 도망치려고 가보니까 거기에도 매복이 있었습니다.

손자는 말하기를 "지피지기(知彼知己) 백전불패(百戰不敗)"라고 했습니다. '적을 알고 나를 알면 백번 싸워도 이길 수 있다'는 뜻입니다. 결국 아이 성은 교만 때문에 망했습니다. 지난번에 이스라엘이 아이에 패한 것은 합력해서 선을 이루는 결과가 되었습니다. 하나님은 이미 아이 왕의 급한 성격과 교만한 마음을 알고 계셨습니다. 결국 그는 그 교만한 마음 때문에 매복 작전에 걸려들 수밖에 없었습니다.

이때 여호수아는 전쟁이 끝날 때까지 자신의 단창을 들고 있었습니다. 그것은 바로 모세에게서 배운 행동이었습니다. 이것은 이 전쟁이 끝날 때까지 여호수아가 기도하기를 중단하지 않는다는 뜻입니다. 우리는 교회에서 아픈 자들을 위해서 기도를 중단하지 말아야 합니다. 그들은 지금도 병마와 싸우고 있기 때문입니다.

그리고 드디어 여호수아는 모세와의 약속을 지켰습니다. 그래서 백성은 두 파트로 나누어서 한 파트는 에발 산에 서고, 다른 한 파트는 그리심 산에 서서 제사장들이 율법책을 낭독하고 백성은 '아멘'을 했습니다(33절). 이스라엘 백성이 전쟁에 이기고 난 후에 엄숙하게 하나님의 말씀을 듣고 '아멘'으로 화답하는 것은 너무나도 장엄하고 멋진 모습이었습니다.

하나님은 우리에게 지혜를 가르쳐주십니다. 우리는 인간의 지혜를 믿지 말고 성경이 나에게 주는 지혜로 싸워야 합니다. 어떤 때는 아무 일도 하지 말고 기다릴 때도 있고, 어떤 때는 복병을 써야 할 때도 있습니다. 우리는 항상 위기에 대비하고 있어야 합니다. 우리는 결코 교만하지 말고 지금까지 이룬 성공에 도취하지 말고 항상 신선한 새 마음으로 출발할 수 있기를 바랍니다.

## 12

## 기브온 주민의 사기극

수 9:1-27

우리 주위에는 다른 사람에게 사기당해서 재산을 날리거나 알거지가 된 사람들이 많이 있습니다. 어떤 부부가 교회에서 열심히 신앙생활하고 있었는데, 어떤 교인이 어디 취직해야 하는데 신원보증을 해 주는 사람이 없다고 하면서 자기에게 꼭 신원보증을 서 달라고 애걸하더라는 것입니다. 그래서 이분은 너무 믿음이 좋고 마음이 착해서 '내가 교인을 믿지 않으면 누구를 믿겠느냐?' 는 심정으로 보증을 서 주었습니다. 그런데 나중에 이분에게 돌아온 것은 갚아야 할 빚 이십억 원이었습니다. 이것은 완전히 보증을 서 달라는 사람의 사기극이었습니다. 그렇지 않으면 그 사람이 그렇게 많은 돈을 이분의 이름으로 빌릴 이유가 없었기 때문입니다. 그들도 겨우 피아노 학원을 운영해서 학생들이 내는 수업료로 살아가고 있었는데, 갑자기 부채가 이십억 원이나 생기니까 파산하고 말았습니다.

그러나 그 부부는 예수님을 붙들고 무조건 살기로 했습니다. 그들은 어느 날 아는 분으로부터 제 설교 테이프를 소개받았습니다. 그들이 얼마나 제 설교를 들었던지 테이프가 늘어져서 더 이상 들을 수 없을 정도였습니다. 그 후에 제 설교 테이프를 구할 수 있는 것은 다 구해서 전부 열 번, 스무 번씩 들었습니다. 그런데 그 후에 그들에게 놀라운 일이 일어났습니다. 그것은 자기들의 집이나 피아노가 당연히 압류돼야 하는데 피아노나 집도 그대로 있어서 계속 아이들을 가르칠 수 있었고 빚 문제를 해결할 수 있게 된 것입니다. 그리고 남편은 장로가 되고 부인은 권사가 되었습니다. 그들은 어느 날 다음과 같은 놀라운 간증을 했습니다. "우리는 지금까지 빚의 자녀였는데, 하나님의 말씀을 듣고 이제는 빛의 자녀가 되었습니다."

우리 주위에 사기당해서 손해 보고 몸을 망치고 인생을 망치는 사람들을 수도 없이 볼 수 있습니다. 우리가 이 세상에서 아름다운 삶을 살려고 하면 암 같은 병에도 걸리지 말아야 하겠지만, 사기꾼에게도 속지 말아야 합니다.

그런데 오늘 본문을 보면, 여호수아와 이스라엘은 가나안 땅에 들어가서 세 번째 관문인 기브온에서 사기를 당하게 됩니다. 이것은 비유를 들면 여호수아가 가진 돈을 다 투자해서 어떤 공장을 샀는데 그 공장은 이미 부도가 났고, 거기에 있는 기계들은 하나도 쓸모없는 공장인데 속아서 산 것과 같았습니다. 이스라엘은 세 번째 관문에서 사기당해서 망할 지경에 이르게 되었습니다.

## 1. 기브온 주민의 결단

여호수아와 이스라엘 백성이 여리고와 아이 성을 정복하자 모든 가나안 족속은 이스라엘의 의도를 알게 되었습니다. 그것은 모든 가나안 족속은 하나님의 저주의 바이러스에 걸린 족속이기 때문에 한 사람도 살릴 수 없고 아깝지만 모두 다 죽여야 한다는 것이었습니다.

좀비 영화를 보면, 누구든지 미치는 바이러스를 가진 좀비에게 물리면 물린 사람도 좀비가 되어서 비틀거리면서 다른 사람들을 물어서 좀비로 만들기 때문에 이 좀비는 고칠 방법이 없습니다. 그래서 친구나 가족이라도 좀비가 되면 총으로 쏘아서 죽일 수밖에 없습니다. 그래서 이스라엘 백성은 여리고 성에서 모든 사람과 양이나 소나 돼지나 개까지 다 죽였고 탈취한 물건들까지 다 불태우고 하나님의 성전에 갖다 바쳤습니다.

처음 우리나라에 코로나 바이러스가 퍼졌을 때 우리에게는 두 가지 큰 문제가 있음을 깨닫게 되었습니다. 그 하나는 우리나라에 신천지 신자들이 얼마나 많은가 하는 것이었습니다. 대구는 신천지가 가장 적은 도시인데도 15만 명이었습니다. 이 신천지는 중국 우한에서 집회를 가진 후 대구를 전도한다고 천오백 명 정도가 왔는데 그때 우한 코로나를 가져오게 되었습니다. 그때 사람들은 비로소 신천지는 영적으로만 아니라 실제로 코로나를 몰고 다닌다는 것을 깨닫게 되었습니다. 그리고 또 하나는 클럽이 뭐하는 곳이냐 하는 것이었습니다. 젊은 사람들은 코로나 중에도 엄청나게 클럽에 모여서 술을 마시고 춤을 추면서 코로나에 걸렸습니다. 그런데 알고 보니까 클럽은 동성애자들이 몰리는 곳이었습니다. 서울 이태원의 클럽들은 전부 동성애자들이 몰려들어서 술 마시고 만나서 짝을 지어서 인근의 호텔에 가서 관계를 가지는 곳이었습니다. 이것을 보면 우리나라나 세계적으로 얼마나 동성애자들이 많은지 알 수 있습니다.

가나안 땅에 있는 사람들은 거의 대개 무당이었고 창녀였으며 조폭이고 동성애자들이었습니다. 그래서 하나님께서는 가나안의 모든 족속을 다 멸할 계획을 가지고 여호수아와 이스라엘 백성을 그 땅에 들여보내었습니다. 그러나 가나안의 모든 족속은 여호수아와 이스라엘 백성이 자기 족속을 다 죽이려고 한다는 사실을 깨닫고는 이스라엘 백성과 끝까지 싸우려고 벼르고 있었습니다.

9:1-2, "이 일 후에 요단 서쪽 산지와 평지와 레바논 앞 대해 연안에 있는 헷 사람과 아모리 사람과 가나안 사람과 브리스 사람과 히위 사람과 여부스 사람의 모든 왕들이 이 일을 듣고 모여서 일심으로 여호수아와 이스라엘에 맞서서 싸우려 하더라"

모든 가나안 족속은 어차피 자기들이 가지고 있는 무당과 창녀와 동성애와 폭력배 습성을 고칠 수 없다는 점을 알았습니다. 그렇다고 해서 그냥 죽을 수는 없으니까 모든 가나안 족속이 일심으로 이스라엘 백성에게 덤벼들어서 그들을 물어서 그들도 좀비로 만들 생각이었습니다. 즉 힘으로는 자기들이 더 세니까 몰려가서 이스라엘 백성을 죽이든지 아니면 그들을 굴복시켜서 자기들과 같은 무당 졸개나 창녀나 동성애자들로 만들면 된다고 생각했던 것입니다.

그러나 가나안 족속 중에는 조금 덜 미친 족속이 있었습니다. 그들은 바로 여호수아와 이스라엘 백성이 세 번째 치려고 계획하고 있는 기브온 주민들이었습니다. 우선 이들은 이스라엘 백성이 몰려오면 틀림없이 하나님의 능력으로 자기들은 모두 죽게 될 텐데, 그들은 죽고 싶지 않았습니다. 그러나 이스라엘 백성에게 '화친'이라는 것은 없었습니다. 그래서 기브온 족장들은 모두 한자리에 모여서 의논했습니다. 즉 그들은 '이스라엘 백성이 요단강을 건너고 여리고 성을 무너뜨리고 아이 성을 멸망시킨 것은 인간의 힘이 아니다' 라는 결론을 내렸습니다. '이것은 모두 여호와라는 신의 능력으로 이루어진 것인데 이스라엘 백성이 우리 성을 공격한다면 우리도 똑같이 한 사람도 남지 않고 다 죽게 된다' 는 사실도 깨달았습니다.

'그렇다면 우리가 살아남는 방법은 무엇인가?' 기브온 족속은 이스라엘 백성은 일단 가나안 족속과는 화친 조약을 맺지 않으니까 그들에게 자기 주민은 아주 먼 곳에 있는 족속이라고 속이고 화친을 맺기로 결론을 내렸습니다. 그러나 이스라엘 백성은 아주 먼 나라에 있는 족속과는 싸울 수도 없고, 화친을 맺어야 하는지 말아야 하는지 아직 하나님의 명령이 없었습니다. 그래서 기브온 족속은 여호수아와 이스라엘 백성을 속이기 위하여 준비했습니다.

## 2. 기브온 족속에게 사기당한 이스라엘

우선 기브온 족속은 다른 가나안 족속보다는 덜 미쳤던 것 같습니다. 그러나 그들은 정상적으로는 이스라엘 백성과 화친을 맺을 수 없었으므로 그들을 속여야 한다고 생각했습니다.

> 9:4-5, "꾀를 내어 사신의 모양을 꾸미되 해어진 전대와 해어지고 찢어져서 기운 가죽 포도주 부대를 나귀에 싣고 그 발에는 낡아서 기운 신을 신고 낡은 옷을 입고 다 마르고 곰팡이가 난 떡을 준비하고"

기브온 족속은 기가 막힌 방법을 생각해 내었습니다. 그것은 그들이 아주 먼 곳에 있는 나라에서 온 사신의 모양으로 가장하는 것이었습니다. 그리고 여호수아가 어느 나라에서 왔느냐고 물어도 '우리가 아주 먼 나라에서 하나님과 이스라엘의 소문을 듣고 화친을 맺으러 왔습니다' 라고 하면 반드시 속을 것이라고 확신했습니다.

그래서 기브온 족속들은 이 계략대로 자기들이 아주 먼 데서 온 사신인 것처럼 꾸몄습니다. 옷도 다 떨어진 것을 입고, 기운 가죽으로 만든 포도주 부대를 갖고, 신발도 다 떨어진 것을 신고, 다 말라서 갈라지고 곰팡이가 핀 떡을 준비해서 가지고 왔습니다.

여기서 우리는 '평화조약' 이라는 것이 얼마나 심각한 것인지 생각해 볼 필요가 있습니다. 평화조약은 서로 절대로 전쟁하지 않을 뿐 아니라 한쪽 나라가 공격당하면 같이 싸워서 물리쳐야 하는 군사동맹국이 되는 것입니다. 그래서 만일 기브온 족속이 다른 가나안 족속의 공격을 받으면 이스라엘이 가서 기브온 주민을 지키고 보호할 책임까지 져야 합니다. 요즘으로 말하면 상호 군사동맹을 맺는 것입니다. 그런데 이 당시 평화조약을 맺는 방법은 족장들이 서로 만나서 떡을 먹는 것이었습니다. 그런데 이스라엘 백성은 기브온 주민이 준비한 곰팡이가 피어서 다 썩은 떡을 먹고 그들에게 속아서 평화조약을 맺어 주었습니다. 전 세계에서 곰팡이가 핀 떡을 먹고 평화조약을 맺은 나라는 이스라엘밖에 없을 것입니다. 어떻게 보면 이스라엘이 이만큼 순진하다고 말할 수 있고, 그만큼 세상 물정을 모른다고 말할 수 있을 것입니다.

9:6, "그들이 길갈 진영으로 가서 여호수아에게 이르러 그와 이스라엘 사람들에게 이르되 우리는 먼 나라에서 왔나이다 이제 우리와 조약을 맺읍시다 하니"

지금 이스라엘은 가나안 땅에 와서 겨우 두 성을 정복했을 뿐입니다. 그런데 이 소문이 얼마나 빨리 퍼졌는지 아주 먼 나라에서 왔다는 사신들이 자기들에게 와서 조약을 맺자고 하는 것입니다. 그 당시 이스라엘은 아직 나라도 아니고 지금의 난민 수준밖에 되지 못했습니다. 그런데 어디서 왔는지도 모르는 사신들이 그들을 나라로 인정해 주고 조약을 맺자고 하니까 기분이 얼마나 좋았는지 모릅니다. 우리가 신학교를 다닐 때 화란에서 공부한 교수님이 계셨는데 그분은 박사 학위를 받지 못했습니다. 그러나 세미나 할 때면 소개하는 사람들은 그분을 박사님이라고 소개했습니다. 그러나 그분은 강의를 하기 전에 먼저 '자기는 박사가 아닙니다'라고 말하고 시작했습니다. 그분은 정말 하나님 앞에서 정직하려고 애쓰시는 분이었습니다.

기브온 족속도 많은 준비를 했지만 이스라엘 족장들도 만만치 않았습니다.

9:7, "그들이 길갈 진영으로 가서 여호수아에게 이르러 그와 이스라엘 사람들에게 이르되 우리는 먼 나라에서 왔나이다 이제 우리와 조약을 맺읍시다 하니"

이스라엘 족장 중에는 기브온 족속이 치켜세우는 말에 우쭐하지 않고 바른 판단을 하고자 하는 사람들이 있었습니다. 이 족장들은 기브온 주민에게 '아무리 봐도 당신들은 먼 데서 온 사람이 아니고 여기 가나안 족속인 것 같다'라고 하면서 조약을 맺을 수 없다고 주장하는 사람들이 있었습니다. 아마 이런 사람들은 성질이 급한 사람들에게는 모든 것을 의심한다고 미움받을 것입니다.

그러자 이 기브온 주민이 얼른 고개를 낮추었습니다.

9:8, "그들이 여호수아에게 이르되 우리는 당신의 종들이니이다 하매 여호수아가 그들에게 묻되 너희는 누구며 어디서 왔느냐 하니"

이스라엘 족속 중에서 '너희는 가나안 족속인 것 같다'고 하니까 이들은 우리는 '화친도 좋지만 당신의 종이 되려고 왔습니다'라고 하면서 자기를 낮추었습니다. 즉 바른 말 한마디가 화친에서 주종 관계로 바꾼 것입니다. 그래서 여호수아가 다시 확인하려고 너희들은 도대체 어느 족속이며 어디서 왔느냐고 물으니까 그들은 끝까지 자기들이 어느 족속임을 말하지 않았습니다. 단지 "우리들은 여호와 하나님이 하신 일을 듣고 아주 먼 데서 온 족속인데 우리가 어느 족속이라고 말을 해봐야 모르실 것입니다. 우리는 하나님이 요단 동쪽 헤스본 왕 시혼과 바산 왕 옥에게 한 일을 듣고 당신과 평화조약을 맺으러 왔습

니다."라고 하면서 "우리가 출발할 때는 깨끗한 옷을 입었는데 이제
다 낡아서 누더기가 되었고, 새 포도주 부대에 포도주를 넣어왔는데
지금은 다 떨어졌습니다. 또 따끈따끈한 새 떡을 넣어왔는데 지금은
다 말랐고 곰팡이까지 생겼습니다. 그러니 제발 평화조약을 맺어주십
시오."라고 하며 간곡히 부탁했습니다.

이때 이스라엘 족장들은 이 먼 데서 왔다는 사실을 더 이상 의심하
지 않고 곰팡이가 핀 떡을 받고 기브온 주민과 화친 조약을 맺어주었
습니다.

> 9:14-15, "무리가 그들의 양식을 취하고는 어떻게 할지를 여호와께
> 묻지 아니하고 여호수아가 곧 그들과 화친하여 그들을 살리리라는
> 조약을 맺고 회중 족장들이 그들에게 맹세하였더라"

본문을 보면, 여호수아가 기브온 족속에게 속은 것이 그가 하나님
께 묻지 않았기 때문이라고 했습니다. 만약 그가 하나님께 물었더라
면 하나님은 분명히 '노'라고 대답하셨을 텐데, 자기들의 생각을 너
무 믿고 떨어진 옷이나 신발을 보고 그들의 말을 덜컥 믿어버렸던
것입니다. 결국 여호수아는 세 번째 관문인 기브온 성에서는 사기당
해서 공격하지 못할 뿐 아니라 그들을 지켜주어야 하는 부담까지 지
게 되었습니다.

## 3. 이중 책임을 진 이스라엘

이스라엘 백성이 자기들이 속았다는 사실을 알게 된 것은 그로부
터 딱 삼 일 후였습니다. 이스라엘 백성은 다음 성을 치기 위하여 삼
일을 행군했는데, 그 성이 바로 얼마 전 자기들과 평화조약을 맺은 기

브온 성이었습니다. 그러나 이스라엘은 기브온 주민과 평화조약을 맺고 그들을 공격하지 않기로 맹세했기 때문에 더 이상 앞으로 나갈 수 없었습니다. 그러니까 이스라엘 백성은 여호수아와 족장을 원망하기 시작했습니다. 즉 다음에 공격해야 할 성인데 평화조약을 맺어버리니까 더 이상 나아갈 수 없게 되었고 기브온의 모든 안보까지 책임지게 되었던 것입니다. 그때 여호수아는 비로소 자기가 하나님께 묻지 않고 이방인들의 말만 믿는 바람에 속았다는 사실을 알았습니다.

우리는 다른 사람이 아무리 그럴듯하게 말하더라도 좀 더 침착하게 하나님께 물어서 응답을 기다려야 속지 않을 것입니다. 속지 않으려면, 우선 상대방이 너무 좋은 조건을 제시할 때 의심해야 합니다. 어떤 사람이 돈을 빌려주면서 은행 이자의 세 배를 주겠다고 한다면 그것은 분명히 사기입니다. 하버드 출신이라고 하면서 특별나지도 않은 딸과 결혼하겠다고 하는 것도 사기입니다. 어떤 여성은 자기가 결혼할 남자의 조건을 스무 가지 정도 적어놓고 기도하는데 그 조건과 딱 맞는 사람이 나타났다면 그것은 엉터리입니다. 그런 사람은 이 세상에 존재하지 않기 때문입니다.

그러나 여호수아는 여기서 분명한 기준을 세웠습니다. 그것은 두 가지인데, 일단 하나님의 이름으로 맹세한 것은 속아서 약속한 것이더라도 취소할 수 없다는 것입니다. 이스라엘 백성 중에는 이것은 속아서 조약을 맺은 것이니 취소해야 한다는 사람도 있었을 것입니다. 즉 처음부터 속였기 때문에 원인 무효가 된다는 것입니다. 그러나 여호수아는 지금까지 이루어진 것은 우리가 하나님의 뜻으로 인정하자는 것이었습니다. 왜냐하면 여호수아가 하나님께 묻지 않고 속아주었으므로 기브온 한 족속이 살게 되었기 때문입니다. 가나안 족속 중에서 목숨을 건진 족속은 기브온밖에 없었습니다. 이들이 기를 쓰고 살려고 한 것은 덜 미쳤기 때문이었습니다.

그 대신에 여호수아는 기브온 주민을 이스라엘 안에서 마음대로 살게 하지는 않았습니다. 그들은 자신의 말대로 이스라엘의 종이 되어서 하나님의 성전에서 제사드리는 일을 돕도록 한 것입니다. 즉 제사장이 제사를 드릴 때 나무를 패고 물 긷는 일을 대대로 하도록 한 것입니다. 그 이유는 그들이 가지고 있는 죄의 바이러스를 죽일 수 있는 방법은 하나님의 성전 가까이에서 하나님의 일을 하는 것을 돕게 하는 데 있었기 때문입니다. 그래서 기브온 주민은 하나님의 성전 가장 가까운 곳에서 제사드리는 일을 돕는 사람들이 되었습니다. 하나님을 가까이하면 누구든지 변하여 새사람이 될 수 있습니다.

예전에 우리 교회 관리집사님은 자신의 말로 술고래였다고 합니다. 그리고 힘은 장사였습니다. 힘은 장사인데 술은 고래니까 얼마나 위험한지 모릅니다. 이분이 어느 교인의 전도로 예수 믿고 우리 교회에 나오시게 되었고, 얼마 있다가 우리 교회 관리집사가 되었습니다. 그분은 매일 새벽기도 준비하고 강단에 올라가서 걸레로 닦고 일주일 내내 하나님 섬기는 일을 힘써 도왔습니다. 어떤 사람은 그분을 보고 천사라고 말하는 사람도 있었습니다.

여호수아는 세상 경험이 없어서 기브온 주민에게 완전 바가지를 썼습니다. 그는 분명히 백성의 원망을 들었고 자신의 부족함도 느꼈을 것입니다. 그러나 곧 어마어마한 하나님의 능력을 체험하게 됩니다. 그래서 우리는 다른 사람에게 속거나 어려움 당한 것을 후회하지 말고, 지금까지 온 과정을 하나님의 뜻으로 인정하고 앞으로 더 믿음에 굳게 서서 나아가시기를 바랍니다.

# 13

## 태양아 머무르라
수 10:1-15

**만**일 어떤 거인이 태양을 움직이지 못하도록 두 손으로 움켜쥐고 있으려면 어느 정도의 힘을 갖고 있어야 할까요? 아마 그 거인의 덩치는 지구보다 더 커야 하고, 그 뜨거운 태양의 열이나 온도에도 타거나 녹지 않고, 태양이나 지구가 도는 궤도를 붙들 수 있는 힘이 있어야 할 것입니다. 그러나 이런 일은 불가능합니다. 이 세상에는 지구만큼 큰 거인도 없거니와 있다고 하더라도 태양의 온도에 몸이 타지 않고 견딜 수 있어야 하고 지구와 태양이 도는 궤도를 잡고 있을 수 있어야 하는데, 이는 불가능하기 때문입니다.

여호수아가 가나안 땅을 공격할 때 최악의 경우에 빠진 적이 있습니다. 일단 여호수아는 기브온이라는 가나안 주민과 화친 조약을 맺는 바람에 가나안의 세 번째 도성인 기브온을 공격할 수 없었습니다. 그래서 이스라엘은 기브온이 걸림돌이 되어서 더 이상 가나안 땅으로 진격할 수 없었습니다. 거기에다가 여호수아와 이스라엘 백성은 기브온을 방어하는 책임까지 지게 되었습니다.

그런데 마침 이때 중부 지방의 큰 왕들은 기브온 족속이 이스라엘과 화친한 것을 기회로 삼아 기브온 성을 공격하려고 쳐들어왔습니다. 이때 기브온 주민을 지켜주어야 할 책임이 이스라엘 백성에게 있었던 것입니다. 기브온 족속은 손 안 대고 코풀기 식으로 이스라엘과 화친 조약을 맺음으로 자기 땅을 지킬 수 있었습니다. 이스라엘은 너무나도 억울했습니다. 그러나 이때 여호수아는 사람을 보지 않고 하나님만 바라보았습니다. 그때 그는 이 위대한 기도를 드릴 수 있었는데, 그것은 바로 "태양아, 머물라"는 기도였습니다. 이 세상의 어느 누구가 태양을 서게 할 수 있으며, 지구를 멈추게 할 수 있겠습니까? 그러나 여호수아의 이 말에 태양이 몇 시간 동안 멈추고 달도 멈추었습니다. 그것은 하나님이 그만큼 크신 분이시기 때문입니다.

## 1. 이스라엘 백성의 위기

이스라엘 백성은 기브온 주민에게 속는 바람에 세 번째 성인 기브온을 정복하지 못하고 오히려 기브온을 보호해주어야 하는 큰 짐을 떠안게 되었습니다. 이때 가나안 남부 지방의 모든 왕들은 기브온 족속이 이스라엘과 평화조약을 맺었다는 사실에 굉장히 화를 내게 되었습니다. 왜냐하면 기브온은 여리고나 아이 성에 비하여 클 뿐만 아니라 가나안 땅 중부 지방에 있어서 북쪽으로도 갈 수 있고 남쪽으로도 갈 수 있는 교통의 요지였기 때문입니다. 이때 중부 가나안 땅의 리더가 되는 왕은 예루살렘 왕 아도니세덱이었습니다. '아도니세덱'이라는 이름의 뜻은 '의의 주인'입니다. 그러나 실제로는 의의 주인이 아니라 '악의 주인'이었습니다.

원래 하나님께서 여호수아와 이스라엘 백성에게 가나안 족속을 모두 몰아내든지 죽이라고 하신 이유는 무엇입니까? 가나안 족속은 남자들은 모두 무당이든지 점쟁이였고 여자들은 기생이나 창녀였고 또 남자나 여자나 동성애자들이었기 때문입니다. 그러나 기브온 족속은 무당이나 점쟁이나 기생의 일을 다 포기하고 하나님의 집에서 종 노릇하기로 약속하고 이스라엘과 평화조약을 맺은 것이었습니다. 그런데 가나안 땅 중부 지역에서 가장 큰 리더는 바로 예루살렘 왕 아도니세덱이었습니다. 아도니세덱은 그 무당 무리 중에서 왕 무당이었습니다.

전에 제가 알고 있는 한 목사님은 무당의 아들이었습니다. 그런데 그의 할머니는 무당 중에서 왕 무당이었다고 합니다. 그래서 자기 할머니가 다른 지역으로 굿하러 가면 그 부근에 있는 무당들이 전부 다 나와서 인사를 했다고 합니다. 그리고 자기 할머니는 신이 내리면 맨발로 작두 위에 올라가서 춤을 추기도 하고 신통력이 있어서 무엇을 잘 알아내기도 했다고 합니다.

지금 우리나라는 무속인들이 활개를 치고 있고, 동성애자들이 클럽을 중심으로 엄청나게 모여들고 있습니다. 지금 팔공산에는 150개 정도의 작은 절이 있다고 합니다. 그런데 그 모든 절을 총괄하는 스님은 동화사 주지 스님이라고 합니다. 그래서 동화사 주지 스님의 파워는 대단하다고 합니다. 그런데 대구 시내에는 또 대구동부교회가 있습니다. 동화사 그리고 동부교회 '동동' 자 돌림 아닙니까? 서로 마주보고 있는 것입니다.

예루살렘의 왕 아도니세덱은 중부 지방의 모든 무당이나 점쟁이 왕을 다 소집했습니다. 그중에서 큰 무당이 헤브론 왕 호함이었고, 또 야르뭇 왕 비람과 라기스 왕 야비야와 에글론 왕 드빌이었습니다. 이들은 그냥 무당이 아니라 왕이면서 무당이었고 점쟁이였습니다. 옛날에는 대개 무당이 나라의 왕이었습니다. 그래서 사람들은 왕이 하는 말을 꼼짝하지 못하고 시키는 대로 할 수밖에 없었습니다. 무당이 시키는 대로 하지 않았다가는 당장 저주받아서 죽기 때문이었습니다.

이 왕들은 기브온 족속이 하나님의 백성에게 항복했다는 사실에 대단히 화가 났습니다. 그래서 그들은 이스라엘도 공격해야 하겠지만 먼저 기브온 족속부터 공격해서 다시는 이 땅에서 배반하는 족속이 나오지 않게 해야겠다고 결정했습니다. 그래서 중부 지방 가나안 족속의 왕들은 자신들의 모든 부하나 졸개들을 다 모아서 기브온을 먼저 공격해 왔습니다. 그런데 여호수아나 이스라엘 백성은 기브온 족속에게 속아서 화친을 맺는 바람에 그들을 지켜주어야 하는 책임까지 지게 되었습니다. 이것은 이스라엘에게는 너무나도 억울한 일이었습니다.

옛날에도 어떤 나라가 항복하면 그 이긴 나라가 전쟁할 때 자기 나라 군대는 뒤에 있게 하고 항복한 나라의 군대를 맨 앞에 세워서 싸우게 하는 것은 아주 흔한 일이었습니다. 기브온 족속은 일단 자기들 때문에 전쟁이 일어나게 되었으니까 자기들이 할 만큼 해보고 안 되면 여호수아에게 도움을 부탁해야 하는데, 그들은 아예 이 전쟁 자체를 여호수아에게 떠넘겨 버렸습니다. 그래서 여호수아는 큰 위기에 빠지게 되었습니다.

10:6, "기브온 사람들이 길갈 진영에 사람을 보내어 여호수아에게 전하되 당신의 종들 돕기를 더디게 하지 마시고 속히 우리에게 올라와 우리를 구하소서 산지에 거주하는 아모리 사람의 왕들이 다 모여 우리를 치나이다 하매"

여호수아와 이스라엘 백성은 자기 자신들도 오도 가도 못하는 형편인데, 기브온의 전쟁까지 대신 치러주어야 하는 부담을 떠안게 되었습니다. 여호수아와 이스라엘 백성은 이 전쟁에서 이겨도 유익이 별로 없었습니다.

## 2. 여호수아의 결단

여호수아는 일단 기브온 족속과 조약을 맺은 이상 그들에 대한 책임을 지키기로 결심했습니다. 그래서 여호수아는 일단 모든 이스라엘 백성에게 하나님을 원망하지 못하게 했습니다. 즉 '하나님이 살아계신다면 왜 우리에게 기브온 족속이 거짓말을 한다고 알려주셔서 속지 않게 하시지 않고 쓸데없는 전쟁을 하지 않게 하시지 않으셨을까?' 원망하지 않게 했습니다. 이스라엘 백성은 기브온 족속에게 속는 바람에 연합해 쳐들어오는 가나안 족속들과 싸워야만 했습니다. 그리고 이 왕이나 부하들은 하나님의 백성을 너무나도 미워하기 때문에 악독하게 이스라엘 백성과 싸울 것입니다. 그러나 여호수아는 일체 변명이나 쓸데없는 이유를 대지 않고 백성에게 명령을 내렸습니다. "우리가 속아서 약속했든, 알고 약속했든 약속은 약속이다. 우리는 그 약속을 지킬 것이다. 그러나 우리에게는 위대한 하나님의 이름이 있다." 라고 외쳤습니다.

그러나 여호수아는 정상적으로 대낮에 일대일로 가나안 족속들과 싸우면 이기기 어렵다는 사실을 알았습니다. 그래서 여호수아는 밤새도록 기브온까지 올라가서 밤에 가나안 족속들을 급습할 계획이 있었습니다.

그때 여호수아의 머릿속에 하나님의 음성이 들렸습니다.

10:8, "그 때에 여호와께서 여호수아에게 이르시되 그들을 두려워하지 말라 내가 그들을 네 손에 넘겨 주었으니 그들 중에서 한 사람도 너를 당할 자 없으리라 하신지라"

사실 여호수아에게는 가나안 족속들을 이긴다는 보장이 없었습니다. 가나안 족속 중에는 힘이 엄청난 거인 부대도 있었습니다. 그리고 그들의 무기는 전부 현대식 무기였고, 갑옷이나 투구나 창을 다 갖추고 있고, 기병과 병거가 있는 정식 부대였습니다. 그러나 이스라엘은 갑옷과 투구도 없고 창과 칼마저도 가진 사람이 드물고 몽둥이나 쇠스랑을 들고 있는 사람들도 있었습니다.

그러나 여호수아에게는 위대한 하나님의 말씀이 있었습니다. 그것은 두려워하지 말라는 말씀이었습니다. 하나님의 백성은 위기가 닥쳤을 때 두려워하지 않는 것이 중요합니다. 아무리 불리하고 아무리 어려운 처지라 하더라도 두려워하지 않으면 일단 반은 이긴 것이나 마찬가지입니다. 이때 여호수아는 무엇을 생각해야 합니까? 전쟁 경험이 전혀 없는 이스라엘 백성을 볼 것이 아니라 여리고 성 앞에서 만났던 하나님의 군대장관을 생각해야 하는 것입니다. 하나님은 여호수아에게 "내가 가나안 군대를 이미 네 손에 넘겼으니 한 사람도 너와 싸울 수 있는 사람이 없을 것이라"고 약속하셨습니다.

하나님의 백성이 위기에 처했을 때 끝까지 하나님을 의지하고 믿으면 기적이 일어나게 됩니다. 하나님께서 적들을 밧줄로 꽁꽁 묶어서 넘겨주시기 때문에 그들은 여호수아 앞에서 꼼짝도 하지 못한다는 약속이었습니다. 이것은 하나님께서 여호수아보다 한 걸음 먼저 싸워서 가나안 족속들이 꼼짝하시 못하도록 두들겨 패시는 것입니다. 그러면 이스라엘 백성은 이상하게 보통 때보다 힘이 더 생기게 되고, 적들은 손을 들 수도 없을 정도로 겁을 집어먹게 되는 것입니다. 그러나 우리는 하나님의 약속이 있어도 우리가 할 수 있는 최선을 다해야 합니다. 그래서 여호수아는 이스라엘 백성과 함께 잠을 자지 않고 밤새도록 그 먼 길을 올라가서 쉬지도 못하고 가나안 족속들을 덮쳤던 것입니다. 왜냐하면 시간이 지체하면 지체할수록 날이 밝아서 이스라엘 백성에게 불리했기 때문입니다.

그래서 하나님의 백성은 무슨 약속을 하거나 말을 할 때 신중하게 해야 합니다. 우리는 아무 말이나 생각나는 대로 하고 내 뜻대로 안 된다고 해서 화를 내거나 뒤에서 원망해서는 안 됩니다. 그리고 우리는 어떤 어려움 가운데서도 하나님을 믿어야 합니다. 우리는 사람은 믿을 수 없지만 하나님은 믿어야 합니다. 그리고 미리 어려운 사정을 헤아려서 두려워해서는 안 됩니다. 또 미래에 있을 어려움을 미리 걱정해서도 안 됩니다. 그리고 담대해야 합니다. 우리가 아무리 어려워도 용기가 있으면 그 전쟁에서 이미 반은 이긴 것입니다.

### 3. 태양이 머무른 전쟁

여호수아는 하나님께서 하신 약속의 말씀을 믿었지만 자신이 할 수 있는 최선을 다했습니다. 우선 여호수아는 기브온 성에 들어가서 기브온 족속과 잘잘못을 따지지 않았습니다. 그들은 밤새 잠을 자지 않고 행군함으로 피곤해 죽을 지경이었지만 하나님을 믿고 가나안 족속들을 덮쳤습니다. 그랬더니 이상하게 가나안 족속들은 전혀 싸울 준비가 되어 있지 않아서 우왕좌왕하고 도망치기에 바빴습니다.

> 10:11, "그들이 이스라엘 앞에서 도망하여 벧호론의 비탈에서 내려 갈 때에 여호와께서 하늘에서 큰 우박 덩이를 아세가에 이르기까지 내리시매 그들이 죽었으니 이스라엘 자손의 칼에 죽은 자보다 우박에 죽은 자가 더 많았더라"

가나안 족속들은 이스라엘 백성이 이렇게 빨리 쳐들어올지 전혀 예상하지 못했습니다. 왜냐하면 가나안 족속들은 이스라엘을 공격하는 것도 아니고 기브온 족속을 혼내려고 하는 전쟁이었기 때문입니다. 그리고 이번 전쟁의 목표는 이스라엘도 아니었습니다. 여호수아와 이스라엘 백성은 기브온이 공격당하는 것을 마치 자기 일인 것처럼 여겨서 한걸음에 달려왔던 것입니다.

    가나안 족속들은 놀라서 도망쳤는데, 그 길은 비탈길이었습니다. 그래서 그들은 도망치다가 넘어지고 깔려서 죽었습니다. 그리고 하나님은 아주 큰 우박 덩이로 가나안 족속들을 치셔서 이스라엘을 도와주셨습니다. 하나님께서 얼마나 가나안 족속들을 우박으로 내리치셨든지 가나안 족속들 중에서 죽은 자들이 이스라엘 백성의 칼에 맞아 죽은 자보다 더 많았다고 했습니다.

    그러나 이것이 끝이 아니었습니다. 이스라엘 백성이 비탈길을 내려가면서 가나안 족속들과 온종일 전쟁하는데, 어느덧 하루의 낮이 다 지나서 해가 지고 있었습니다. 해가 지면 가나안 족속들은 모두 들판이나 산에 숨어버리게 되므로 낮 동안에 겨우 이겨놓았는데, 다음 날 다시 전쟁해야 할 형편이었습니다. 이때 여호수아의 마음에는 강한 확신이 들었습니다. 그것은 바로 이 전쟁은 우리의 전쟁이 아니라 하나님의 전쟁이라는 사실이었습니다. 우리는 수단으로 사용되는 것이지, 실제로는 하나님이 싸우시는 전쟁이라는 확신이었습니다. 여호수아는 해만 지지 않으면 완전히 가나안 족속들을 쳐서 이길 자신이 있었습니다.

    그때 여호수아는 모든 이스라엘 백성이 보는 앞에서 하나님께 외쳤습니다.

10:12하, "태양아 너는 기브온 위에 머무르라 달아 너도 아얄론 골짜기에서 그리할지어다 하매"

    여호수아가 외친 소리는 한편으로는 기도였고, 다른 한편으로는 명령이었습니다. 여호수아는 제정신이 아닌 것 같습니다. 어떻게 사람이 명령한다고 해서 태양이 멈출 수 있으며, 달이 제 자리에 머물러 있을 수 있겠습니까? 그러나 여호수아는 이번 전쟁은 하나님이 싸우시는 전쟁이라는 확신이 너무 강했기 때문에 태양에게 명령을 내렸던 것입니다. "태양아! 너는 기브온 위에 머물러 서라! 그리고 달아! 너도 가나안 족속들이 숨지 못하도록 아얄론 골짜기에 서라!"

그런데 놀랍게도 그 순간부터 태양이 움직이지 않았습니다. 보통 때 같으면 해가 질 시간이 지났는데도 태양은 지지 않았습니다. 그리고 달도 움직이지 않았습니다. 가나안 족속들은 해가 져야 도망치고 달이 져야 골짜기에 숨을 텐데, 태양과 달이 함께 온 세상을 비추니까 가나안 족속들은 더 이상 숨을 수 없어서 이스라엘 백성의 칼날에 맞아 죽고 말았습니다.

성경에는 하나님께서 사람의 이런 요구를 들은 적이 전에도 없었고 그 후에도 없었다고 말씀하고 있습니다. 오늘 성경은 하나님께서 하나님의 말씀을 믿는 여호수아나 이스라엘 백성을 어느 한계까지 도우시는지를 보여줍니다. 그것은 태양과 달이 멈추어 서서 이스라엘이 완전히 이길 때까지 도우시는 하나님이심을 보여준 것입니다. 우리는 하나님을 의심하지 말아야 합니다. 우리는 굳이 사람에게 의지할 필요가 없습니다. 여호수아는 가장 어려울 때 하나님을 의지함으로 이 세상의 어느 누구도 하지 못했던 일을 해내었습니다.

요즘 우리는 달리는 지하철과 KTX나 비행기를 멈추어 서게 할 수는 없습니다. 그러나 하나님을 믿은 여호수아는 하늘에 있는 태양을 멈추게 했고 달도 멈추게 했습니다. 하나님은 너무나도 크신 분입니다. 하나님은 지구보다 더 크시고 태양보다 더 뜨거운 분이십니다. 이런 하나님이 우리의 기도를 들으시고 응답하십니다. 우리는 때때로 사람에게 속기도 하고 손해를 보기도 하지만 하나님만 바라보고 위대한 기도를 드릴 수 있기를 바랍니다. 즉 "태양아! 기브온 위에 머무르라! 달도 그리할지어다!" 그래서 모든 어려움 가운데서도 승리하는 성도들이 다 되시기를 바랍니다.

## 14

## 원수의 목을 밟다

수 10:16-43

**대**개 학교에는 일진이라는 불량 학생들이 있어서 순진한 학생들을 불러서 때리기도 하고 돈도 뺏기도 하는데, 이런 나쁜 학생들에게 한번 걸리면 두고두고 고통을 당하게 됩니다. 이런 고통 당하는 학생 중에는 너무나도 괴롭고 창피하니까 고민하다가 아파트 옥상에 올라가서 뛰어내려 자살하는 학생도 있습니다. 그런데 요즘은 이런 폭력이 너무 흔한 것을 볼 수 있습니다.

옛날에 경북 지방에 도지사 한 분이 계셨습니다. 그분은 크리스천이고 장로님이셨는데, 타종교가 그렇게 심한 이 지역에서 어떻게 도지사가 되셨으며 또 도정을 잘 이끌어갈 수 있었는지 저는 궁금했습니다. 제가 내린 결론은 일단 이분은 다른 사람들보다 인격적으로 부드럽고 실력이 뛰어났다는 것이었습니다. 제가 이분을 만나보니까 다른 시장이나 다른 정치하는 분들과는 정말 달랐습니다. 그분은 겸손하고 부드럽고 원만하게 정치를 잘 이끌어가셨습니다. 그러니까 이분은 기독교인이지만 불도가 아주 심한 지역에서도 도지사의 직무를 잘 감당할 수 있었다고 생각합니다.

예수님은 제자들을 세상에 보내시면서 "내가 너희를 세상에 보내는 것은 양들을 이리 가운데 보내는 것과 같다"고 말씀하셨습니다(마 10:16). 양을 이리 가운데로 보내면 이리들은 당장 양들을 잡아 먹어버릴 것입니다. 그러면 예수님께서는 우리를 모두 이 세상에서 잡아 먹히라고 세상에 보내시는 것일까요? 우리는 이 세상에서 힘이 있고 강한 사람들의 먹이가 되기 위해서 이 세상에 나가는 것일까요? 예수님은 "너희는 세상의 빛이고, 세상의 소금이라"고 하셨는데(마 5:13-14), 양이 어떻게 이리 가운데서 소금이 되고 빛이 될 수 있을까요?

그러나 우리가 곰곰이 생각해보면 양들이 이리 가운데서 추운 겨울밤에 먹히지 않는 방법이 딱 하나 있습니다. 그것이 무엇일까요? 양들이 불을 피우는 것입니다. 양들 가운데도 불을 피우고 양들 주위에도 불을 피우면, 이리는 불을 무서워하기 때문에 양들에게 접근하지 못할 것입니다. 이 불은 바로 복음의 불이고 성령의 불을 말합니다.

## 1. 불리한 함정에 빠진 이스라엘

하나님께서는 여호수아와 이스라엘 백성에게 가나안 땅을 정복하고 거기에 있는 사람들을 살려두지 말고 다 쫓아내라고 명령하셨습니다. 이것은 하나님께서 우리에게 이 세상을 정복하라고 말씀하시는 것과 똑같은 것입니다. 왜 하나님은 가나안 사람들과 사이좋게 지내라고 하시지 않고 모두 죽이든지 쫓아내든지 하라고 명령하셨을까요? 그것은 가나안 사람들은 남자들은 모두 무당이든지 점쟁이든지 조폭들이었고, 여자들도 무당이든지 술집 여자라든지 아니면 조폭 마누라들이었기 때문입니다. 여호수아와 이스라엘 백성은 가나안 땅 첫 성이었던 여리고를 손가락 하나 대지 않고 무너뜨렸습니다. 여호수아와 이스라엘 백성이 하나님의 말씀에 순종해서 성을 하루에 한 바퀴씩 돌고 일곱째 날에는 일곱 번 돌고 소리를 질렀더니 여리고 성은 저절로 무너졌습니다.

그러나 이스라엘은 가나안의 두 번째 성에서 실패했습니다. 그 이유는 이스라엘 백성 중에서 아간이라는 사람이 여리고 성에서 저주의 바이러스가 있는 물건을 빼내었기 때문입니다. 잘못했으면 이스라엘 전체에 이 저주가 퍼질 뻔 했습니다. 이스라엘 백성은 두 번째 성에서 실패했기 때문에 저주의 바이러스를 막을 수 있었습니다.

그런데 여호수아와 이스라엘 백성은 세 번째 성에서 사기를 당해버립니다. 기브온 족속은 이스라엘 백성이 세 번째로 공격할 성인데, 그들은 무조건 먼 데서 온 사신이라고 하면서 다 떨어진 옷과 신발을 신고 곰팡이 핀 떡과 다 떨어진 포도주 부대를 가지고 왔습니다. 그런데 여호수아나 이스라엘 백성은 세상 경험이 없으니까 그들의 말만 듣고 평화조약을 맺었는데 이것이 사기였던 것입니다. 결국 이스라엘 백성은 세 번째 성은 공격도 하지 못하고 오도 가도 못하는 함정에 빠지고 말았습니다. 이때 중부 가나안 땅의 왕들은 이스라엘에 항복한 기브온 족속을 치고 이스라엘 백성까지 공격하려고 무려 다섯 개 왕국이 힘을 합쳐서 쳐들어왔습니다.

이렇게 여호수아와 이스라엘 백성은 기브온 족속에게 사기당하는 바람에 어려운 함정에 빠졌습니다. 그러나 기브온 족속을 원망하지 않았습니다. 여호수아는 이 어려울 때 두 가지를 했습니다. 하나는 두려워하지 않는 것이었습니다. 하나님께서도 여호수아에게 두려워하지 말라고 말씀하셨습니다. 우리가 크고 작은 어려운 일을 당했을 때 두려워하지만 않아도 이미 반은 이긴 것이나 마찬가지입니다. 그런데 대개 사람들은 어려운 일이 생기면 최악의 경우를 생각하고 미리부터 겁을 집어 먹어버립니다. 그래서 우리는 어려운 일이 생기면 일단 생각을 하지 말아야 합니다. 그리고 두 번째로 여호수아와 이스라엘 백성은 자신들이 할 수 있는 최선을 다했습니다. 그것은 그들이 밤새도록 걸어서 중부 가나안의 다섯 지역의 왕들을 치러 기브온으로 올라간 것이었습니다. 여호수아와 이스라엘 백성은 기브온까지 가서 쉬지도 않고 그대로 가나안 왕들을 향해서 돌진했습니다. 그랬더니 그들은 정신을 차리지 못하고 도망치는 데 급급했습니다.

## 2. 능력이 나타난 전쟁

이스라엘 백성이 싸워야 할 대상은 무려 다섯 가나안 족속들이었습니다. 이들은 마치 지금의 조폭 집단 다섯 패거리와 같았습니다. 그들은 모두 갑옷을 입었고 투구를 썼으며 무기를 가졌고 전쟁하는 데는 그야말로 도사급이었습니다. 거기에 비해서 이스라엘 백성은 평생 싸움이라고는 해본 적이 없고 갑옷과 투구도 없고 무기도 없는 오합지졸이었습니다. 그런데 여호수아와 이스라엘 백성이 두려움을 물리치고 최선을 다하자 드디어 하나님의 능력이 나타나기 시작했습니다. 그것은 일단 가나안 족속들이 그렇게 싸움을 잘한다고 소문이 났는데 기습을 받으니까 우왕좌왕하기 시작하는 것이었습니다. 그들은 꼬리를 내리고 도망치기 시작했습니다.

그때 하나님은 하늘에서 가나안 족속들을 공격하셨습니다. 그것은 바로 계란보다 더 큰 우박으로 가나안 족속들을 두들겨 부수기 시작하신 것입니다. 우박이 가나안 족속들의 머리에 떨어지면 그들의 머리가 깨어지고 어깨에 떨어지면 어깨뼈가 부서져서 쓰지 못하고 허리에 떨어지면 허리가 부서졌습니다. 이에 가나안 족속들은 먼저 도망치려고 서로 밀치는 바람에 발에 깔려 죽는 사람들도 많았습니다. 그래서 이스라엘 백성은 하루 종일 무조건 가나안 족속들을 보면 두들겨 패기만 하면 되었습니다.

그런데 드디어 해가 지려고 하고 있었습니다. 이때 여호수아에게는 하나의 믿음이 생겼습니다. 그것은 이 전쟁은 우리의 전쟁이 아니라 하나님의 전쟁이라는 확신이었습니다. 그리고 하나님의 전쟁이라면 하나님은 못하실 일이 없으리라는 생각이 들었습니다. 그래서 여호수아는 하늘을 향하여 소리를 질렀습니다. 그것은 "태양아, 너는 기브온 위에 머물지라. 그리고 달아, 너도 아얄론 골짜기 위에 머무르라"라는 외침이었습니다. 이 세상의 어느 누구도 공중에 있는 태양을 머물게 하고 달을 머물게 하는 기도를 한 적이 없습니다. 그러나 여호수아의 이 외침의 기도에 몇 시간 이상 태양은 그 자리에 머물러 있었고 달도 빨리 떠서 머물러 있었습니다. 이런 일은 인류 역사상 없는 일이었다고 말씀하고 있습니다. 우리는 우리의 인생을 내 일이 아니라 하나님의 일로 만들어야 합니다. 그래야 하나님이 못하실 일이 없을 것입니다. 우리는 하나님이 미리 준비해 놓으신 것을 체험할 수 있습니다.

### 3. 원수들의 목을 밟음

실제로 가나안의 다섯 왕들은 거인들이 많았고 싸우는 데는 명수였고 아주 악독한 자들이었습니다. 그런데 이런 두목들도 술에 취해서 잠을 자고 있는데 이스라엘 백성이 덮치니까 당황하면서 도망치는 데 급급했던 것입니다.

가나안의 다섯 명의 왕들도 한번 당황하니까 정신을 차릴 수 없었습니다. 그래서 뿔뿔이 흩어져 도망친 것이 아니라 서로 의지가 될까 해서 다섯 명이 붙어서 도망쳤습니다.

10:16-17, "그 다섯 왕들이 도망하여 막게다의 굴에 숨었더니 어떤

> 사람이 여호수아에게 고하여 이르되 막게다의 굴에 그 다섯 왕들이 숨은 것을 발견하였나이다 하니"

이들이 정신을 차려서 이스라엘 백성을 대항해서 싸우면 싸울 수도 있었는데, 옷도 제대로 입지 못하고 머리에는 계란만 한 우박이 떨어지니까 정신을 차릴 수 없어서 일단 눈에 보이는 큰 굴에 우박을 피하러 들어갔던 것입니다. 그런데 이스라엘 백성 중에 누군가가 이 장면을 보았습니다. 그래서 여호수아에게 다섯 왕이 막게다에 있는 동굴에 숨는 것을 보았다고 알려주었습니다.

굴속에 숨어 있는 다섯 왕들은 엄청난 싸움꾼이었기 때문에 이스라엘 백성 한두 명이 들어가서는 이길 수 없었습니다. 이때 여호수아는 이스라엘 백성에게 그 왕들을 상대하지 말라고 하고 그 굴 입구를 큰 돌로 막아 버리고 사람들을 배치해서 이 왕들이 굴 문을 열고 도망치지 못하게 했습니다. 그리고 나머지 백성은 아직 태양이 떠 있을 때 가나안 족속들을 쫓아가서 전부 다 죽이라고 명령을 내렸습니다.

> 10:18-19, "여호수아가 이르되 굴 어귀에 큰 돌을 굴려 막고 사람을 그 곁에 두어 그들을 지키게 하고 너희는 지체하지 말고 너희 대적의 뒤를 따라가 그 후군을 쳐서 그들이 자기들의 성읍에 들어가지 못하게 하라 너희 하나님 여호와께서 그들을 너희 손에 넘겨 주셨느니라 하고"

이때 여호수아는 선택해야만 했습니다. 즉 굴에 들어간 다섯 왕을 싸워서 잡아내느냐 아니면 도망을 치는 가나안 족속들을 먼저 따라가서 쳐야 하느냐 하는 선택이었습니다. 보통 지도자가 명예심이 있으면 다섯 두목을 잡아냄으로 자기 명예를 세우려고 하겠지만, 이때 여호수아는 실질적인 결정을 내렸습니다. 즉 굴 안에 들어 있는 왕들은 굴 입구만 막으면 도망가지 못하니까 돌로 구멍을 막아버리고, 나머지 백성에게 먼저 가나안 족속들을 따라가서 진멸하라고 명령을 내렸습니다. 이스라엘 백성은 우박에 맞아서 기가 죽었고 부상을 입고 도망치는 가나안 족속들을 추격해서 자기 성에 들어가기 전에 다 진멸해버렸습니다. 그래서 모든 일에는 우선순위가 있고 시기라는 것이 있는데, 그것을 놓치면 굉장히 어려워지게 됩니다. 여호수아는 우선순위가 가나안 족속들이 성에 들어가기 전에 전멸시키는 것이라고 생각했던 것입니다.

이제 이스라엘 백성은 가나안 족속들을 다 해치우고 의기양양하게 돌아왔습니다. 그때야 비로소 여호수아는 굴에 숨은 다섯 왕들을 끌어냈습니다. 이 왕들은 굴에 숨지 않았거나 힘을 합쳐서 싸우면서 도망쳤더라면 살 수 있었을지도 모르는데, 비겁하게 전쟁이 끝날 때까지 부하들을 버려두고 굴 안에 숨어 있었던 것입니다. 이제 다섯 왕은 도망칠 기회를 완전히 놓쳐버린 것이었습니다.

여호수아는 이스라엘 백성에게 굴 안에 들어가서 다섯 왕을 끌어내라고 했습니다.

> 10:22-23, "그 때에 여호수아가 이르되 굴 어귀를 열고 그 굴에서 그 다섯 왕들을 내게로 끌어내라 하매 그들이 그대로 하여 그 다섯 왕들 곧 예루살렘 왕과 헤브론 왕과 야르뭇 왕과 라기스 왕과 에글론 왕을 굴에서 그에게로 끌어내니라"

그때 여호수아는 놀라운 명령을 했습니다. 그것은 자기와 함께 전쟁하는 지휘관들에게 명령해서 이 다섯 왕의 목을 발로 밟으라는 것이었습니다. 대개 목을 발로 밟는 것은 뱀을 잡을 때 하는 행동입니다. 아무리 독이 있는 독사나 코브라라 하더라도 목을 발로 밟으면 꼼짝하지 못합니다. 그때 목을 칼로 베어버리면 독사를 죽일 수 있는 것입니다.

여호수아와 이스라엘 지휘관들은 이 다섯 왕의 목을 발로 밟았습니다. 여호수아는 이스라엘 백성에게 자기가 이렇게 하는 이유를 설명했습니다. 즉 이 세상의 악한 자들이나 사탄은 그 성질이 독사와 같다는 것입니다. 그들은 숨어 다니면서 몰래 뒤로 와서 무는데 한번 물리면 독이 온몸에 퍼져서 죽게 된다는 것입니다. 요즘은 사람들이 하는 말에 다 독이 들어있어서 그 말을 들으면 독이 심장에 퍼지게 되어 온몸이 상하게 됩니다. 화병도 모두 말 때문에 생기는 것입니다. 그런데 하나님이 힘주셨을 때 그들의 목을 밟으면 이 악한 자들은 말도 하지 못하고 이빨로 물지도 못하게 된다는 것입니다. 그래서 사탄을 밟을 때는 목을 밟아야 꼼짝도 하지 못합니다. 그리고 여호수아는 이 다섯 왕의 목을 밟은 것처럼 하나님께서는 여호수아와 이스라엘 백성에게 가나안의 모든 악한 왕의 목을 밟게 될 것이라고 했습니다. 즉 그들이 하나님의 말씀에 순종하고 용기를 내기만 하면 모든 악한 세력의 목을 밟아서 꼼짝 못하게 만드시는 것입니다.

여호수아는 이 다섯 왕을 쳐서 죽이고 다섯 나무에 그 시체를 매달았다가 저녁에 나무에서 내려서 그들이 숨었던 굴에 던져 넣고 굴 어귀를 다시 돌로 막아서 무덤으로 만들어버렸습니다.

그리고 가나안 족속에서 가장 강한 다섯 족속이 이스라엘과 싸우다가 전멸했기 때문에 그 다섯 성은 왕도 없고 군대도 없었습니다. 여호수아는 다섯 왕을 죽인 여세를 몰아서 다섯 왕의 성을 멸망시켰습니다. 그래서 다섯 왕의 성인 라기스와 에글론과 헤브론을 쳐서 멸망시키고 그 옆에 있는 립나와 게셀과 드빌과 최남부 지방에 있는 네겝까지 쳤는데, 한 성을 칠 때마다 하나님께서 함께하셨고 그 성을 이스라엘의 손에 넘기셨다고 말씀하고 있습니다(31-43절). 여호수아와 이스라엘 백성은 기브온 족속에게 사기당했지만 오히려 그것이 전화위복이 되어서 기브온은 물론 가나안 중부와 남부까지 단숨에 다 차지하게 되었습니다.

　그래서 하나님의 백성은 과거를 후회할 필요 없고 남에게 속은 것도 너무 애석해할 필요도 없습니다. 하나님을 사랑하는 자에게는 모든 것이 합력하여 선을 이룬다는 것을 믿고(롬 8:28), 사탄의 목을 발로 밟아서 꼼짝하지 못하게 하고 완전한 승리를 거두는 성도들이 다 되시기를 바랍니다.

## 15

## 말과 병거와의 싸움
수 11:1-23

**얼**마 전에 일본의 유명한 경영자인 이나모리 가즈오 회장이 90세의 나이로 별세했습니다. 이 사람이 유명하게 된 것은 적자 경영으로 완전히 도산하게 된 일본항공(JAL)의 경영을 맡아서 단시일 내에 흑자로 돌려놓았기 때문입니다. 그는 1년 만에 일본항공 직원 16,000명을 감원하고 자신은 회장이지만 월급도 받지 않고 철저하게 긴축재정을 해서 일본항공을 흑자 기업으로 만들었던 것입니다. 그래서 일본 사람들은 가즈오 회장을 경영의 신이라고 부르면서 추앙했습니다. 이나모리 가즈오는 자신의 철학을 가지고 있는데, 항상 직원들의 행복을 위한 결정을 내리고 기업이 아니라 인간으로 바른 결정을 내리도록 했습니다. 그는 철저하게 절약했는데 어떤 정치인이나 유명한 사람을 만나서 식사하더라도 만 원 이하의 덮밥을 먹었다고 합니다. 그리고 일본항공의 승무원들에게는 유니폼을 각자가 빨아서 입게 하고, 철저한 손익 계산을 하고 어려운 위기를 당했을 때 우회하지 않고 정면 돌파를 했다고 합니다.

우리가 여호수아서를 대충 읽어보면 여호수아가 가나안 땅을 정복하는 것이 하나님의 도움을 받아서 쉬운 것처럼 보이지만, 실제로는 성 하나하나를 함락하는 것이 그 당시에는 거의 불가능한 일이었음을 알아야 합니다. 요단강을 건너는 것은 하나님의 기적으로 건넜다고 하지만, 첫 성인 여리고에는 저주의 바이러스가 가득 차 있었습니다. 그래서 여호수아와 이스라엘 백성은 여리고 성안에 들어가지 않고 하루에 한 바퀴씩 돌면서 칠 일째는 일곱 번 돌고 소리를 질러 성이 무너지게 했습니다. 그리고 그 성의 모든 사람과 짐승을 다 죽이고 노략한 물건도 격리했습니다.

두 번째 성인 아이 성은 여호수아가 정복에 실패했는데 그가 얼마나 절망했던지 옷을 찢고 하루 종일 흙 위에 앉아서 통곡했습니다. 그때 하나님은 여호수아에게 너희들이 패배한 까닭은 여리고 성에서 저주의 바이러스가 조금 샜기 때문이라고 말씀하셨습니다. 그 범인은 아간이었고, 여호수아는 아간과 그 가족과 짐승과 텐트까지 다 처벌했습니다. 그리고 유인작전을 써서 승리했습니다.

여호수아는 세 번째 성인 기브온에서 사기를 당합니다. 그래서 중부와 남부에 있는 가나안 족속의 공격을 받게 되었을 때, 과거를 후회하지 않고 밤새도록 행군해서 새벽에 급습했습니다. 이때 여호수아는 하나님께 기도해서 태양과 달이 머물도록 한 결과 가나안 족속들이 성안으로 들어가기 전에 다 진멸할 수 있었습니다.

그런데 그다음 적은 북부지역의 가나안 족속이었습니다. 이 북부지역의 가나안 족속은 하솔 왕 야빈이 최고의 두목이었는데, 전 부족을 다 모아서 긴네롯이라는 호숫가에 집결해서 이스라엘과 싸우려고 했습니다. 이때 그들은 바다의 모래같이 수가 많았고, 가장 무서운 것은 역시 그들의 말과 마병이었습니다. 이스라엘 백성은 두 발로 걸어다니면서 싸웠는데 북부 가나안 족속은 말과 마병을 가지고 싸움을 했습니다. 이것은 마치 요즘 군인이 맨손으로 탱크와 싸우는 것과 같습니다. 여호수아와 이스라엘 백성이 그 마병을 이기지 못하면 전멸할 수밖에 없었습니다.

## 1. 북부 가나안 족속의 전력

"아침에 일찍 일어나는 새가 벌레를 잡아먹는다"는 속담이 있습니다. 여호수아와 이스라엘 백성은 기브온 족속에게 사기를 당했지만 그 실수를 후회하지 않고 밤새 기브온으로 올라가서 새벽에 중부 가나안 족속들을 쳤습니다. 그때 하나님은 우박으로 그들을 쳐서 이스라엘을 도우셨습니다. 여호수아는 가나안 족속들이 성에 들어가지 못하도록 태양이 머무르도록 기도해서 남부와 중부의 전쟁에서 승리합니다.

그러나 이후에 여호수아와 이스라엘이 극복해야 할 가장 큰 문제는 북부 가나안 족속과 싸우는 것이었습니다. 북부 가나안 족속들은 말과 병거를 가지고 전쟁하는데 이스라엘은 아무 무기도 없었기 때문에 그들을 이길 수 없었습니다.

> 11:4, "그들이 그 모든 군대를 거느리고 나왔으니 백성이 많아 해변의 수많은 모래 같고 말과 병거도 심히 많았으며"

북부 가나안 족속의 보스는 하솔 왕 야빈이었습니다. 그는 이스라엘과 싸우기 위해 북부지역의 모든 족속을 다 집결시켰습니다. 그들은 마돈 왕 요밥과 시므론 왕과 악삽 왕과 동쪽과 서쪽의 가나안 족속과 긴네렛 호수(또는 메롬 물가)를 중심으로 해서 평지와 산지의 모든 가나안 족속이었습니다. 이들의 숫자가 얼마나 많은지 바닷가의 모래 같이 많았고 수많은 말과 마병을 몰고 나왔다고 했습니다.

그러나 이스라엘은 그들의 말과 마병을 이길 수 있는 방법이 전혀 없었습니다. 여호수아와 지휘관들이 아무리 연구하고 작전을 짜더라도 이길 수 있는 전략이 없었습니다. 가나안 족속이 말을 달리면서 이스라엘 백성을 두 발로 밟고 달리고 군사들이 병거 위에 서서 활을 쏘고 바퀴로 깔아서 죽이면 도저히 이길 수 없었습니다. 옛날 전쟁에서 말이 있고 없는 것 사이에 얼마나 큰 전략의 차이가 있는지 모릅니다.

그런데 하나님은 여호수아에게 마병을 두려워하지 말라고 하셨습니다.

11:6, "여호와께서 여호수아에게 이르시되 그들로 말미암아 두려워하지 말라 내일 이맘때에 내가 그들을 이스라엘 앞에 넘겨 주어 몰살시키리니 너는 그들의 말 뒷발의 힘줄을 끊고 그들의 병거를 불사르라 하시니라"

역시 여호수아와 이스라엘 백성이 위급할 때 사용해야 할 무기는 두려워하지 않는 것이었습니다. 아무리 저주의 바이러스가 있고, 가나안의 돌성이 높고, 심지어는 말과 병거로 싸우러 나와도 하나님은 여호수아와 이스라엘 백성에게 두려워하지 말라고 하셨습니다. 그러나 우리가 이 세상에서 기술이나 힘이 월등하게 강한 적을 만났을 때는 어떻게 해야 합니까? 아무리 생각해도 우리 힘으로는 해결이 안 됩니다. 이때 너무 걱정하지 않으려고 노력해야 합니다. 그러면 하나님께서 도우셔서 생각하지 못했던 기적이 일어나게 됩니다. 그러나 만일 우리가 인간적인 생각이나 두려움에 사로잡히면 믿음이 경직되어서 하나님의 능력이 들어올 여지가 없게 됩니다.

하나님께서는 전쟁에서 너희가 이길 테니까 너희가 말이나 병거를 의지하지 않도록 말은 전부 뒷발 힘줄을 끊고 병거를 불태우라고 명령하셨습니다. 하나님의 명령과 이스라엘의 현실 사이에는 엄청난 차이가 있습니다. 바로 이것이 우리가 늘 이 세상에서 실패하는 이유입니다. 여호수아나 이스라엘 백성은 바다의 모래같이 많은 가나안 족속을 이길 자신이 없었습니다. 그러나 그들로 하여금 싸울 용기를 내게 한 것이 무엇이었을까요? 그것은 그들도 할 수 있는 것이 있었기 때문인데, 말을 붙잡으면 뒷다리 힘줄을 자를 수 있었습니다. 여호수아나 이스라엘 백성이 자기들이 할 수 있다는 것을 생각하게 된 것이 긍정적이었습니다. 이것은 바로 하나님께서 주시는 힘이었습니다. 그러면 용기가 나게 되어 있습니다. 우리도 어려울 때 모든 것을 다 준비하려고 하면 아무것도 되지 않습니다. 이때 자기가 할 수 있는 것이 있으면 용기가 나게 됩니다.

엘리사 선지자 때 남편은 빚만 남기고 병들어 죽고 아들들이 종으로 팔리게 된 과부가 엘리사를 찾아왔을 때, 엘리사는 그 과부에게 "너희 집에 무엇이 있느냐?"고 물었습니다. 그 과부가 기름 한 병이 있다고 대답하자, 엘리사는 동네에서 그릇을 빌려 그 빈 그릇에 기름을 부으라고 명령했던 것입니다(왕하 4:1-7). 예수님은 오천 명이 광야에서 굶주리고 있을 때 "너희에게 무엇이 있느냐?"고 물으셨습니다. 그때 제자들이 보리떡 다섯 개와 물고기 두 마리가 있다고 했을 때, 예수님은 그것을 가지고 하나님께 감사 기도를 드리고 나누어 주심으로 모두 배불리 먹을 수 있었습니다. 우리는 모든 것을 다 잘할 필요는 없습니다. 그러나 내가 할 수 있는 것이 있을 때 우리는 용기를 내게 됩니다.

## 2. 이스라엘의 전쟁

성경은 모든 상황을 전부 다 자세하게 설명하지 않습니다. 그래서 우리는 어떤 부분에 대해서는 그 상황으로 들어가서 생각해 보아야 합니다. 본문에는 메롬 물가에서 이스라엘 백성이 갑자기 가나안 족속들을 습격했을 때 하나님께서 그들을 이스라엘 백성의 손에 넘겨주셨기 때문에 이겼다고 했습니다.

11:7-8상, "이에 여호수아가 모든 군사와 함께 메롬 물 가로 가서 갑자기 습격할 때에 여호와께서 그들을 이스라엘의 손에 넘겨 주셨기 때문에 그들을 격파하고"

우리가 이스라엘의 지도를 보면, 위에 갈릴리 호수가 있고, 요단강 상류 쪽으로 올라가면 갈릴리보다는 작은 호수가 또 나옵니다. 거기가 바로 긴네렛 또는 메롬 호수입니다. 그런데 이스라엘 백성이 그곳에 있다가 갑자기 공격했는데, 하나님이 가나안 족속들을 이스라엘 백성의 손에 넘겨주셨기 때문에 그들을 격파했다고 했습니다. 그런데 도대체 하나님께서 어떻게 가나안 족속들을 넘겨주셨기에 이스라엘 백성이 그들을 격파할 수 있었을까요? 이때는 우박의 공격도 없었고 비도 내린 것 같지 않습니다.

여기서 우리는 이 지역이 메롬 물가였다는 사실을 기억할 필요가 있습니다. 이스라엘 북부는 완전 평지입니다. 그래서 팔레스타인 같은 곳에서는 완전히 지평선에서부터 해가 뜨게 됩니다. 그때 햇살이 얼마나 강한지 마치 빛의 화살이 눈을 찌르듯이 비추어서 눈을 뜰 수 없게 됩니다. 이스라엘 백성은 아마 해가 뜰 때까지 그늘에 서서 기다리고 있었던 것 같습니다. 그러다가 해가 뜨는 순간에 여호수아는 이스라엘 백성에게 갑자기 공격 명령을 내렸습니다. 이때 이스라엘 백성은 햇빛과 함께 가나안 군대를 공격하니까 가나안 군대가 아무리 많고, 말과 병거를 가지고 있었다 하더라도 그들은 눈을 뜰 수 없었습니다. 그래서 제대로 싸울 수 없었습니다. 이때 이스라엘 백성은 용기백배해서 도망가는 가나안 족속들을 끝까지 추격해서 한 사람도 남기지 않고 모두 다 쳐 죽였던 것입니다.

이스라엘 백성은 자신들이 여호수아의 명령에 아침 일찍 공격할 때 햇빛이 가나안 족속들의 눈을 멀게 할 줄은 꿈에도 생각하지 못했습니다. 그러나 이스라엘은 빛의 군대였습니다. 햇빛과 함께 돌격하는 이스라엘 백성을 향해 가나안 족속들은 싸울 수 없었습니다. 이때 이스라엘 백성은 북부 지방에서 거인족들까지 다 멸절시켜 버립니다.

11:22, "이스라엘 자손의 땅에는 아낙 사람들이 하나도 남지 아니하였고 가사와 가드와 아스돗에만 남았더라"

바로 여기에 나오는 아낙 사람들이 거인족입니다. 이때 북부 쪽에 있는 거인족들을 여호수아가 모두 다 죽여버립니다. 결국 남쪽에 남아 있던 거인족의 하나가 골리앗이었는데, 이스라엘 백성을 욕하고 하나님을 욕하다가 다윗의 물맷돌에 맞아 죽게 됩니다. 이스라엘 백성은 북쪽 가나안 땅에서는 하솔 성을 불태워 버립니다. 중부지방의 여리고 같이 북부지역에서는 하솔이 가장 저주의 바이러스가 많았기 때문입니다. 이때 여호수아는 하솔을 불태워 버리는데, 하솔은 이후에 다시 살아나서 이스라엘을 괴롭히고 공격하게 됩니다. 그때 두 번째 재건되어서 이스라엘을 멸망시키려고 공격한 하솔을 물리친 사람이 바로 드보라 사사였습니다. 이것을 보면 여성들이 신앙에 분명하게 서서 싸울 때 남자들 이상으로 싸울 수 있음을 보게 됩니다.

여호수아는 적을 끝까지 추격해서 다 죽이고 돌아와서 하솔을 불태우고 하솔 왕을 죽였습니다. 결국 남아 있는 것은 가나안 족속들이 사용했던 말과 병거들이었습니다. 그런데 사람의 마음은 참 이상합니다. 그들이 급할 때는 하나님의 어떤 명령에도 순종하겠다고 결심하지만, 실제로 성공하고 전쟁에 이기게 되면 하나님이 파괴하라고 한 짐승이나 물건이 아깝게 되는 것입니다. 그 욕심에 말려들어서 양이나 소를 다 죽이지 못한 사람이 사울 왕이었습니다. 사울 왕은 작은 욕심을 포기하지 못해서 결국 그가 아말렉을 이겼지만 보기 좋은 양들과 소를 하나님께 제사 드린다는 명목으로 살려서 끌고 왔을 때 하나님은 사울을 버리게 됩니다(삼상 15:1-31). 물론 그 후에도 사울이 왕자리에 있기는 했지만, 그는 성령 없이 히스테리와 의심으로 나라를 다스렸고, 결국 자식들과 같이 길보아 산에서 비참하게 죽게 됩니다.

마찬가지로 여호수아와 이스라엘 백성이 북쪽 가나안 족속들을 쳤을 때 그들에게는 수천 마리의 말들과 병거가 남았습니다. 이스라엘 백성이 이 말들을 타고 전쟁하면 얼마나 전쟁이 쉬워지겠습니까? 그러나 하나님께서는 여호수아와 이스라엘 백성에게 모든 말을 장애로 만들어 버리라고 명령하셨습니다. 왜냐하면 그들에게 말이 있으면 인간적인 생각만 하지, 기도하지 않기 때문입니다.

사람들은 어려움이 있을 때는 하나님에게 매달리지만, 어려움이 해결되면 옛날에 약속했던 것들을 아까워하게 됩니다. 그러나 우리는 하나님께 약속한 것을 지켜야 합니다. 그래서 하나님께서는 이스라엘 백성이 전적으로 무에서 하나님만 의지하게 하시려고 말의 힘줄을 다 자르라고 하셨던 것입니다. 그래서 우리가 돈이 많이 있으면 무슨 일이든지 잘할 수 있을 것 같고 또 그것이 사실이지만 중요한 것은 돈이 있으면 기도하지 않게 된다는 사실입니다. 지금도 하나님은 우리에게 차라리 돈이 없어도 하나님을 의지하기를 바라는 것입니다.

## 3. 전쟁의 결과

여호수아와 이스라엘 백성은 기브온 전투와 메롬 물가의 전투로 가나안 땅 거의 대부분을 차지할 수 있었습니다. 이때 이스라엘 백성은 원주민인 가나안 족속들을 몰아내면 되는데, 그들을 몰아내지 못합니다. 왜냐하면 가나안 족속들이 이스라엘 백성에게 농사짓는 법을 가르쳐주겠다고 하고, 자기들이 일을 해주겠다고 하니까 그들을 죽이고 몰아내는 것보다는 살려서 이용하는 편이 훨씬 더 가치가 있겠다고 생각했기 때문입니다. 이때 가나안 족속들은 이스라엘보다 훨씬 문명국이었고 기술이 발달해 있었습니다. 또 이스라엘 백성은 목축업을 했고 40년을 광야에서 놀았기 때문에 엄청 무식했습니다. 그래서 이스라엘 백성은 가나안 족속들에게 농사와 문명을 배우는 것이 유익하다고 생각했는데, 이런 인간적인 생각 때문에 가나안 족속들은 이스라엘에게 신앙의 큰 가시가 됩니다.

우리도 신학교에 유학을 갔다 오고 신학으로 박사학위를 받아 오면 좋은 것으로 생각하지만 사실 서양 기독교에서는 학문적으로만 기독교를 연구하지, 예수님을 나의 대속주로 믿지 않는 경우가 많습니다. 서양 사람들은 예수님을 오래된 하나의 교훈이나 희생적인 스승으로 믿는 것입니다. 그리고 예수 믿는 것도 그냥 예수를 좋아하는 신앙으로 생각하지, 대속의 죽음과 십자가 같은 것은 믿지 않습니다. 그래서 서양 신학이고 박사학위를 받고 영어를 잘하면 좋다는 생각은 버려야 합니다.

결국 여호수아가 용기를 내고 싸웠을 때, 거의 가나안 땅 전부를 지배할 수 있게 되었습니다.

> 11:16-17, "여호수아가 이같이 그 온 땅 곧 산지와 온 네겝과 고센 온 땅과 평지와 아라바와 이스라엘 산지와 평지를 점령하였으니 곧

> 세일로 올라가는 할락 산에서부터 헤르몬 산 아래 레바논 골짜기의
> 바알갓까지라 그들의 왕들을 모두 잡아 쳐죽였으며"

　여기 헤르몬은 북쪽 경계선이고, 네겝은 남쪽 경계선입니다. 여호수아는 그 사이에 있는 모든 무당과 폭력 두목들을 다 소탕한 것입니다.
　며칠 전 이스라엘 지리 강의를 보는데, 17절에 나오는 '할락' 이라는 지명이 나왔습니다. 할락은 남쪽에 있는 산인데, 나무가 없는 산이 세 개가 있었습니다. 그 세 번째 산에 돌무더기가 있고 거기가 여호수아 때 경계선이었습니다. 이스라엘 지리 강의를 들으면서 평소에 우리의 생각과 아주 다르다는 것을 알았습니다. 우리는 주로 이스라엘이라고 하면 예루살렘이나 비아 돌로로사나 갈릴리나 가나나 예수님의 무덤이나 시내산을 생각하지만, 팔레스타인은 더운 곳이지만 구석구석에 밀림 같은 지역이 있고 너무나도 깨끗한 샘들이 많이 있음을 보았습니다. 그리고 시혼 시내나 나사로의 무덤 같은 곳도 우리가 생각하는 것과는 많이 달랐습니다.
　결국 이스라엘 백성이 가나안 땅을 정복하고 보니까 기브온에서 사기당한 것이 합력해서 선을 이루었습니다. 기브온 족속 외에는 모든 가나안 족속들이 독사같이 덤벼들었기 때문에 전부 다 멸망하고 오직 기브온 족속만 살아남았던 것입니다. 결국 하나님께서는 기브온 족속을 불쌍히 여기셔서 이스라엘 백성이 속게 하셨던 것을 알 수 있습니다.
　우리는 세상을 정복해야 합니다. 그러나 단지 세상에서 부자만 되고 잘사는 것만이 정복하는 것이 아닙니다. 세상의 문화를 정복하고 가치관을 정복해서 하나님을 인정하는 우리의 마음들이 온 세상에 가득하기를 바랍니다.

## 16
## 여호수아의 회고
수 12:1-14:5

**서** 머셋 몸(William Somerset Maugham)이 쓴《달과 6펜스》라는 소설이 있습니다. 이 소설의 주인공은 평범한 증권회사 직원으로 평범한 생활을 하고 있었는데, 어느 날 그는 자신의 인생을 돌아보게 됩니다. 자신의 인생을 증권회사 직원으로 살다가 끝을 맺고 싶지 않았습니다. 그는 자기 속에서 끓어오르고 있는 미술에 대한 열정을 그림으로 표현하고 싶었습니다. 그래서 어느 날 갑자기 증권회사를 그만두고 파리에 가서 미술을 배웁니다. 그리고 타히티라는 섬에 가서 원주민들의 원색적인 생활을 그림으로 그리기 시작합니다. 그는 나중에 나병에 걸려서 벽 전체에 원주민의 그림을 그리고 죽는 것으로 인생을 마치게 됩니다.

서머셋 몸이 쓴《달과 6펜스》는 고갱의 일생을 소설로 만들었다고 합니다. 고갱은 원주민의 얼굴이나 생활을 그림으로 그렸는데, 검은색과 붉은색을 많이 사용했기 때문에 보기만 해도 고갱의 그림인 것을 금방 알 수 있습니다. 그런데 왜 소설의 제목을 '달과 6펜스'로 지었을까요? 달은 희고 둥근 모양이고, 6펜스짜리 동전도 희고 둥근 모양이므로 결국 돈을 따라 사느냐 아니면 자신의 꿈을 따라 사느냐 하는 것을 상징적으로 나타내고 싶었던 것 같습니다.

사람은 살아가면서 한 번쯤 중간 지점에서 자신의 인생을 돌아보는 시간을 가지는 것이 좋습니다. 그러면 자신이 지금까지 어떻게 살아왔고, 지금 어디에 서 있으며, 어디로 가고 있는지를 생각해 볼 수 있기 때문입니다.

여호수아는 가나안 땅을 어느 정도 정복하고 난 후 자신의 인생을 회고하는 시간을 가지게 됩니다. 그는 모세 때 가나안 동편의 정복은 어떠했고, 자신의 가나안 본토 정복은 어떠했으며, 아직 정복하지 못하고 있는 땅들이 있는데 이 땅들은 어떻게 정복할 수 있느냐 하는 것을 생각해 보았습니다.

아마 남자들은 50대가 되면 자신의 인생을 많이 돌아보는 것 같습니다. 지금까지 자기가 살아온 길이 성공적인지 실패한 것인지 생각해 보고, 또 퇴직이 얼마 남지 않았는데 퇴직하고 난 후에는 어떤 일을 하면서 살 것인지 생각해 보게 되는 것입니다. 이러한 시점에서 더 중요한 것이 무엇입니까? 그동안 자신의 인생은 돈만 추구하면서 살았는가 아니면 젊었을 때 순수했던 꿈을 아직도 추구하면서 살아가고 있느냐 하는 것을 생각해 보아야 한다는 것입니다.

### 1. 요단 동쪽의 정복

이스라엘 백성이 요단강 동쪽을 공격해서 차지했을 때 이스라엘 백성의 지도자는 여호수아가 아니었습니다. 그때는 모세가 이스라엘의 지도자였습니다. 자신이 직접 이스라엘 백성의 생과 사를 책임져야 하는 지도자와 책임을 지지 않고 옆에서 보조하는 리더 사이에는 엄청난 차이가 있습니다. 그 당시 가나안 동쪽에는 두 왕국이 있었는데, 하나는 바산 왕국이고 다른 하나는 헤스본 왕국이었습니다. 우리가 보통 바산이라고 하면 잘 모르지만 골란 고원이라고 하면 많이 들어보았을 것입니다. 바산은 바로 골란 고원인데, 화산지대이고 땅이 화산흙으로 되어 있어서 아주 비옥하여 풀이 잘 자라서 소를 키우기에 아주 좋은 지대라고 합니다. 그래서 아모스 선지는 살이 찌고 탐욕만 부리는 이스라엘 여인들을 향해 '바산의 암소'라고 불렀습니다(암 4:1).

> 12:1, "이스라엘 자손이 요단 저편 해 돋는 쪽 곧 아르논 골짜기에서 헤르몬 산까지의 동쪽 온 아라바를 차지하고 그 땅에서 쳐죽인 왕들은 이러하니라"

그런데 이스라엘 백성이 이 바산과 헤스본 땅을 통과해야지 가나안으로 들어갈 수 있는데, 바산과 헤스본은 왕부터가 거인이었고 이 두 나라는 거인 왕국이었습니다. 모세는 이스라엘 백성으로 하여금 먼저 바산 왕국과 싸우게 했습니다. 그러나 이 바산 왕국과의 싸움은 애당초 게임이 되지 않았습니다. 바산 왕 자체가 얼마나 큰 거인인지 나무로 된 침대는 부러져서 쓰지 못하고 쇠로 만든 침대를 쓸 정도로 무겁고 힘센 거인이었습니다. 그런데 이스라엘 백성이 딱 하나 잘하는 것이 있었으니 바로 하나님의 말씀에 죽도록 순종하는 것이었습니다. 하나님께서 이스라엘 백성에게 이 거인족이 많은 바산 왕국과 싸우라고 하셨을 때 이스라엘 백성은 한마디도 군소리하지 않고 죽자고 그들에게 덤벼들었습니다. 정말 악바리같이 덤벼들었습니다. 그런데 아무리 그들이 거인족이라고 해도 이렇게 악바리같이 덤벼드는 자들은 겪어보지를 못했습니다. 저녁이 되어보니까 들판에 죽어서 쓰러져 있는 자들은 모두 바산 사람들이었고 바산 왕도 죽어 있습니다. 그리고 이유는 알 수 없지만, 이스라엘 백성은 전쟁에서 이겼던 것입니다.

그다음 이스라엘이 싸워야 할 대상은 헤스본 왕국이었습니다. 하나님은 모세에게 바산과 싸울 때처럼 싸우라고 말씀하셨습니다. 그래서 이스라엘 백성은 바산 왕국과 싸울 때처럼 아무 생각 없이 정신없이 싸웠습니다. 헤스본 왕국 사람들도 이스라엘 백성보다 훨씬 컸지만 죽으라고 덤벼드는 이스라엘 백성을 당해내지 못했습니다. 결국 바산 왕국과 헤스본 왕국은 왕으로부터 시작해서 백성까지 모두 이스라엘 백성의 칼날에 죽었습니다. 이스라엘 백성은 요단강을 건너가서 수많은 나라의 사람들과 싸워야 할 텐데 이제 겨우 두 나라를 차지한 것입니다. 그것도 무슨 전략이 있거나 무기가 좋아서 이긴 것이 아니라, 어떻게 하다 보니까 이긴 것이었습니다.

하나님께서는 모세를 통해서 이스라엘 백성에게 "너희가 바산과 헤스본을 이긴 것이 가나안 땅에서 모든 족속을 이길 표징이다"라고 말씀하셨습니다. 즉 이스라엘 백성은 가나안 족속들을 보고 미리 겁을 집어먹으면 안 된다는 것입니다. 하나님께서 가서 싸우라고 하시면 죽을힘을 다해서 싸워야 하는 것입니다. 그러면 요단강 서쪽 본토에서도 이기게 될 것이라고 하셨습니다. 결국 이스라엘 백성이 가나안 족속을 이기는 비결은 죽도록 하나님의 말씀에 절대 순종하는 것이었습니다. 하나님께서는 이스라엘 백성에게 바로 이런 악바리 같은 정신을 가지고 싸운다면 요단강 서쪽 본토의 땅도 정복할 수 있다고 말씀하셨습니다.

## 2. 요단 서쪽 본토의 정복

여호수아는 모세로부터 바로 하나님의 말씀에 대한 무조건적인 순종의 정신을 배웠습니다. 그래서 여호수아는 하나님께서 언약궤를 제사장들이 매고 들어가고 온 백성이 무조건 요단강으로 들어가라고 하셨을 때, 그대로 순종했습니다. 그러자 요단강이 위쪽에서 댐처럼 쌓이면서 물이 말라버렸습니다. 모든 이스라엘 백성은 요단강을 건너고 그들이 다 건널 때까지 제사장들은 언약궤를 들고 강 가운데 서 있었습니다. 그리고 이스라엘 백성이 요단강을 다 건넌 것을 확인한 후 제사장들의 발이 육지를 밟는 순간 높이 쌓여 있던 요단강이 그 전처럼 흘러넘쳤습니다.

여호수아는 또 하나님의 말씀에 무조건 순종하기로 했습니다. 그래서 하나님께서 첫 성 여리고를 하루에 한 바퀴씩 돌고 일곱째 날에 일곱 번 돌고 소리를 지르라고 했을 때 그대로 했습니다. 하나님은 이스라엘 백성에게 침묵하면서 여리고 성을 돌라고 하셨습니다. 그러다가 칠 일째 되는 날 이스라엘 백성은 아침 일찍부터 성을 일곱 바퀴 돌고 그다음에 있는 대로 목청을 다해서 소리를 질렀습니다. 그랬더니 그 견고했던 성이 저절로 무너졌습니다. 여기서 우리가 알 수 있는 것이 무엇입니까? 하나님의 백성이 침묵으로 순종하다가 소리를 지르면서 기도하거나 설교할 때 기적이 일어난다는 것입니다.

그러나 이스라엘 백성은 여리고에서 철저하게 순종하지 못했습니다. 아간이라는 사람이 물질에 탐내어서 하나님이 모두 불태우고 격리하라고 하신 명령을 어기고 금덩어리와 은 덩어리, 외투 한 벌을 가져다가 숨겼습니다. 이것은 이스라엘의 정신이 아니었습니다. 이스라엘의 정신은 이것저것 따지지 않고 하나님의 말씀에 순종하는 것이었습니다. 그래서 여호수아와 이스라엘은 두 번째 아이 성에서 패배합니다. 하나님의 말씀에 약간 불순종한 것이 이길 싸움을 이기지 못하게 했던 것입니다. 여호수아는 아간과 그의 가족과 짐승과 텐트까지 전부 아골 골짜기로 끌고 가서 돌로 쳐 죽이고 불로 태우고 돌을 쌓아 돌무더기를 만들었습니다. 즉 하나님의 말씀에 불순종하는 영은 여기서 무덤에 묻히라는 뜻이었습니다. 그런 후에 복병을 두는 작전으로 아이 성을 정복합니다.

그리고 순진한 이스라엘 백성과 여호수아는 세 번째 성 기브온에서 기브온 주민의 기가 막힌 연극에 속아서 사기를 당합니다. 즉 곰팡이 핀 떡을 받고 평화조약을 맺어버린 것이었습니다. 그러나 여호수아는 지나간 실수를 후회하지 않았습니다. 그들은 도와달라는 기브온 족속의 말에 조금도 주저하지 않고 밤새 기브온에 올라가서 기브온을 치려고 모인 중부 지방의 가나안 다섯 족속을 새벽에 기습했습니다. 그러니까 그들은 모두 정신을 차리지 못하고 도망쳤습니다. 그때 하나님은 우박으로 가나안 족속을 때려서 죽이셨습니다. 이때 여호수아의 위대한 기도가 나옵니다. 그들이 숨어서 성에 들어가지 못하도록 "태양아, 기브온에 머물라! 그리고 달도 아얄론 골짜기에 머물라!"고 했습니다. 하나님은 여호수아의 이 기도를 들어주셔서 그날은 해가 지지 않았고, 달도 일찍 떠서 아얄론 골짜기를 비추었습니다. 가나안 족속들은 숨을 곳이 없어서 이스라엘 백성의 칼날에 맞아 죽었습니다.

그리고 마지막 전투는 정말 위기였습니다. 이것은 북부 가나안 전체와 이스라엘이 메롬 물가에서 싸우는 전투였습니다. 그들은 병거를 사용해서 전쟁하고 있었습니다. 그러나 이스라엘은 아무것도 없었지만 무조건 하나님만 믿고 적을 향해 달려들었습니다. 그때 해가 뜨면서 가나안 족속들을 비추는데 그들은 눈을 뜰 수가 없었습니다. 결국 이스라엘은 큰 승리를 하게 됩니다. 그런데 여호수아는 하나님의 말씀에 순종해서 전쟁 후에 노획한 그 아까운 말들의 뒷다리 힘줄을 다 끊어서 사용하지 못하게 만들었습니다. 이스라엘 백성이 말이 있으면 말을 의지해서 기도하지 않기 때문입니다. 마침내 여호수아는 한 성도 차지하지 못할 것이라고 생각했는데, 무조건 믿음으로 나가서 싸우니까 무려 31개나 되는 성을 쳐부수고 승리했습니다.

12:24, "하나는 디르사 왕이라 모두 서른한 왕이었더라"

하나님은 모세나 여호수아에게 상대가 다르고 현대화가 되었다고 해서 방법을 바꾸지 말라고 하셨습니다. 우리는 개척 교회 때나 큰 교회가 되었을 때나 설교하는 방법이나 신앙의 정신을 바꾸어서는 안 된다는 것입니다. 그것이 바로 실패하는 원인입니다. 대개 목사들이 지식인들에게 설교할 때 유식하게 설교하려고 하고 도덕적인 설교를 하려고 하는데 이것을 모두 좋아하는 것 같지만 그것은 목사도 죽고 교인도 죽고 기독교도 죽게 만드는 것입니다. 우리는 항상 개척 교회의 정신을 가지고 죽자 살자 믿어야 이길 수 있습니다.

## 3. 아직 차지하지 못한 땅

어느덧 세월이 많이 흘러서 여호수아는 아주 나이 많아 늙게 되었습니다. 그래서 여호수아는 자신이 직접 나가서 전쟁을 지휘할 수 없게 되었습니다. 그러나 아직 이스라엘 백성이 정복하지 못한 땅들이 많이 있었습니다.

13:1, 여호수아가 나이가 많아 늙으매 여호와께서 그에게 이르시되 너는 나이가 많아 늙었고 얻을 땅이 매우 많이 남아 있도다"

아마도 이 세상에서 자기가 늙는 것을 좋아하는 사람은 아무도 없을 것입니다. 그러나 자기가 원하지 않아도 언젠가는 자연스럽게 늙게 되어 있습니다. 사람이 늙으면 정신이나 생각은 젊었을 때와 다를 것이 없지만, 일단 힘이 없습니다. 그리고 무엇인가 새로운 것을 시작할 시간이 없습니다. 자기에게 주어진 시간이 얼마 없다는 사실을 알기 때문입니다. 이때 우리가 알아야 할 것은 예수 믿으면서 늙는 것은 굉장히 멋있고 아름답고 영광스러운 일이라는 것입니다. 그래서 우리는 반드시 고린도후서 4장 16절을 외우고 있어야 합니다. "그러므로 우리가 낙심하지 아니하노니 우리의 겉사람은 낡아지나 우리의 속사람은 날로 새로워지도다"

우리의 겉사람은 어쩔 수 없이 늙습니다. 또 몸에 여기저기 아픈 데가 많이 생깁니다. 저는 의사에게 "나는 평생 당뇨라고는 모르는 사람인데 왜 당뇨가 생기는 것입니까?"라고 물었더니 "늙으면 췌장이 쪼그라져서 저절로 인슐린이 잘 나오지 않습니다"라고 대답했습니다. 어떤 할머니가 엘리베이터 옆에 앉으셔서 "여기저기 안 아픈 데가 없는데 죽고 싶어도 죽지 못해서 산다"고 한탄하고 있었습니다. 그러니까 옆에 있는 할머니가 "그럼, 우리 마음대로 죽을 수 있는감? 하나님이 오라고 해야 가는 거지!"라고 대답하시는 소리를 들었습니다. 이것이 바른 신앙 고백이 아닐까요?

이제 여호수아도 나이가 많이 들었습니다. 구십 세나 백 살 정도 된 것 같습니다. 그런데 아직도 이스라엘이 차지하지 못한 땅이 많이 있었고, 더 큰 문제는 이제 서서히 이스라엘 백성이 말을 듣지 않기 시작한다는 것이었습니다. 그래서 여호수아가 죽은 후에는 전부 신앙을 팔아 먹어버릴 것입니다. 여호수아는 이 사실을 알고 있었기 때문에 안타까웠습니다. 나중에 여호수아는 이스라엘 백성을 모아놓고 "너희들이 하나님을 버리고 우상을 섬기려면 섬겨라. 나와 내 집은 여호와를 섬기겠노라"고 권면했습니다(수 24:15).

14:5, "이스라엘 자손이 여호와께서 모세에게 명령하신 것과 같이 행하여 그 땅을 나누었더라"

여호수아가 그 땅을 나누어준 후에 살펴보니까 이스라엘이 차지하지 못한 땅은 남쪽의 강한 민족 블레셋 사람들의 땅이었습니다. 이들은 굉장히 강한 족속이어서 이스라엘 백성은 블레셋을 이기지 못하고 오히려 지배당하기도 했습니다. 그렇게 블레셋은 이스라엘에 엄청난 가시 노릇을 했습니다. 이스라엘이 그 블레셋을 지배한 시절은 다윗 때였습니다. 그리고 북쪽 시돈 사람의 땅에서 헤르몬 산까지도 차지하지 못했습니다. 이곳은 지금의 레바논 땅입니다. 하나님께서는 여호수아에게 내가 지금까지 말한 대로 믿음으로 돌격해서 그 땅을 이스라엘 백성이 차지해서 소유가 되게 하라고 말씀하셨습니다. 그러나 이스라엘 백성은 이제는 하나님께 순종하지 않기 시작했습니다.

우리는 나이가 들어갑니다. 그런데 하지 못한 일은 너무 많습니다. 그렇다고 해서 젊은 사람들이 말을 들어주지 않습니다. 그러나 우리에게는 꿈이 있습니다. 비전이 있습니다. 그것은 하나님께서 언젠가 우리의 꿈을 이루어주실 것이라는 믿음입니다. 우리에게는 주위에 아직 믿지 않는 사람들도 많이 있고, 믿지 않는 가족도 있고 기독교는 침체되어 있습니다. 그러나 낙심하지 마시고 하루하루 아름답게 사시기 바랍니다. 그리스도 안에서 늙는 것은 마라톤에서 결승점에 거의 다 온 것입니다. 끝까지 잘 달리셔서 금메달을 다 받으시기를 바랍니다.

# 17

## 발람의 죽음

수 13:22

요즘 우리나라 영화 중에서 인기를 끌고 있는 것이 있습니다. 그 중의 하나가 〈수리남〉이라는 영화입니다. 이 영화의 주인공으로 나오는 전요환은 목사이면서 마약 밀매상입니다. 그는 교회에서 성찬식을 할 때 포도주에 마약을 넣습니다. 그러니까 교인들에게 성찬식이 얼마나 황홀하고 은혜스러웠겠습니까? 아마 교인들은 목사에게 자꾸 성찬식 하자고 할 것입니다. 물론 이 영화는 현실이 아닙니다. 그렇지만 현실에서도 거짓된 가르침으로 돈을 벌고 육체의 정욕을 채우는 목회자나 사회 지도층 사람들이 얼마든지 있을 수 있습니다.

제가 대학 1학년 때였습니다. 그때 기독 학생회가 시내의 큰 교회를 빌려서 부흥회를 했는데, 오후 특강 강사로 오신 목사가 있었습니다. 그 목사는 귀신 들린 사람들을 다 알아볼 수 있다고 하면서 귀신 들린 사람 안에 있는 귀신을 쫓아낼 수 있다고 주장했습니다. 그리고 녹음한 내용을 틀어주었습니다. 그는 귀신 들린 사람에게 소리를 질렀습니다. "너는 누구냐? 그리고 언제 이 사람 안에 들어갔어?"라고 하니까, 자기는 3년 전에 죽은 삼촌인데 작년에 이 조카 속에 들어가서 병을 일으켰다는 대답입니다. 그러니까 그 목사는 "이 더러운 귀신아! 나가!"라고 소리 지르니까 귀신 들린 사람은 '악' 하고 소리 지르며 뒤로 넘어지는데, 머리를 다치지 않도록 다른 사람들이 머리를 받쳐주었습니다.

저는 그때 엄청나게 충격을 받았습니다. 예수님께서 귀신을 쫓아내신 일이 지금도 가능하다는 데 놀랐습니다. 그리고 저도 그런 능력을 받고 싶었습니다. 그런데 그 목사의 주장에는 이상한 것이 한두 가지 있었습니다. 그것은 사람의 모든 병은 죽은 혼이 귀신 되어서 사람 몸에 들어가서 일으킨다는 주장이었습니다. 병이라면 바이러스가 들어가서 생기는 병도 있고, 몸 안에 염증이 생겨서 생기는 병도 있을 텐데, 그는 반드시 죽은 귀신이 병을 일으킨다고 했습니다. 그리고 또 한 가지 이상한 주장은 죽은 사람의 영혼이 천국이든지 지옥에 바로 가지 않고 여기저기 떠돌아다니다가 자기에게 가까운 형제나 자녀나 친척의 몸에 들어간다는 것이었습니다.

저는 이 문제를 두고 깊이 연구를 해보았습니다. 아마도 그의 신학은 기독교 신학에다가 우리나라의 전통 미신을 섞어 만든 내용 같았습니다. 그러나 그 목사는 이 귀신을 쫓아내는 카리스마를 가지고 엄청나게 많은 추종자를 만들어서 그 수가 이십만 명까지 되었습니다. 그런데 지금은 그 사람의 돈이나 여자 문제나 그 엉터리 같은 능력이 낱낱이 폭로되어서 추종자들이 다 흩어지고 얼마 남아 있지 않는 것으로 알고 있습니다.

우리는 신약 성경에도 이런 사람이 있는 것을 알고 있습니다. 그는 사마리아에 있는 시몬이라는 사람인데, 원래 마술사였습니다. 그런데 그는 베드로와 요한이 사람들에게 안수하여 성령이 임하는 광경을 보고 돈을 줄 테니까 자기에게도 성령을 주는 능력을 달라고 요구했습니다. 그때 베드로는 그 시몬에게 "네가 돈과 함께 망할지어다"라고 저주했습니다. 이 시몬은 일시적으로는 회개하는 척했지만, 나중에 엄청나게 나쁜 짓을 많이 했습니다.

그런데 바로 오늘 본문에서 그런 부류의 사람을 볼 수 있습니다. 그 사람은 바로 발람이라는 거짓 예언자입니다. 발람은 겉으로 보기에는 하나님의 말씀으로 예언하고 하나님의 말씀에 순종하는 것 같았지만, 실제로는 돈을 받고 남을 저주하는 것을 좋아하고 나중에 이스라엘에게 함정을 만들어서 많은 이스라엘 백성을 잘못된 길로 인도했습니다. 발람의 소원은 의로운 사람으로 깨끗하게 죽는 것이었습니다. 그러나 그는 여호수아의 칼날에 의해서 비참하게 죽고 말았습니다.

13:22, "이스라엘 자손이 그들을 살륙하는 중에 브올의 아들 점술가 발람도 칼날로 죽였더라"

발람은 다른 나라와 전쟁하거나 혹은 병으로 죽은 것이 아니라 바로 이스라엘 백성의 손에 의해 죽었습니다. 왜냐하면 그는 거짓된 하나님의 종이었기 때문입니다.

### 1. 발람의 존재

발람은 이스라엘 사람이 아니라 이방인 즉 아람 사람이었습니다. 그런데 발람은 이방인이지만 하나님의 영감이 임해서 하나님의 말씀을 전하는 사람이었습니다. 그럼에도 불구하고 그의 본성 속에는 무당의 본성이 들어 있었습니다. 발람이 이방인으로서 하나님의 성령이 임함으로 하나님의 말씀을 전하고 다른 사람을 축복하는 일이 얼마나 영광되고 복된 일입니까? 그러나 문제는 옛날이나 지금이나 사람들은 하나님의 말씀만 전하는 것을 좋아하지 않는다는 사실입니다. 사람들은 세상의 재미있는 이야기를 듣기 좋아하고, 미신적이고 신비적인 이야기를 더 듣기 좋아한다는 것입니다.

그래서 발람은 하나님의 말씀만 전해서는 인기도 없고 수입도 시시하니까 조금씩 세상의 주술이나 미신이나 마술 같은 것을 섞어서 사용해 보았는데, 그것이 굉장히 반응이 있었습니다. 발람은 하나님의 영감으로 하나님의 말씀을 전하면서 또 주문을 외워서 점을 치거나 사람들을 저주하기도 했습니다. 그런데 발람의 능력이 얼마나 대단했는지 그가 저주하면 그 자리에서 사람이 쓰러져서 병이 생기기도 하고, 또 그가 축복하면 병이 떠나고 치료되는 역사가 나타나기도 했던 것 같습니다. 좌우간 그는 대단한 영적 파워를 가지고 있었습니다. 그러나 이것은 하나님의 말씀을 미끼로 사용하면서 악령의 역사를 사용하는 파워였습니다. 그러나 발람의 이름은 아주 유명해졌습니다. 그래서 발람은 아람 사람인데도 모압까지 알려져 있어서 모압 왕이 그를 모셔와서 직접 이야기를 나눌 정도로 대단한 사람이었습니다.

그런데 발람에게는 치명적인 결함이 있었는데, 그것은 돈을 너무 좋아한다는 것이었습니다. 그래서 그는 누가 돈을 많이 준다고 하기만 하면 가서 축복도 해주고 저주도 해주는 일을 거리낌 없이 했습니다. 그뿐만 아니라 그는 여자 문제도 하나의 수단으로 사용했습니다. 즉 여자는 얼마든지 유혹하는 수단으로 사용될 수 있고 뇌물로 바칠 수도 있다고 생각했던 것입니다. 이런 발람의 모습은 앞으로 신약 시대의 설교자들에게 아주 중요한 교훈을 줍니다. 왜냐하면 그는 이방인으로서 하나님의 말씀을 전하는 특권을 가진 사람인데, 사탄의 힘을 사용하기도 하고 돈 받는 것을 엄청 좋아하고 심지어는 여자 문제에도 빠져서 자기만 망하는 것이 아니라, 다른 하나님의 백성까지도 망하는 일을 하게 했기 때문입니다.

오늘의 목회자들은 이방인으로서 하나님의 말씀을 맡은 종입니다. 그들은 이 세상의 어느 누구도 누릴 수 없는 특권을 받았습니다. 그러나 교인이나 세상 사람들은 하나님의 말씀만 듣는 것을 별로 좋아하지 않습니다. 그러다 보니까 목회자들이 자꾸 성공의 덫에 빠지게 되어 교인에게 축복만 설교하고 헌금하게 만들고 큰 예배당을 세워서 많은 사람이 모이는 것을 축복이라고 생각한다는 것입니다. 그 결과 그들은 주로 어울리는 사람도 세상적 지위 있는 사람들이고 또 돈도 교인들에게 많이 받아서 여기저기에 뿌리면서 자기가 얼마나 통이 큰 사람인가 하는 것을 보여줍니다. 그런데 왜 하나님은 이런 엉터리 같은 목회자들을 바로 벌 주시지 않고 계속 하나님의 일을 하게 하시는 것일까요? 그 이유는 하나님은 악한 자도 사용하시기 때문입니다.

오래전에 미국에서 아주 성공한 목회자가 있었습니다. 그는 적극적인 사고방식을 가져야 한다고 해서 'Yes, I can'을 강조했습니다. 그는 수정으로 교회를 지었는데, 크리스털 처치라고 해서 우리나라에서도 많은 목회자가 그 교회에 가서 예배를 드리고 그의 가르침을 받았습니다. 저도 한번 라디오에서 그가 영어로 설교하는 것을 들은 적이 있는데, 연극배우인 줄 알고 깜짝 놀랐습니다. 그만큼 그의 목소리는 호소력이 있었습니다. 그는 깃내상을 창문가에 세워서 예배당에 있는 사람과 밖에서 차 안에 있는 사람이 같이 예배를 드릴 수 있게 했습니다. 그는 청바지를 입고 티셔츠를 입고 설교하기도 했습니다. 그러나 그의 목회의 끝은 아름답지 못했습니다. 그 아름다운 교회는 적자에 허덕이다가 결국 다른데 팔리게 되어 없어지고 말았습니다.

한때 미국의 한 유명한 목사가 있었는데, 그는 우리나라 어느 교회에 자주 초청받아서 집회하곤 했습니다. 교인들은 그렇게 하는 것이 교회가 세계화하는 길이라고 여겨서 좋아했습니다. 저는 그가 쓴 책《아무도 보는 이 없을 때 당신은 누구입니까?》라는 책 제목이 너무 좋았습니다. 그런데 책 내용은 그런 것과 상관이 없었습니다. 그러나 그의 끝은 좋지 못했습니다. 그가 다른 여자와 여러 해 살고 있다는 사실이 알려지면서 교회를 사임하고 사라져 버렸습니다.

그래서 하나님의 말씀으로 설교하고 성경을 전한다고 해서 다 하나님의 종이 아닙니다. 말씀을 전하는 자는 끝까지 좋아야 하는 것입니다.

## 2. 발람과 이스라엘의 관계

발람과 이스라엘의 관계는 이스라엘 백성이 40년 광야 생활을 마치고 가나안 땅에 들어가기 위해서 모압 평지에 도달하면서 맺어집니다. 이때의 정황이 민수기 22-24장에 잘 기록되어 있습니다.

이 당시 모압 왕의 이름은 발락이었는데, 그는 이스라엘 백성이 들판에 진치고 있는 모습을 보고 압도당하게 되었습니다. 모압 왕 발락은 이스라엘 백성이 쳐들어오면 막을 자신이 없었습니다. 그리고 이스라엘이 이렇게 대단하게 40년 동안 광야에서 살아남아서 모여 있는 모습을 보고 시기심이 생기기도 했습니다. 하나님은 이스라엘 백성에게 모압은 가나안 원주민이 아니기 때문에 치지 말라고 명하셨습니다. 그러나 발락은 하나님의 그 말씀을 믿지 못했습니다. 그래서 그때 가장 저주의 파워가 강했던 발람을 아람에서 초청해서 이스라엘 백성을 저주해 달라고 부탁한 것입니다.

발람은 모압 왕이 돈을 산더미 같이 준다는 말에 너무 가고 싶었습니다. 그러나 하나님은 발람에게 가지 말라고 경고하셨습니다. 그럼에도 발람은 가서 돈을 받고 싶어서 미칠 지경이 되었습니다. 그러자 하나님은 발람에게 가라고 하셨습니다. 길을 가는 도중에 하나님의 천사가 칼을 들고 죽이려고 서 있는 것을 나귀는 보았는데 발람은 보지 못했습니다. 그는 나귀가 앞으로 가지 못하니까 세 번이나 나귀 등을 때렸습니다. 그때 나귀가 갑자기 그에게 말을 했습니다. "왜 나를 세 번씩이나 때리느냐?"고 하면서 "앞에 길을 막고 칼을 들고 서 있는 천사가 보이지 않느냐?"고 했습니다. 나귀가 보았던 천사를 발람은 보지 못했던 것입니다. 발람은 자신이 대단한 하나님의 종이라고 생각했지만 실제로는 자기가 타고 다니는 나귀보다 못한 자였습니다. 발람은 죽음의 천사를 보고서야 목숨의 위험을 느끼고 천사에게 하나님이 원하시지 않으면 돌아가겠다고 합니다. 그러나 하나님의 천사는 발람에게 그렇게 가고 싶으면 가라고 했습니다. 그 대신 하나님이 하라고 하시는 말씀 외에는 한마디도 하지 말라고 했습니다.

모압 왕은 발람이 온 것을 기뻐하면서 어서 이스라엘 백성을 저주해 달라고 부탁했습니다. 그러나 하나님은 발람에게 이스라엘 백성을 저주하지 말라고 하셨습니다. 그래서 발람은 "하나님이 저주하지 않은 자들을 내가 어떻게 저주하겠느냐?"고 하면서 자기는 의인같이 죽기를 원한다고 했습니다. 그는 처참하지 않고 아름답고 깨끗하게 죽기를 원한다고 했습니다. 그러나 그의 삶이 아름답지 못했기 때문에 아름다운 죽음을 죽을 수 없었습니다. 그는 두 번째로 장소를 옮겨서 이스라엘 백성을 저주해 달라는 모압 왕의 부탁에 "하나님은 사람이 아니시니 거짓말을 하지 않으신다"고 하면서 이스라엘 백성을 헤칠 수 있는 주술이 없다고 했습니다.

모압 왕 발락은 세 번째로 장소를 옮겨서 발람에게 방에 금을 가득 채워줄 테니까 이스라엘 백성을 저주해 달라고 부탁하는데, 그때 드디어 그리스도에 대한 예언을 하게 됩니다. 즉 그는 "한 별이 야곱에게서 나올 것이라"고 예언했습니다(민 24:17). 예수님이 태어나실 때 한 별이 나타날 것은 놀랍게도 이 진실하지 못한 예언자의 입을 통하여 예언되었습니다. 아마도 이 말씀이 동방에 있는 박사들에게까지 전수되어서 그들은 한 큰 별이 나타났을 때 위대한 왕이 태어나셨다는 것을 깨닫고 산을 넘고 강을 건너서 베들레헴까지 가서 아기 예수님께 예물을 바쳤던 것입니다. 그리고 이스라엘은 그 후에도 자기 나라 깃발로 다윗의 별을 사용하고 있습니다. 이차대전 때 히틀러는 모든 유대인의 가슴에 다윗의 별을 달게 해서 그들을 수용소에 보내어 가스실에서 죽게 만들었습니다. 발람이 예언했던 이 별은 동방의 박사들의 길을 인도해서 베들레헴까지 가게 해서 아기 예수님을 만나게 했지만, 수많은 유대인은 이 별을 가슴에 달고 가스실에서 죽었던 것입니다. 그래서 발람의 예언은 사람을 살리기도 하고 사람을 죽이는 예언이 되기도 했습니다.

그러므로 설교자들은 오직 하나님의 말씀만 가지고 설교하는 중에 성령께서 각 사람에게 적용하시게 해야 합니다. 사람들이 좋아하든 싫어하든 이방인이요 죄인인 자들이 하나님의 말씀을 전하는 것은 엄청난 축복이고 특권입니다. 그럼에도 불구하고 어떤 목사들은 하나님의 말씀만 전하지 않고 세상의 성공 사례나 혹은 꿈과 미신이라든지 입신이나 아주 듣기 싫은 방언 같은 것을 사용하거나, 자기가 좋아하지 않는 사람들을 강대상에서 치거나 저주하는 설교를 한다면 이것은 끝이 좋지 못하게 될 것입니다.

### 3. 발람의 모략

발람은 아무리 많은 돈을 받고 이스라엘 백성을 저주하려고 해도 하나님께서 그의 입을 붙들고 계서서 저주할 수 없었습니다. 그래서 발람은 원하지도 않으면서 이스라엘을 세 번이나 축복했습니다. 그러나 발람은 자기가 모압 왕의 말을 들어주기만 하면 방 하나를 금으로 가득 채워주었겠다고 생각하니까 너무 아까워서 견딜 수 없었습니다. 더욱이 발람은 돈에만 욕심이 있는 것이 아니라 여자를 사용해서 저주하는 방법도 알고 있었습니다. 그래서 발람은 모압 왕에게 말로 이스라엘을 저주하는 것보다 더 확실하게 저주하는 방법이 있다고 제안했습니다. 그것은 바로 모압 여인들을 이용하는 것이었습니다.

그래서 발람은 이스라엘 백성이 지나가는 길옆에 우상과 우상에게 바칠 음식과 술을 준비해 놓으라고 부탁했습니다. 그리고 예쁘게 생긴 모압 여성들을 뽑아서 지나가는 이스라엘 백성을 유혹하라고 가르쳐주었습니다. 그랬더니 모압 왕은 시키는 대로 했습니다. 그렇게 모압 여자들이 지나가는 이스라엘 백성에게 손짓하며 유혹하니까 성에 굶주렸던 그들은 그 여인들에게 달려갔습니다. 그리고 수만 명의 이스라엘 백성이 모압의 우상에게 절하고 그 음식을 먹고 모압 여인들과 성관계를 가졌습니다. 이때 하나님께서는 이스라엘 백성이 달려가는 길을 막으면서 전염병으로 치셨지만 이스라엘 백성은 너무나 모압 여자들을 좋아해서 죽어가면서도 달려갔습니다. 그리고 이스라엘 백성 안에는 역병이 퍼지고 있었습니다. 이때 모세는 이스라엘 지도자들 중에서 모압 신에게 절하고 모압 여인과 관계한 사람들을 잡아서 목을 매달아 죽였습니다. 그리고 단 하루 만에 역병에 걸려서 죽은 이스라엘 백성의 수는 이만 사천 명이나 되었습니다.

이때 이스라엘 백성이 깨달았던 것은 그들에게 가장 무서운 원수는 40년 동안의 광야 길이 아니라 하나님의 말씀도 쓰면서 인간적인 방법이나 사탄의 방법을 쓰는 거짓 선지자 발람이라는 사실이었습니다. 이스라엘 백성은 그가 껍데기는 하나님의 종이지만 속에는 늑대가 들어 있는 거짓 선지자인 것을 알았습니다. 그래서 오늘 본문을 보면, 하나님의 종이라고 큰소리를 치던 발람은 결국 이스라엘 백성의 손에 의해서 비참하게 죽고 말았습니다. 한때는 발람이 자기 계략을 써서 이스라엘 백성을 함정에 빠트리고 방을 하나 가득 채울 정도의 돈을 받았지만 그의 죽음은 아름답지 못했습니다.

발람은 이스라엘이 축복받은 백성이라는 것을 알았습니다. 그리고 이스라엘을 저주할 수 있는 주문은 없다고 했습니다. 그는 사실 의

인의 죽음 곧 성도로서 죽고 싶어 했습니다. 그러나 그의 삶은 성도가 아니라 이방인의 삶이었으므로 결국 이방인들과 같이 저주의 죽음을 죽었습니다. 요한계시록에 보면 주님이 신약 시대에도 발람의 교훈을 따르는 교회들이 많다고 하셨습니다(계 2:14). 만약 교회가 발람의 교훈을 따르지 않고 성경 말씀만 전했더라면 지금 같은 불신을 당하지는 않을 것입니다.

우리가 아무리 이렇게 죽고 싶다 혹은 저렇게 죽고 싶다고 해도 우리 뜻대로 되지 않습니다. 우리가 성도다운 삶을 살 때 우리의 죽음도 하나님께서 천사들을 통하여 지켜주셔서 아름답게 마무리할 수 있는 것입니다. 오늘 우리나라의 많은 교회가 발람의 길을 따라가고 있습니다. 그렇게 가면 당장은 좋을지 모르지만, 끝이 좋지 않게 됩니다. 끝까지 아름다운 성도의 삶을 사시는 성도들이 다 되시기를 바랍니다.

# 18
## 갈렙처럼 나이 들기
수 14:6-15:63

**젊**었을 때 뛰어난 얼굴과 몸매로 전 세계 여성의 마음을 사로잡았던 프랑스 남자 배우가 있었습니다. 그는 알랭 들롱이라는 배우인데, 그가 주연한 〈태양은 가득히〉라는 영화는 안 본 사람이 없을 정도로 인기가 높았습니다. 그러나 이제는 그도 노인이 되어서 평범한 할아버지의 모습이 되었습니다. 거기에다가 그는 병까지 걸려 안락사를 하고 싶은데 프랑스에서는 안락사가 허용되지 않으니까 스위스로 갈 것이라는 뉴스를 보았습니다. 실제로 호주의 한 물리학자인 대학 교수는 안락사를 위하여 스위스에 가서 의사의 도움을 받아서 그의 인생을 마쳤습니다.

얼마 전 어느 기관에서 우리나라의 노인에 대한 설문 조사를 했는데, 그것은 '우리나라 노인들이 어떻게 죽기를 원하는가' 하는 것이었습니다. 설문에 답한 노인들의 60% 이상은 늙어서 병들게 되면 의사의 도움을 받아서 안락사를 하고 싶다고 대답했습니다. 이것은 우리나라 노인들이 얼마나 자신의 미래에 대하여 비관적으로 생각하며 소망 없이 살아가고 있는지를 보여줍니다. 나이가 들면 치매가 오기도 하고, 또 힘이 없어서 휠체어를 타든지, 아니면 간병인의 도움을 받아서 목욕도 하고 옷도 입을 수 있기 때문입니다.

지금 우리나라에서 가장 부러움을 사고 있는 분은 아마도 김형석 교수일 것입니다. 그분은 제가 대학생 때 《영혼과 사랑의 대화》라는 책으로 인기를 끌었습니다. 그런데 이제 103살이 되어서도 여전히 강의하고 책을 쓰고 있습니다. 저는 그분이 쓴 《백 년을 살다보니》라는 책을 아주 재미있게 읽었습니다. 이것을 보면 이분은 건강도 참 좋으시고 정신력도 대단한 것을 알 수 있습니다. 그리고 얼굴도 예전에 비하여 그렇게 많이 늙지 않았습니다. 그러나 이분도 사실 고생을 많이 했습니다. 이분의 부인이 중풍에 걸려서 20년 동안이나 꼼짝하지 못하고 누워 있다가 돌아가셨기 때문입니다.

사람들은 누구든지 나이가 들면 늙게 되어 있습니다. 그러나 사람이 나이가 들어서 늙으면 소망을 가질 수 없습니다. 왜냐하면 무슨 일을 하려고 해도 자기에게 남아 있는 시간이 얼마 없기 때문입니다. 그리고 전에는 전혀 생각하지 못했던 병이 생기게 되고 몸이 여기저기 아프게 됩니다. 그리고 자기가 살아남아 있는 동안 무엇을 해야 할지 알지 못합니다. 왜냐하면 무슨 일을 해야 할지도 알 수 없고 어떤 일을 할 힘도 남아 있지 않기 때문입니다.

"우리의 겉사람은 날로 낡아지나 우리의 속사람은 날로 새로워지도다"(고후 4:16)라고 했습니다. 그래서 우리 크리스천은 늙어갈수록 더 젊어지고 더 싱싱해지고 독수리와 같은 비전을 가지는 것이 정상입니다. 그래서 이 세상에서 가장 눈부실 정도로 아름답고 부러운 부류의 사람은 바로 크리스천 노인입니다. 그러나 우리의 현실은 그렇지 못합니다. 교회에서도 나이 많은 노인들은 아무래도 힘도 없고 소망도 없고 꿈도 없이 하루하루를 살아가고 있는 실정입니다.

그런데 우리는 본문에서 한 노인을 만나게 됩니다. 그는 나이가

85세나 되었지만 젊은이 못지않은 비전과 용기와 힘을 가지고 있습니다. 그는 바로 갈렙입니다. 언젠가 《갈렙처럼 나이 들기》라는 책이 있어서 읽어본 적이 있습니다. 우리 크리스천은 젊었을 때는 요셉과 다윗같이 젊은 시절을 보내야 하고, 중년 때는 사도 바울같이 하나님의 일을 온 힘을 다해서 감당해야 하고, 늙어서는 갈렙처럼 늙어가야 하는 것입니다.

## 1. 하나님의 말씀과 함께 한 인생

갈렙의 한평생은 하나님의 말씀과 함께 한 삶이었습니다. 그는 하나님의 말씀을 잠시라도 잊어본 적이 없었습니다. 여호수아가 가나안 땅을 정복하는데 가장 힘든 곳이 남아 있었습니다. 그곳은 바로 헤브론 산지였는데, 지형이 산이었기 때문에 공격하기가 힘이 들었고 특히 그 산지에는 거인족들이 살고 있어서 이스라엘 백성으로서는 정복하기가 아주 힘들었습니다. 여기에 사는 거인들은 힘이 얼마나 세었던지 몽둥이나 창 자루를 가지고 한번 휘두르면 열 명쯤의 사람들을 날려버릴 정도였습니다.

헤브론은 가나안 땅 중에서 가장 정복하기 힘든 곳이었기 때문에 어느 지파도 먼저 나서지 않고 망설이고 있었습니다. 그때 이미 나이가 85세나 되어서 늙은 갈렙이 여호수아 앞에 나와서 "당신도 옛날에 나와 함께 있어서 지켜보아서 알겠지만 하나님께서는 이 땅을 내가 정탐해서 밟았기 때문에 내가 차지할 것이라고 말씀하셨다"고 하며, "나는 그 하나님의 말씀을 믿고 40년을 기다려 왔는데 이제 드디어 헤브론 산지가 남았으므로 나로 하여금 가나안 족속들과 싸우도록 허락해 달라"고 요청했습니다.

14:6-7, "그 때에 유다 자손이 길갈에 있는 여호수아에게 나아오고 그니스 사람 여분네의 아들 갈렙이 여호수아에게 말하되 여호와께서 가데스 바네아에서 나와 당신에게 대하여 하나님의 사람 모세에게 이르신 일을 당신이 아시는 바라 내 나이 사십 세에 여호와의 종 모세가 가데스 바네아에서 나를 보내어 이 땅을 정탐하게 하였으므로 내가 성실한 마음으로 그에게 보고하였고"

이스라엘 백성은 출애굽한 후 1년 40일 만에 남쪽 가나안의 경계선인 가데스 바네아까지 오게 되었습니다. 원래 정상적으로 진행하면 40일 만에 올 수 있었지만 이스라엘 백성은 시내산에서 하나님의 율법을 돌비로 받았고, 또 성막을 짓는데 1년을 보냈기 때문입니다. 이제 이스라엘 백성은 가나안 경계선까지 왔으므로 하나님의 말씀을 믿고 가나안 땅으로 진격만 하면 되었습니다. 그러나 이스라엘은 가나안 족속을 너무 몰랐기 때문에 가나안 땅을 정탐하면 좋겠다고 생각했습니다. 그래서 이스라엘 열두 지파에서 한 명씩 대표를 뽑아서 가나안 땅을 40일간 정탐하게 했습니다.

이때 열두 정탐꾼이 보고하는 데 일치하는 것이 있었습니다. 그것은 가나안 땅이 얼마나 기름진지 젖과 꿀이 흐르는 땅이 틀림없다는 것이었습니다. 그러나 그 후부터는 보고 내용이 완전히 달랐습니다. 열두 정탐꾼 중에서 열 명은 가나안 땅 사람들은 너무 강하기 때문에 절대로 가나안 땅을 정복할 수 없다고 보고했습니다. 가나안 땅의 성은 얼마나 높은지 하늘에까지 닿았으며, 그들은 문명이 발달했고, 병거나 창이나 활을 가지고 전쟁하며 거인족들이 있어서 우리는 그 앞에서 메뚜기나 마찬가지라는 보고였습니다. 그래서 이스라엘이 할 수 있는 최선은 다시 애굽의 노예가 되는 길밖에 없다고 했습니다.

그러나 그때 단 두 명의 정탐꾼, 여호수아와 갈렙은 앞서 열 명이 보고한 것은 틀림없는 사실이지만 우리에게는 하나님이 계시기 때문에 얼마든지 그들과 싸워서 이길 수 있다고 보고했습니다. 그때 이스라엘 백성은 여호수아와 갈렙의 말은 듣지 않고 열 명의 보고에 "우리가 모세에게 속았다"고 하면서 통곡하고는 다시 애굽으로 돌아가서 종이 되자고 했습니다. 이스라엘 백성은 애굽에서 그들을 이끌어 내시고 홍해를 가르시고 시내산에서 율법을 주신 하나님을 철저하게 무시했습니다. 이에 하나님은 그들에게 너무 실망하셔서 광야로 다시 돌이키게 했습니다. 그 말을 듣지 않고 또 가나안 땅으로 쳐들어간 사람들은 가나안 사람들의 칼에 맞아 죽었습니다.

하나님은 모세에게 말씀하시기를, 그들이 하나님의 말씀을 업신여겼으므로 그들이 가나안 땅을 정탐했던 40일을 하루를 1년으로 계산해서 40년을 광야에서 돌아야 한다고 하셨습니다. 이때 갈렙은 하나님의 말씀을 믿었고, 하나님이 함께하시면 얼마든지 가나안 땅을 정복할 수 있다고 생각했습니다. 이때 갈렙의 나이 사십 세였습니다. 갈렙의 마음은 준비가 되었지만 다른 이스라엘 백성의 마음이 준비되지 않아서 갈렙은 무려 40년을 그들과 함께 돌아야만 했습니다. 모든 이스라엘 백성이 한마음 되어서 가나안 땅으로 돌격하면 되는데 믿음이 없어서 무려 사십 년을 광야에서 기다리고 또 기다려야 했던 것입니다.

그러나 갈렙에게는 하나님의 약속이 있었습니다.

14:9, "그 날에 모세가 맹세하여 이르되 네가 내 하나님 여호와께 충성하였은즉 네 발로 밟는 땅은 영원히 너와 네 자손의 기업이 되리라 하였나이다"

갈렙은 가나안 땅으로 진격하지 못했지만, 하나님은 모세를 통해서 갈렙이 정탐하였고 발로 밟았던 땅은 영원히 그와 그의 자손의 기업이 된다고 약속하셨습니다. 그래서 갈렙은 자기가 정탐했던 땅을 다시 밟을 때까지 살아 있어야 했습니다. 그러나 현실은 하나님의 말씀과 너무 거리가 멀었습니다. 이스라엘 백성은 기회가 있을 때마다 모세를 대적했고, 그 결과 광야에서 죽어갔습니다. 그들은 불뱀에 물려 죽기도 했고, 그들이 생각했던 것보다 너무 일찍 죽어서 땅에 묻혔습니다. 아마 그들의 마음은 너무 조급했고, 또 광야 생활에 불만을 가지는 바람에 만족이 없었기 때문입니다. 결국 얼마나 무서운 결과가 나타났는가 하면, 광야 40년이 지나면서 출애굽했던 남자 장년 60만 명 중에서 여호수아와 갈렙만 남고 다 광야에서 죽고 말았던 것입니다.

자기와 친했던 사람들이 나이 들어 한 사람 두 사람 죽고 자기 혼자만 남는다면 이 얼마나 외롭고 쓸쓸한지 모릅니다. 그래서 나이가 들면 마음이 통하는 젊은 사람이 한 사람은 있어야 한다고 하는데, 젊은 사람 중에서 늙은 사람을 상대하고 싶은 사람이 없을 것입니다. 그러나 신앙 안에서는 가능합니다. 모세에게는 여호수아가 있었고, 사도 바울에게는 디모데와 누가가 있었고, 베드로에게는 요한과 마가가 있었습니다. 이렇게 나이 든 사람이 젊은 사람과 통할 수 있는 것은 바로 하나님의 말씀이 날마다 새롭고 공감이 가고 신기하기 때문입니다. 하나님의 말씀이 있으면 나이 든 사람도 반드시 젊은 제자나 동역자와 서로 말이나 비전이 통해서 언제나 젊은 마음을 가질 수 있는 것입니다.

갈렙에게는 그의 믿음을 신뢰하는 젊은 유다 사람들이 있었습니다. 그리고 갈렙은 젊은 사람들의 마음을 너무 잘 이해하고 있었습니다. 우리가 하나님의 말씀을 가지고 있으면 늙지 않습니다. 오히려 더 성숙하고 더 아름다운 믿음을 가지게 됩니다. 즉 완숙된 믿음입니다.

## 2. 하나님이 주신 건강

오늘 우리는 건강을 위해 노력을 많이 하고 있습니다. 그래서 걷기 좋은 곳을 가 보면 밤에 많은 사람이 걷고 있는 모습을 볼 수 있습니다. 직장인들은 헬스장의 러닝머신 위를 달리면서 땀을 흘립니다.

그러나 아무리 건강해도 한번 큰 병을 앓고 나면 몸이 쇠약해져서 힘이 없어지게 됩니다. 예전에 한 할머니 성도가 계셨는데, 한평생 에어로빅을 해서 몸이 아주 건강하고 신체가 탄탄하셨습니다. 그런데 어느 날 갑상선암에 걸려서 수술하고 난 후에 그만 급속하게 몸이 쇠약해지셨습니다. 그래서 약한 모습으로 살다가 돌아가셨습니다. 그런데 이분이 돌아가시기 전에 저에게 이런 말씀을 하셨습니다. 자기가 병원에 누워서 자는데 꿈에 목사님이 심방을 오셨더라는 것입니다. 세상에 꿈에 심방하는 것이 어디에 있습니까? 그래서 저는 우스갯소리로 "예, 요즘 꿈에도 심방하느라고 좀 바쁩니다"라고 대답했는데 그분은 정말 진지하셨습니다. 저는 이분이 얼마나 교회에 오고 싶고 얼마나 목사의 얼굴을 보고 싶었으면 꿈에 심방 온 이야기를 다 하시는가 생각하고 속으로 울었습니다. 하지만 건강은 자기 자신도 잘 유지해야 하지만 하나님이 주시는 선물입니다. 하나님께서는 하나님의 말씀을 사랑하는 자에게 건강을 주시고 장수도 주십니다.

구약 성경에서 보면, 하나님은 히스기야의 눈물의 기도를 들으시고 그의 죽을병을 치료해 주시고 그의 수명을 15년 연장해 주셨습니다(왕하 20:1-11). 우리가 건강이나 미래 문제를 두고 너무 염려하지 말아야 할 이유는 하나님이 우리와 함께 계시기 때문입니다. 그리고 하나님은 사랑하는 자에게 건강이나 장수도 선물로 주십니다.

갈렙은 열악한 조건에서 40년 동안 광야를 돌았습니다. 그러나 갈렙은 나이가 들수록 더 건강해졌습니다. 나이가 80이 넘었는데도 옛날 40대처럼 건강했습니다. 이 얼마나 부러운 일입니까? 갈렙이 이렇게 건강했던 이유는 하나님께서 갈렙의 건강을 지켜주셨고, 낙심이나 침체에 빠지지 않도록 늘 지켜주셨기 때문입니다.

> 14:10-11, "이제 보소서 여호와께서 이 말씀을 모세에게 이르신 때로부터 이스라엘이 광야에서 방황한 이 사십오 년 동안을 여호와께서 말씀하신 대로 나를 생존하게 하셨나이다 오늘 내가 팔십오 세로되 모세가 나를 보내던 날과 같이 오늘도 내가 여전히 강건하니 내 힘이 그 때나 지금이나 같아서 싸움에나 출입에 감당할 수 있으니"

갈렙은 다른 사람들과 똑같이 만나를 먹었고, 똑같이 광야라는 환경에서 생활했습니다. 그러나 갈렙의 마음속에는 비전이 있었고, 하나님의 약속이 있었습니다. 그것은 자기는 반드시 살아서 하나님께서 자기에게 약속하신 땅을 밟아야 한다는 것이었습니다. 그런데 갈렙과 같이 출애굽한 성인은 여호수아를 빼놓고는 모두 광야에서 죽었습니다. 여기서 45년은 광야에서 40년과 가나안 땅을 정복하는 기간 5년을 더한 햇수입니다. 갈렙은 나이가 85세였지만 옛날 40대와 마찬가지로 강건했습니다. 그는 전쟁도 할 수 있고 얼마든지 다른 일도 할 수 있다고 장담했습니다.

드디어 갈렙은 자기가 그동안 45년 동안 품고 있었던 비전을 실행에 옮기려고 했습니다. 이것은 기럇 아르바 즉 헤브론을 정복하는 것이었습니다. 헤브론은 산지였고 거인족들이 살고 있어서 어느 누구도 정복하려고 하지 않는 지역이었는데, 이 헤브론 산지를 자기에게 맡겨달라는 요청이었습니다.

> 14:12, "그 날에 여호와께서 말씀하신 이 산지를 지금 내게 주소서 당신도 그 날에 들으셨거니와 그 곳에는 아낙 사람이 있고 그 성읍들은 크고 견고할지라도 여호와께서 나와 함께 하시면 내가 여호와

께서 말씀하신 대로 그들을 쫓아내리이다 하니"

하나님의 약속은 아무리 많은 시간이 지나도 그 효력은 약해지지 않습니다. 갈렙은 45년 전에 하나님이 약속하신 대로 "이 산지를 나에게 맡겨달라"고 했습니다. 아무리 그 성이 크고 견고하고 또 거인 족이 살고 있어도 하나님이 함께하시면 얼마든지 그들을 쫓아낼 수 있다는 것이 갈렙의 믿음이었기 때문입니다. 갈렙은 하나님의 말씀은 반드시 이루어지며 그때까지 자기는 죽을 수 없다고 생각했습니다.

신약 성경에 보면 나이가 들어서도 죽지 않고 성전에 나와서 메시야를 기다렸던 사람들이 있습니다. 그들은 시므온과 안나였습니다(눅 2:25-39). 그들은 어느 날 성전에서 메시야를 만나게 될 것이라는 말씀을 들었습니다. 그래서 그들은 결사적으로 살았습니다. 그들은 메시야를 만나야만 했기 때문입니다. 마침내 그들은 성전에서 마리아가 안고 올라온 아기 메시야를 만났습니다. 그들은 하나님께 감사 기도를 드리고 메시야를 축복했습니다. 그리고 시므온은 하나님께 "주여, 이제는 저를 평안히 놓아주시는군요"라고 감사하며 기도했습니다. 그는 이제야 마음 놓고 평안히 죽을 수 있었기 때문입니다.

## 3. 갈렙의 꿈이 성취되다

갈렙이 헤브론 땅 산지를 차지하는 것은 15장에 나옵니다. 헤브론 산지에는 유명한 거인들이 살고 있었는데, 그들의 이름은 세새와 아히만과 달매였습니다. 이들이 얼마나 힘이 센지 열 명의 이스라엘 사람들이 덤벼들어서 이길 수 없는 정도의 거인이었습니다.

15:17, "갈렙의 아우 그나스의 아들인 옷니엘이 그것을 점령함으로

갈렙이 자기 딸 악사를 그에게 아내로 주었더라"

　　15장 13-19절을 보면, 갈렙은 자기와 함께 한 젊은 유다 사람들에게 동기를 부여했습니다. 그것은 누구든지 먼저 기럇 세벨을 올라가서 정복하는 자에게는 자기 딸 악사를 아내로 주겠다는 약속이었습니다. 아마 악사는 아름다운 처녀였을 것입니다. 유다의 남자들은 갈렙의 사위도 되고 아름다운 악사를 차지하기 위하여 기를 쓰고 헤브론 땅으로 올라가서 적을 처부수었습니다. 그중에서 가장 용감한 자는 갈렙의 아우 그나스의 아들 즉 조카인 옷니엘이었습니다. 옷니엘이 하나님을 믿는 믿음을 가지고 가장 먼저 용감하게 공격하니까 산지의 사람들이 옷니엘을 이기지 못하고 죽든지 밀려났고 그 유명한 거인 삼 형제도 옷니엘의 손에 죽었습니다. 그리고 딸 악사는 옷니엘과 결혼하고 아버지를 만나러 가서 인사를 했습니다. 그때 갈렙이 무엇을 구하느냐고 물으니까 밭을 달라고 하면서 그곳과 함께 샘물도 달라고 했습니다. 그래서 갈렙은 자기 딸 악사에게 윗샘과 아랫샘을 주었습니다.

　　우리 크리스천 노인들은 이제 풀타임으로 자신의 인생을 돌아볼 수 있고 기도할 수도 있습니다. 크리스천 노인들은 전부 제사장으로 생각하면 됩니다. 이제는 남을 시기할 것도 없고 원수질 일도 없습니다. 우리가 하나님의 말씀을 듣고 기도하면 기름이 막 솟아오릅니다. 그 기름은 바로 성령의 기름입니다. 사막이 오아시스로 변하고, 교회가 기름밭으로 변합니다. 거기에 불만 던지면 부흥의 불이 붙게 되는 것입니다. 노인들이 젊은이들을 축복하면 복을 받습니다. 그래서 자꾸 축복해 주시기 바랍니다. 이제는 돈 걱정도 하지 마시고 오직 부흥과 자녀들의 번영을 위해 기도하시기 바랍니다.

## 19 지켜야 할 유산
수 16:1-19:51

**만**일 우리에게 엄청난 부자 아버지가 있어서 자동차 회사도 물려주고 중공업 회사도 물려주고 대학교도 물려준다면 너무나도 좋을 것입니다. 그러나 사실 우리에게는 이런 아버지가 계십니다. 이 세상의 어떤 재벌보다 재산이 많으신 아버지가 우리에게 있습니다. 하나님께서는 우리에게 천국 문으로 들어와서 좋은 것을 마음껏 다 가지라고 말씀하십니다. 그러나 우리 눈에는 천국 문이 보이지 않습니다. 천국 문만 보인다면 사람들이 밀려들어서 이 문이 미어터질 텐데 사람의 눈에는 그 모든 보물이나 입구가 보이지 않는 것입니다. 그래서 우리는 오직 땅의 것만 생각할 뿐입니다.

우리나라는 조상으로부터 물려받은 땅이 있고 한글이라는 언어가 있고 또 많은 고유의 문화가 있습니다. 우리는 이것들을 다른 나라에 빼앗기지 말고 잘 지켜나가야 합니다. 일본은 일제 강점기 때 한글을 쓰지 못하게 하고 우리나라 이름을 일본 이름으로 다 바꾸게 했습니다. 또 중국은 동북 공정이라고 해서 만주를 중국의 역사로 바꾸어 가고 있습니다. 그러나 만일 우리나라가 통일되었더라면 만주 땅은 중국과 많은 영토 시비가 있었을 것입니다. 거기에 광개토왕비가 있고, 그곳은 발해의 옛땅이었습니다. 또 우리가 가끔 부르는 '선구자'라는 노래에 보면 "한 줄기 해란강은 천 년 두고 흐른다"라는 가사가 나오는데 그 해란강이 바로 만주에 있는 땅입니다. 옛날 용정이나 북간도 같은 곳은 인구의 80%가 조선인들이었습니다.

요즘 우크라이나와 러시아는 크림반도를 누가 차지하느냐 하는 문제로 사생결단하고 싸우고 있습니다. 러시아의 푸틴은 탱크나 비행기로 안 되니까 핵무기를 쓰겠다고 엄포를 놓고 있습니다. 이것은 마치 다윗과 골리앗의 싸움과 같은데 놀랍게도 우크라이나가 러시아를 조금씩 밀어내고 있습니다. 우크라이나에 있는 작은 지역 중에 러시아의 영토에 가입하기로 결정한 곳들은 주민의 80%가 러시아 사람들이라고 합니다.

가나안 땅에 들어와서 중요한 전쟁을 모두 이기고 가나안 족속을 쳐부순 여호수아는 이제 나이가 많이 들어서 직접 전쟁을 지휘할 수 없었습니다. 그런데 이스라엘은 전쟁에서 이겼지만 실제로는 거의 가나안 땅을 차지하지 못하고 있었습니다. 왜냐하면 군인이 아닌 주민들이 물러나지 않고 그대로 버티고 있었기 때문입니다. 결국 여호수아가 내린 결론은 각 지파에게 영토를 정해주고, 각 지파가 그곳에 있는 원주민을 몰아내고 그 땅을 직접 차지하게 하는 것이었습니다. 그들이 가나안 족속을 몰아내야 하는 이유는 무엇입니까? 그들이 지독한 우상 숭배자들이었고 무당이었고 점쟁이들이었기 때문입니다.

### 1. 요단 동쪽의 땅

이스라엘 백성 중에서 가장 쉽게 자신들의 기업을 차지한 지파는 요단 동쪽의 땅을 차지한 지파들이었습니다. 그때는 모세가 살아 있었고 비록 거인족들이 그곳에 살고 있었지만 모든 이스라엘이 힘을 합쳐서 싸웠습니다. 그래서 요단 동쪽에 있는 바산 왕국과 헤스본 왕국을 몰아내고, 르우벤 지파, 갓 지파, 므낫세 반 지파가 그 비옥한 땅을 차지해서 양을 키우게 되었습니다. 므낫세 지파는 요셉 지파라고 하기도 하는데, 요셉 때문에 복을 받아서 요단 동쪽에도 땅을 차지하고 요단 서쪽 본토에도 땅을 차지하게 됩니다. 그래서 므낫세는 반 지파라고 해서 반은 요단 동쪽을 차지하고 반은 서쪽 본토를 차지하게 됩니다. 그래서 므낫세 지파는 상당히 넓은 땅을 차지합니다. 그래서 양을 키우고 싶은 사람들은 요단 동쪽의 골란고원에서 양을 치고, 농사를 짓고 싶은 사람은 본토에서 농사를 지었습니다.

그런데 이 요단 동쪽의 이스라엘 지파는 땅을 차지하는 데 신앙적인 측면을 전혀 고려하지 않고 오직 양을 치기에 좋은 땅만 생각했습니다. 이것은 아무래도 신앙적인 면을 소홀히 한 의도가 있습니다. 물론 지금도 직장을 옮기게 되면 집을 옮기게 되고 그러면 자연스럽게 새로 이사 간 지역에 가서 새 교회를 찾아야 합니다. 그러나 하나님의 말씀이 살아 있고 자기에게 맞는 교회를 찾는 것은 너무나도 어려운 일입니다. 그래서 교인들은 이사 가기 전에 자기가 가는 도시에 좋은 교회가 있으면 추천해 달라고 부탁합니다. 그러나 사실 목사님들을 다 알기는 어렵고 결국 크고 이름 있는 교회를 찾아갈 수밖에 없는 것입니다. 그래서 우리 교회 어떤 부부는 상당히 먼 곳으로 직장을 따라 이사 갔는데도 수년 동안 기차를 타고 우리 교회에 다녔습니다. 그리고 어쩔 수 없어서 다른 곳으로 가게 된 분들은 고민하다가 인터넷으로 꼭 예배를 드린다고 합니다. 그래서 우리 교회는 인터넷 교인들이 아주 많고 외국에도 많이 있습니다. 우리는 이 인터넷 교인들을 위해서도 기도해야 합니다.

그리고 요단강은 요단강 동쪽 사람들이 자유롭게 왕래하기에는 상당한 장애가 되었습니다. 그래서 요단 동쪽 지파는 자주 전쟁에 휩싸였습니다. 암몬이나 모압 족속들이 툭하면 그곳에 쳐들어와서 땅을 내놓지 않으면 눈알을 뽑아버리겠다고 협박했습니다. 지금도 요단 동쪽 땅은 이스라엘이 차지하지 못하고 요르단의 영토입니다. 역시 하나님의 말씀을 최우선적으로 생각하지 않고 땅만 생각했던 두 지파 반은 이스라엘의 영토를 넓히는 데는 도움이 되었지만, 결국 그 땅을 오래 지키지 못하고 다른 이방 족속에게 빼앗기고 말았습니다. 우리는 무슨 결정을 내릴 때 돈 문제보다는 신앙을 가장 중요하게 생각하고 선택해야 오래오래 하나님의 복을 받을 수 있습니다.

## 2. 요단 서쪽 본토의 이스라엘

요단 서쪽 본토에서 가장 넓은 땅을 차지한 지파는 유다 지파였습니다(15:1-12). 그리고 서쪽 므낫세 반 지파였습니다(17:1-13). 역시 형들에게 팔려서 애굽의 노예가 되었던 요셉의 자손들은 복을 받았습니다. 그래서 요셉의 후손들은 므낫세가 거의 두 지파 분을 받고 에브라임이 한 지파 분을 받았으므로 다른 지파의 세 배나 되는 땅을 분배받게 됩니다. 우리는 제비를 잘 뽑아야 한다고 말하지만 사실 이스라엘의 제비는 하나님이 주시는 선물이었습니다.

유다 지파는 이스라엘 열두 지파 중에서 신앙을 가장 중요시하는 지파였습니다. 이스라엘 백성은 가나안 족속들을 몰아내기 이전에 먼저 하나님께 물어보았습니다. "어느 지파부터 가나안 땅을 공격하면 좋겠습니까?"라고 물으니까 하나님은 "유다!"라고 대답하셨습니다. 유다는 그 답을 듣자마자 바로 가나안 땅으로 진격했습니다. 그러나 그런 유다 지파도 지금까지는 항상 이스라엘 열두 지파 중에서 군인을 뽑아서 군대를 만들었는데, 이번에는 자기들만의 힘으로 그 지독

한 족속들을 쫓아내려고 하니까 자신이 없었습니다. 그래서 작고 땅이 자기 영역 안에 있는 시므온 지파에게 우리와 협력해서 가나안 족속들을 몰아내자고 제안하니까 시므온 지파도 좋다고 했습니다. 시므온 지파는 너무 작아서 혼자 힘으로는 가나안 족속들을 몰아낼 수 없었기 때문입니다. 그래서 유다와 시므온은 가나안 족속들을 몰아내고 무사히 자신들의 땅을 차지했습니다.

그런데 이스라엘 백성이 자신들의 땅을 지키는 중요한 원칙이 있었습니다. 그것은 그들이 하나님의 율법을 잘 지키는 것이었습니다. 이스라엘 백성이 하나님 율법의 말씀을 잘 지키면 하나님의 천사가 그들의 땅을 지켜주었습니다. 그러나 이스라엘 백성이 하나님을 멀리하고 율법을 지키지 않으면 그들을 지키는 천사가 떠나버리기 때문에 뻥 뚫린 국경이 되어버리고 맙니다. 그러면 적이 쳐들어와서 망하게 되는 것입니다.

므낫세 지파는 요셉의 후손이어서 복을 받았고, 유다는 하나님의 말씀이면 무조건 제일 먼저 순종해서 복을 받았습니다. 그래서 이 두 지파가 가장 큰 땅을 차지하게 됩니다. 그다음에는 베냐민 지파인데, 예루살렘 부근의 작은 땅을 차지했습니다. 그러나 베냐민은 예루살렘이라고 하는 아주 중요한 곳을 자신들의 영역 안에 두고 있었습니다. 그래서 베냐민은 비록 땅은 작고, 또 다른 지파들은 다 금송아지 섬기는 신앙으로 변질되어 버리지만, 베냐민은 유다 지파와 협력해서 끝까지 하나님을 섬기는 지파로 남게 됩니다. 사도 바울도 베냐민 지파였습니다.

그리고 에브라임 지파가 나옵니다(16:5-10). 에브라임 지파가 제비 뽑은 땅은 주로 가나안의 중부 지방이었는데, 자기들이 생각한 것보다 땅이 작았고 또 산지가 많아서 농사짓는데 많이 부족했습니다. 그래서 에브라임 지파는 여호수아를 찾아가서 원망했습니다. 에브라임 지파는 항상 불만과 불평이 많았으며 할 수만 있으면 다른 지파의 땅을 탐내었습니다. 특히 요단 양쪽의 두 군데나 땅을 차지하고 있는 므낫세 지파에 대하여 언제나 시기했고 그 땅을 빼앗으려고 했습니다. 여호수아는 찾아와서 불평하고 따지는 에브라임 지파에게 "너희는 어찌하여 하나님이 주시는 땅을 공짜로 얻으려고만 하느냐? 너희는 땅을 개간하든지 아니하면 산에 가서 나무를 베어서 땅을 만들라. 그리고 그곳에 있는 가나안 족속들을 몰아내기만 하면 얼마든지 넓은 땅을 만들 수 있다"고 책망하듯 말했습니다. 그래서 우리는 교회가 크다 작다, 불평하거나 교만하기 이전에 우리에게 주어진 것을 잘 활용해서 부흥만 일어나면 땅만 넓고 덩치만 크고 부흥이 일어나지 않는 지파보다 훨씬 축복된 삶을 살 수 있는 것입니다.

저는 처음에 아주 작은 교회를 개척했습니다. 저는 이 교인들을 오직 하나님의 말씀만 가지고 먹였습니다. 그런데 참 어려웠습니다. 교인들은 교회가 작아서 그런지 잘 오지 않았습니다. 그리고 제가 하는 설교가 자기에게 부딪치니까 욕을 하면서 많이 떠나기도 했습니다. 그러나 저는 실망하지 않고 오직 말씀으로만 교인들을 먹였습니다. 개척한 지 6년쯤 지나자 말씀에 갈급했던 청년들이 몰려오기 시작했습니다. 그때 교인들의 수는 3백 명쯤 되었는데, 제가 생각하기에 그때가 가장 뜨거웠고 가장 행복했고 가장 아름다운 교회였습니다. 그리고 저는 지방에 있고 오래된 큰 교회도 그렇게 될 수 있다고 믿었습니다. 그렇게 어느 날 갑자기 대구로 내려왔습니다. 그런데 동부교회도 그렇게 되었습니다. 뜨거웠고 행복했고 많은 사람이 모였고, 청년들이 많이 모이는 유명한 교회가 되었습니다. 우리는 3년 넘게 코로나를 맞으면서 교회가 좀 위축되었습니다. 그러나 우리는 유다 지파처럼 하나님의 말씀에 가장 앞서는 교회가 되어야 하고, 사탄과의 싸움에서 이기는 교회가 되어야 합니다.

## 3. 불행했던 지파

제비를 뽑다 보면 좋은 것을 뽑기도 하지만 좋지 않은 것을 뽑는 경우도 있습니다. 이스라엘 열두 지파 중에서 가장 제비를 잘못 뽑은 지파는 단 지파였습니다. 단 지파는 유다 지파 위에 있는 작은 땅을 뽑았는데, 거기에는 산지도 있었고 평지도 있었습니다. 그러나 평지에는 블레셋 사람들이 살고 있었는데, 그들은 말과 병거를 사용하고 있어서 단 지파가 도저히 이길 자신이 없었습니다. 하지만 단 지파는 과거의 여호수아가 했던 것처럼 하나님을 믿고 블레셋을 한번 공격해 보았어야 하는데 미리 겁을 먹어서 아예 산에서 내려오지도 못했습니다. 그래서 단 지파는 늘 피난 다녀야만 했습니다.

19:47, "그런데 단 자손의 경계는 더욱 확장되었으니 이는 단 자손이 올라가서 레셈과 싸워 그것을 점령하여 칼날로 치고 그것을 차지하여 거기 거주하였음이라 그들의 조상 단의 이름을 따라서 레셈을 단이라 하였더라"

그러다가 단 지파는 이렇게 해서는 도망자 생활을 벗어나지 못하겠다고 생각해서 차지하기에 편한 땅을 정탐했습니다. 그러다가 팔레스틴 가장 북쪽에 있는, 정말 전쟁을 모르는 라이스라는 곳을 찾아내게 되었습니다. 그래서 단 지파는 블레셋이 겁이 나서 약속의 땅을 포기해버리고 라이스로 가서 라이스 사람들을 다 죽이고 그곳에 단을 세웠습니다. 원래 단 지파 땅은 남쪽에 있었는데, 그들은 약속의 땅을 포기해버렸던 것입니다. 그래서 이스라엘에서 단은 가장 북쪽에 있는 땅을 의미했습니다. 그런데 이상하게도 단 지파는 다른 나라의 공격을 받아서 가장 먼저 그 땅에서 사라져 버렸습니다. 수리아의 공격을 받아서 없어졌는지 아니면 앗수르의 공격을 받아서 없어졌는지는 알 수 없지만 그 흔적도 없이 사라져 버렸습니다. 그래서 이스라엘 안에서도 단 지파를 찾는 운동이 있었습니다. '도대체 단 지파가 어디로 간 것인가?'

요한계시록 7장에 보면 구원받은 자의 수가 144,000명이라고 하면서 이스라엘 열두 지파 별로 기록하고 있는데, 놀라운 것은 그 이스라엘 열두 지파 중에서 단 지파가 없다는 사실입니다. 단 지파는 가장 먼저 약속의 땅을 버리고 살기 좋은 곳으로 이전했기 때문에 없어지고 말았습니다. 하지만 우리는 때때로 신앙의 자유를 찾아서 새로운 곳으로 도망치는 자들을 단 지파라고 비난해서는 안 됩니다. 이것은 교회의 바벨론 포로입니다. 영국의 청교도들은 종교의 자유를 찾아서 메이플라워 배를 타고 신대륙으로 건너가서 뉴잉글랜드 지방을 개척합니다. 그들 중 많은 사람이 풍토병에 걸려서 신대륙에 적응하지 못하고 죽었습니다. 그러나 그들은 그곳에서 부흥을 일으켰습니다. 조나단 에드워즈나 그의 사위 브레이너드 같은 사람들은 인디언들에게 가서 복음을 전하고 인디언 중에서도 예수 믿는 사람들이 생겨나기도 했습니다.

이스라엘 중에서 가장 불쌍한 지파는 납달리, 스불론, 잇사갈, 아셀 같은 갈릴리 북쪽에 있는 지파입니다. 그들은 너무 외진 곳에 있는 바람에 이스라엘에서 소외되었습니다. 그래서 교육이라든지 신앙이라든지 생활이라든지 모든 면에서 뒤떨어진 지역이 되고 어두운 곳이 되었습니다. 그렇게 납달리와 스불론 땅은 사망의 그늘에 앉은 자들의 땅이 되었습니다. 사람이 깊은 병에 걸려서 겨우 방구석 어두운데 앉아 있으면 의사도 오지 않고 약도 없어서 결국 죽는 시간만 기다리게 됩니다. 그곳에는 교육이 없었습니다. 직장도 없었습니다. 그러니 사람들이 술만 마시고 부인이나 아이들을 두들겨 패면서 서로 싸우면서 살아가게 됩니다. 그런데 거기에 큰 빛이 비취었습니다. 즉 예수님이 바로 그 어둠에 빠진 동네에 가서 하나님의 말씀을 전하셨던 것입니다(마 4:15-16).

　옛날 제가 서울에 살 때 가까운 곳에 철거민들이 집단으로 이주해서 사는 곳이 있었습니다. 그곳에는 술취한 사람, 싸우는 사람, 그리고 깡패들이나 넝마주이들이 아주 많았습니다. 그곳에는 사고가 터져도 경찰도 출동하지 않는다고 했습니다. 그러나 거기에 교회가 있었는데 정말 순수했습니다. 그리고 어린이들이 얼마나 열정적이었는지 어린아이 새벽기도에 백 명 정도씩 몰려들곤 했습니다. 조지 휫필드도 일반 교회가 그를 환영하지 않으니까 킹스톤이라는 광산촌에서 설교했는데, 힘들게 일하고 나온 광부들은 그의 설교를 듣고 모두 울었다고 합니다. 그들은 하나님이 자기들을 사랑하셔서 하나님의 종을 보내어 주신 줄 알았기 때문입니다.

　그런데 바로 이 죽음의 땅이고 어두운 땅이었던 스불론과 납달리 땅에 큰 빛이 비취었습니다. 바로 하나님의 아들이 그곳에 오셔서 말씀을 전하고 병자들을 고쳐주셨기 때문입니다. 우리나라는 지금 너무 어두워지고 있고 죽음의 땅으로 변하고 있습니다. 우리 교회가 복음의 등불을 높이 들어서 사람들에게 희망을 주고 병든 자들을 치료하고 낙심한 자들을 붙들어주게 되기를 바랍니다.

## 20 불의의 사고 책임
수 20:1-9

**몇** 년 전 미국에서 큰 개가 네 살짜리 여자아이를 물려고 덤벼들었는데 그 옆에 있던 여섯 살짜리 오빠가 동생을 덮어서 자신은 개에게 많이 물렸지만 동생은 안전했다고 합니다. 오빠는 병원에 가서 96바늘이나 꿰맸다고 하는데, 그 오빠는 동생과 비록 두 살 차이였지만 자기가 동생을 지키는 것은 당연한 일이라고 말했다고 합니다. 이 아이의 흉터는 어쩌면 평생 남을지도 모르지만 그의 용기는 대단했습니다. 그래서 많은 신문이나 어린이 단체에서 이 오빠의 용기가 대단하다고 칭찬하는 카드나 선물을 많이 보내왔다고 합니다.

사람이 사는 세상에서 '완전하다'는 것은 없습니다. 빌딩을 아무리 잘 지었다 하더라도 엉뚱한 곳에서 불이 붙어서 여러 사람이 불에 타 죽는 경우도 있습니다. 그리고 어떤 사람이 아무리 운전을 잘한다고 하더라도 갑자기 차나 사람이 끼어드는 바람에 죽는 일이 생기기도 합니다. 이런 경우는 죽인 사람에게는 결코 사람을 죽일 의사가 없었습니다. 불행하게도 생각지 못한 일이 터지면서 사람을 죽이게 된 것입니다. 원래 하나님의 원칙은 다른 사람을 죽게 한 사람은 반드시 그 사람도 죽어야 하는 것이었습니다. 그래서 옛날에는 남을 죽인 사람은 국가에서 그 사람을 잡아서 감옥에 가둔 후 재판해서 사형을 시켰습니다. 그러나 사람을 죽일 의사가 전혀 없는데 교통사고나 화재나 혹은 일을 하다가 기구를 잘못 사용해서 사람을 쳐서 죽게 한 경우 그 사람을 사형시키는 것은 너무 안타깝다고 생각됩니다. 그래서 하나님께서는 그런 사람에게 살 수 있는 길을 마련했습니다. 그러나 그 사람은 아무 일이 없었던 것처럼 느긋하면 안 되고, 자신의 목숨을 다해서 하나님이 정해주신 도피성으로 피해서 그 안에서만 살아야 했습니다.

## 1. 하나님의 책임

이 세상에서 사람들이 아무리 책임을 지려고 해도 책임질 수 없는 일이 있습니다. 그중의 하나가 장애를 가지고 태어나는 것입니다. 태어날 때부터 맹인으로 태어나고 청각 장애로 태어나고 뇌성 마비로 태어난 사람의 억울함은 누구의 책임입니까? 물론 누구의 책임도 아니지만, 부모나 장애인 본인은 이 세상에 살면서 많은 행복을 누리지 못합니다. 친구를 사귄다거나 혹은 운동 경기를 한다거나 남녀 간의 사랑을 하는 데도 많은 제약이 따릅니다. 그런데 놀랍게도 하나님께서는 이런 장애를 입은 사람들에 대하여 하나님에게 책임 있다고 말씀하셨습니다. 왜냐하면 하나님께서 그런 장애를 가지도록 만드셨기 때문입니다. 이런 장애뿐만 아니라 루게릭병이나 윌슨씨병이라든지 아니면 갑자기 암이 생겨서 수술받거나 돌아가시는 경우 누가 책임을 져야 할까요? 사람들은 모두 그 사람의 팔자나 운이 좋지 않아서 그렇다고 말합니다. 그러나 하나님께서는 우리 믿는 자의 모든 불행은 하나님 책임이라고 말씀하셨습니다. 즉 우리는 하나님의 뜻을 도무지 알지 못하지만, 하나님께서는 우리에게 어떤 불행을 허용하셨고 그 책임을 하나님이 지시겠다고 말씀하신 것입니다.

우리가 성경을 읽으면서 가장 은혜스러웠던 내용 중 하나는 하나님이 모세를 애굽으로 보내실 때입니다. 모세는 처음에 자신이 말을 잘하지 못하기 때문에 갈 수 없다고 거절합니다. 모세는 말더듬이 증세가 있었든지 아니면 심한 허스키여서 소리를 잘 내지 못했다든지 하는 증세가 있었던 것입니다. 그때 하나님께서는 모세에게 "누가 눈을 만들었으며 누가 맹인을 만들었느냐? 누가 귀를 만들었고 청각장애인을 만들었느냐? 나, 하나님이 아니냐?"고 하시면서 하나님이 책임지신다고 하셨습니다. "여호와께서 그에게 이르시되 누가 사람의 입을 지었느냐 누가 말 못 하는 자나 못 듣는 자나 눈 밝은 자나 맹인이 되게 하였느냐 나 여호와가 아니냐" (출 4:11).

하나님께서는 사람이 아무리 건강하고 몸에 이상이 없다고 해도 사람은 역시 하나님을 보지 못하는 시각장애인이고, 그 속에 사망의 씨가 들어 있다는 것을 보여주시기 위해서 사람 중에 시각장애인도 있게 하시고 청각장애인도 있게 하시고 암 환자도 있게 하신 것입니다. 물론 그런 장애나 병을 가진 사람 자신은 엄청난 불행이고 고통이지만, 그들은 살아있는 하나님의 메시지인 것입니다. 즉 모든 인간은 불완전하며 자신의 길을 보지 못하고 하나님의 소리도 듣지 못하고 그 속에는 사망의 씨가 자라고 있는 것을 보여주시는 것입니다. 그래서 장애인이나 암 환자는 자기는 살아있는 하나님의 성경책이라고 생각하셔야 합니다.

하나님은 어떻게 모세의 말을 책임지셨습니까? 말을 잘하는 모세의 형 아론을 마치 몸종처럼 붙여주셔서 그 결점을 보완하게 하셨고, 하나님은 그런 모세를 더욱더 사랑하셨던 것입니다. 요즘은 장애인에 대한 차별을 없애려고 장애인 올림픽도 여러 곳에서 열리게 되고 건물을 지을 때도 반드시 휠체어가 올라가는 길을 만들도록 했습니다. 지금은 거의 모든 공공 화장실에는 장애인용이 별도로 있고 비장애인들은 절대로 사용하지 않고 비워두고 있습니다. 그리고 자동차를 주차하는 곳에도 반드시 장애인용 주차장이 확보되어 있고 휠체어를 오르내릴 수 있도록 넓게 만들어 놓았습니다. 비장애인이 장애인 전용 주차장에 차를 세웠다가는 벌금이 많이 나오게 됩니다.

예수님은 장애인을 한 번도 부정적으로 말씀하시지 않았습니다. 오히려 예수님은 장애인이 되어서 천국에 가는 것이 비장애인이 되어서 죄짓다가 지옥 가는 것보다 낫다고 하셨습니다. 예수님은 오른눈이 범죄하게 하면 빼어버리라고 하셨고 오른손이 범죄하게 하면 잘라 버리라고 하셨습니다. 눈 하나 없이, 다리 하나 없이 천국에 가는 것이 두 눈과 두 발을 가지고 지옥에 가는 것보다 더 낫다고 하셨기 때문입니다. 하나님께서는 본의 아니게 장애나 암 같은 병을 가지신 분들을 더 사랑하시며 그들이 복음을 더 빨리 듣고 천국으로 인도하시는 것입니다.

## 2. 비의도적인 살인

사람이 제아무리 조심해서 어떤 일을 한다고 하더라도 사고가 생기는 바람에 본의 아니게 다른 사람을 죽게 할 수 있습니다. 이런 일이 일어나는 가장 많은 경우가 자동차 사고일 것입니다. 장애인 중에는 자동차 사고로 장애를 입은 사람들이 가장 많다고 합니다. 자동차 사고로 목숨을 잃는 사람도 매일 엄청납니다. 자동차 사고로 다쳐서 치료받거나 장애를 입은 사람을 위해서 보험제도가 마련이 되어 있습니다. 그래서 교통사고가 났다 하면 보험회사에서 와서 모든 것을 다 책임져 줍니다. 그래서 당사자들끼리 서로 만나거나 다투거나 할 여지가 별로 없습니다.

그런데 문제는 사고를 당한 사람이 죽어버린 경우입니다. 옛날에 교통사고가 나서 사람이 죽으면 일단 사고를 낸 운전자를 구속시켰습니다. 그러나 요즘은 운전자가 보험사고를 든 경우에는 구속시키지 않고 경찰이 조사해 보고 불법이 아니라고 판정되면 당사자들끼리 합의하게 해서 보험회사에서 보험금으로 해결하게 합니다. 그러나 그렇다고 해서 가해자는 지은 죄가 하나도 없게 됩니까? 사람의 마음속에는 자신이 멀쩡한 사람을 죽였다는 양심의 문제가 남게 되는 것입니다. 대개 교통사고를 내고 뺑소니하는 경우에는 음주 운전이든지 무면허 운전인 경우가 많습니다. 그래서 음주 운전을 하다가 적발되면 구속이 되고 아주 엄한 처벌을 받게 됩니다.

이런 문제를 이미 하나님께서는 광야에서 이스라엘 백성에게 일어날 것을 예상하셨습니다. 구약 이스라엘 백성에게 가장 많이 일어날 수 있는 사고는 소가 사람을 들이받아서 죽게 하는 경우였습니다. 하나님께서는 이런 경우에는 소를 돌로 쳐서 죽이고 주인은 처벌하지 못하게 했습니다. 이런 경우에는 소가 나쁘지, 주인이 나쁜 것은 아니기 때문입니다. 그 대신 돌로 때려죽인 소는 아무도 먹지 못하게 했습니다. 그 소는 사람을 죽인 소이기 때문입니다. 그런데 문제는 소가 평소에도 자주 사람을 들이받는 습관이 있다는 것을 주인이 안 경우입니다. 평소에 자기 소가 지나가는 사람들을 자주 들이받아서 다치게 한다는 사실을 알면서 울타리 안에 가두거나 목줄을 매어놓지 않아서 지나가는 사람을 들이받아서 죽게 하면 그 소를 돌로 쳐서 죽이는 것은 물론이고 주인까지 죽이게 했습니다. 왜냐하면 그 주인은 자기 소가 언젠가는 다른 사람을 들이받아서 죽일 가능성이 있다는 것을 알면서도 자신의 의무를 다하지 않았기 때문입니다.

또 옛날 이스라엘에는 도끼로 나무를 하는 경우가 많았습니다. 그래서 이웃이나 친구끼리 나무하러 가서 도끼질하다가 그만 도끼가 자루에서 빠졌는데 그 도끼가 친구나 이웃의 머리를 쳐서 사람이 죽었다면 이것은 너무나도 미안하고 억울한 일입니다. 그러나 그는 사람을 죽였기 때문에 사람들에게 붙들려서 죽어야 하는 운명이 된 것입니다.

옛날에는 경찰이 없었기 때문에 경찰을 대신하는 사람이 있었습니다. 그 사람은 친척 중에서 가장 가까운 사람이었습니다. 친척 중에서 가장 가까운 사람은 히브리어로 '고엘'이라고 하는데, 우리 성경에는 '기업 무를 자' 혹은 '피의 보수자' 등으로 번역하고 있습니다. 즉 친척 중에서 누군가가 억울하게 죽으면 가장 가까운 친척이 고엘이 되어서 그 살인자를 죽이도록 되어 있었습니다. 만일 친척 여인 중에서 어떤 여인이 가문의 명예를 더럽히는 일을 했다면 고엘이 그 여자를 잡아내어서 사람들이 보는 앞에서 채찍질하거나 돌로 쳐 죽이는 일까지 해야 했습니다. 그리고 만일 집안 형님이 아이를 낳지 못하고 형수만 남기고 죽으면 고엘이 형수와 결혼해서 아이를 낳아주는 일까지도 했습니다.

얼마 전 이란에서 어떤 여성이 히잡을 제대로 쓰지 않았다고 해서 종교 경찰이 잡아가서 고문을 했는데 죽는 바람에 지금 이슬람 나라에서 여자들이 데모하고 난리가 났습니다. 사실 이것은 고엘이 해야 하는 일인데 요즘은 종교 경찰이 이 일을 하고 있는 것입니다. 그래서 어떤 때는 여성을 많은 사람이 보는 앞에서 긴 채찍으로 때리는 것을 보여주기도 합니다.

하나님께서는 이런 식으로 본인이 전혀 의도하지 않았는데 생각지도 않은 사고가 발생해서 사람을 죽게 했을 때 이런 사람까지 죽이면 너무나도 아깝고 안타깝습니다. 그래서 하나님께서는 이런 본의 아닌 살인자가 도망갈 수 있는 도피성을 이스라엘 백성이 광야에 있을 때부터 정해 주셨습니다.

20:1-3, "여호와께서 여호수아에게 말씀하여 이르시되 이스라엘 자손에게 말하여 이르기를 내가 모세를 통하여 너희에게 말한 도피성들을 너희를 위해 정하여 부지중에 실수로 사람을 죽인 자를 그리로 도망하게 하라 이는 너희를 위해 피의 보복자를 피할 곳이니라"

하나님께서는 실수로 사람을 죽인 자를 죽게 하는 것은 너무 아깝기 때문에 그들이 도망칠 수 있는 성을 지정해 놓으셨습니다. 그래서 요단 동편에 세 개의 성, 그리고 요단 서편에 세 개의 성을 정해 주셨습니다. 그리고 그 성들도 북쪽에 하나, 중간에 하나, 아래에 하나 이런 식으로 적당한 간격으로 정해 주셨습니다.

하나님께서 이렇게 요단 동편과 서편에 각각 도피성을 두게 하신 것은 요단강이 범람할 때는 강을 건너기가 어렵기 때문에 주저하다가 추격하는 사람들에게 붙들려 살해될 가능성이 있었기 때문입니다. 여기에 보면 사람이 고의로 죽든 실수로 죽든 고엘은 그 사람에게 복수할 책임이 있다는 것을 알 수 있습니다. 그래서 그 사람이 죽었다는 소식을 듣게 되면 가까운 친척은 반드시 자기를 죽이러 달려올 것이기 때문에 살인자는 가족을 만나지도 못하고 짐도 챙기지 못하고 온 힘을 다해서 도피성 안으로 도망쳐 들어가야 살 수 있는 것입니다. 만약 그가 실수로 사람을 죽였기 때문에 죄가 없다고 생각해서 그 현장이나 마을에서 얼쩡거리다가는 고엘에게 붙잡혀서 죽게 되는 것입니다.

## 3. 도피 과정

실수로 사람을 죽인 자는 일단 하나님이 정해놓으신 도피성에 들어가서 가장 먼저 제사장에게 신고해야 합니다. 그가 도피성이 들어가면서 아무 말도 하지 않으면 보호를 받을 수 없습니다. 그는 제사장에게 자기가 실수로 사람을 죽이게 된 과정을 설명하고, 제사장은 그 사실을 조사해서 그의 말이 맞으면 그를 보호해 주게 됩니다. 그래서 아무리 고엘이 그 성까지 추격해 와도 그 사람을 내어주지 않습니다. 그러나 만일 그 살인자에게 나쁜 의도가 있는 것이 발견되면 그 사람이 아무리 도피성에 있어도 보호해 주지 않고 고엘에게 내어주어서 죽게 합니다. 일단 도피성으로 피한 사람은 평생 도피성 밖으로 나가지 못합니다. 왜냐하면 그가 실수든 아니든 사람을 죽였기 때문에 그는 한평생 자숙하는 마음으로 살아야 하는 것입니다. 그는 도피성 안에서 농사도 짓고 장사도 하고 가축도 키우면서 한평생 죄인의 심정으로 속죄하는 자세로 살아야 합니다. 세월이 많이 지난 후에 만약 그가 성 밖으로 여행을 가거나 혹은 장사를 하러 간다면 이스라엘 안에는 워낙 소문이 빠르므로 어느새 고엘의 귀에 들어가서 그가 달려와서 그 사람을 죽여서 자기 가족의 피를 보복하려고 할 것입니다. 그러면 그 책임은 자기에게 있는 것입니다.

그런데 이 사람이 해방되는 기회가 단 한 번 있습니다. 그것은 이스라엘의 대제사장이 죽었을 때입니다. 이 실수로 사람을 죽인 사람의 생명은 대제사장의 생명과 결탁되어 있어서 그를 죽이지 못하는 것입니다. 대제사장이 죽으면 그도 죽은 것으로 인정받아서 새 사람으로 태어날 수 있습니다. 그래서 그는 사람을 죽인 데서 풀려나서 도피성을 나올 수 있습니다.

여기 아주 중요한 하나님의 교훈이 있는 것입니다. 사실 우리는 모두 예수 그리스도를 십자가에 못 박아 죽게 한 죄의 공범자들입니다. 왜냐하면 하나님께서 하나님의 아들을 이 세상에 보내었는데 사람들이 그를 가장 고통스럽고 비참하게 죽였기 때문입니다. 그런데 우리가 스스로 자숙해서 무한정 욕심을 넓히거나 자유분방하게 살지 않고 말씀 안에서 살면 우리는 안전합니다. 그러나 만약 우리가 교만해서 말씀 밖으로 뛰쳐나가든지 아무 죄가 없다고 생각해서 자기 생각대로 떠들면 하나님은 우리를 책임져 주시지 않는 것입니다. 우리는 우리의 남은 인생을 자숙하는 마음으로 그리고 늘 회개하는 마음으로 살아야 합니다. 우리 생명은 대제사장이신 예수님의 생명과 결탁되어 있으므로 예수님이 죽으셨을 때 우리 옛사람도 죽었습니다. 그리고 예수님이 부활하셨을 때 우리도 살아났습니다. 우리는 이 세상에서 자신이 원하는 것을 할 수 있습니다. 그러나 우리에게는 예수님을 십자가에 못 박았던 피가 있으므로 모든 것을 자기 마음대로 하지 말고 조심해서 살아야 합니다.

요압 장군은 다윗과 이스라엘을 위해서 공을 많이 세운 사람이었습니다. 그러나 개인적인 감정으로 아브넬과 아마사라는 군대 장관을 죽였습니다. 그러나 그 당시 워낙 요압이 강했기 때문에 다윗은 요압을 처벌하지 못했습니다. 요압은 다윗이 늙었을 때 자기도 은퇴해서 자숙하면서 살아야 하는데 정치를 더 할 욕심으로 아도니야라는 왕자에게 붙었습니다. 그러나 솔로몬이 왕이 되니까 성전으로 도망쳐서 제단 뿔을 잡고 살려고 애썼지만 솔로몬은 그를 칼로 쳐 죽였습니다.

하나님께서는 우리가 하나님의 세계를 보지 못하는 시각장애인이며, 하나님의 말씀을 듣지 못하는 청각장애인이며, 제대로 뛰지 못하는 자라는 의미를 깨닫게 하려고 이 세상에 장애인을 두셨습니다. 이분들은 하나님이 쓰신 편지입니다. 그들은 움직이는 하나님의 메시지입니다. 우리는 자신이 장애인이 아니라고 멋대로 살아서는 안 됩니다. 우리는 모두 예수님을 십자가에 못 박은 죄가 있습니다. 그러나 우리는 의도적으로 주님을 죽인 것은 아닙니다. 그러므로 우리는 예수 그리스도의 말씀 안으로 도망쳐야만 살 수 있습니다. 우리는 남은 인생을 자숙하는 자세로 겸손하게 살아야 합니다.

# 21

## 땅이 없는 지파
수 21:1-45

**옛** 박경리씨가 쓴 《토지》라는 소설은 경남 하동에 있는 평사리에서 아주 넓은 땅을 가지고 있는 최참판과 그 땅을 소작하고 있는 가난한 농민들 사이의 이야기를 그리고 있습니다. 최참판의 아내는 종과 눈이 맞아서 도망치고, 최참판은 폐병으로 죽고, 한일합방으로 나라를 빼앗기자 나쁜 친척이 와서 나이 어린 딸 서희의 땅을 모두 빼앗아 버립니다. 농사를 지을 수 없었던 서희와 모든 마을 사람은 만주의 용정으로 가서 새로운 삶을 시작하게 됩니다.

마가렛 미첼이 쓴 《바람과 함께 사라지다》를 보면, 주인공 스칼렛의 아버지 오하라가 딸 스칼렛에게 이 농장을 물려 주겠다고 하니까 그녀는 한참 남자아이들에게 빠져 있었기 때문에 이런 농장은 필요 없다고 대답합니다. 그러자 아버지는 딸에게 화를 내면서 "땅이야말로 우리가 목숨을 걸고 지킬 가치가 있고, 땅이야말로 우리가 모든 것을 희생해서라도 지켜야 하는 소중한 것이라"고 말합니다. 이런 것을 보면 옛날에 땅을 가졌느냐 가지지 못했느냐 하는 것이 잘 사느냐 못

사느냐를 결정하는 데 가장 중요한 재산이었던 것을 알 수 있습니다.

우리나라에도 무료급식소 같은 곳에 가보면 노숙자나 아니면 혼자서 식사가 해결되지 않는 분들이 길게 줄을 서서 식사를 배급받는 모습을 볼 수 있습니다. 또 노인들이 자전거나 손수레로 폐지를 모아서 고물상에 가서 파는데 온종일 모아봐야 얼마 받지 못한다고 합니다. 그래서 옛날에는 땅을 가진다는 것이 먹고 사는데 아주 중요했지만, 지금은 안정된 직장을 가지고 정기적인 수입이 있는 것이 행복하게 사는 중요한 조건이 되는 것 같습니다.

그러나 저희 교회에 보면 혼자서 사는 여성이 변변한 수입도 없는데도 죽으라고 예배를 드리러 오는 모습을 보게 됩니다. 저는 저분들이 혹시 굶지는 않을까 혹시 너무 굶어서 교회에 나오지 못하지는 않을까 걱정하는데, 얼마 전에 들은 이야기에 의하면 그 몇 년 사이에 이분들이 모두 번듯한 직장을 가지거나 할 일을 찾아서 아주 당당하게 사신다는 말을 들었습니다. 얼마나 감사한 일인지 알 수 없습니다.

이스라엘이 가나안 땅을 정복했을 때 거의 모든 이스라엘 백성은 자기 땅을 가질 수 있었습니다. 이것은 완전히 노예로 살고 뜨거운 광야를 누비던 이스라엘 백성에게는 벼락 축복이 임한 것이었습니다. 그중에 몇몇 이스라엘 지파는 가나안 족속들을 다 쫓아내지 않고 종으로 부렸습니다. 그러나 하나님은 이스라엘 열두 지파 중에서 딱 한 지파, 레위 지파만 땅을 가지지 못하게 하셨습니다. 그래서 레위 지파는 이스라엘 열두 지파 중에 흩어져서 집과 가축을 먹이는 초장만 가질 수 있었습니다. 즉 레위 지파는 마치 사글세 집에 개집만 있고 수입이 없는 가난한 처지가 되었던 것입니다. 하나님은 왜 그렇게 하셨을까요?

## 1. 레위 지파의 사명

　레위 지파가 존재하는 목적은 하나님을 섬기는 것입니다. 이것이 그들의 본업이고 전업이었습니다. 레위 지파는 제사장들이 하나님께 제사 드리는 것을 돕고, 성막을 이동할 때는 그것을 분해하거나 조립하고 운반했으며, 나중에는 이스라엘 전 지파에 흩어져서 하나님의 율법을 가르치고 신앙 상담하는 역할을 했습니다. 레위 지파라고 해서 모두 제사장이 될 수 있는 것은 아니었습니다. 제사장이 될 수 있는 레위 지파는 오직 아론의 자손뿐이었습니다. 그래서 한때는 고라라는 사람이 아론과 모세에게 "우리도 다 같은 이스라엘 족속이고 레위 지파인데 왜 너희들만 제사장 자리를 독차지하느냐, 돌아가면서 하자"고 반발하고 대적했다가 그의 일당은 모두 갈라진 땅에 빠져 죽고 말았습니다. 제사장은 하나님이 정하시는 것이지 사람이 정하는 것이 아니었습니다.

　그리고 나머지 레위 지파 사람들은 이스라엘 백성이 이동할 때 성막을 걷거나 다시 설치하고 그 안에 있는 기물들을 운반하는 일을 했습니다. 그들이 가나안 땅에 들어온 후에는 일부 레위인들은 하나님께 제사드리는 제사장의 일을 도왔습니다. 즉 짐승을 잡거나 죽은 짐승을 씻어서 태우거나 성전 청소하는 일을 했습니다. 그리고 나머지 레위인들은 이스라엘 전체에 흩어져서 하나님의 율법을 가르치는 일을 했습니다. 그러나 레위 지파는 자기 기업의 땅이 없었기 때문에 이스라엘 백성이 가져다주는 제물이나 십일조로 살 수밖에 없었습니다.

　그러나 이스라엘 열두 지파 중에서 가장 부요한 지파는 바로 레위 지파였습니다. 그들에게는 하나님의 말씀이 있었기 때문입니다. 이스라엘 백성의 모든 축복은 하나님의 말씀에서 나왔습니다. 그래서 이스라엘의 축복 열쇠를 가지고 있는 사람이 바로 레위인들이었습니다. 그들이 이스라엘 백성에게 바른 하나님의 말씀을 가르치고 이스라엘을 위하여 열심히 기도할 때, 이스라엘은 들어가도 복을 받고 나가도 복을 받고 떡 반죽 그릇까지 복을 받았던 것입니다. 그러나 레위 지파가 게으르거나 타락해서 율법도 잘 가르치지 않고 기도도 하지 않으면 이스라엘은 나가도 저주를 받고 들어와도 저주를 받으며 결국 망하게 되는 것입니다.

하나님께서는 이스라엘 백성이 광야에 들어왔을 때 "사람이 떡으로만 사는 것이 아니요 여호와의 입에서 나오는 모든 말씀으로 사는 것이니라"고 말씀하셨습니다(신 8:3). 그런데 사람이 어떻게 하나님의 율법만 들으면서 살 수 있습니까? 그러나 이것이 바로 바른 신앙의 출발점입니다. 우리가 인간적으로 보면 땅도 없고 정기적인 수입이 없어서 굶어 죽을 수밖에 없는데, 하나님의 말씀을 믿을 때 하나님은 그들에게 하루하루 일용할 양식을 주십니다. 물론 하나님은 그들을 갑자기 부자가 되게 하지 않고 단지 굶어 죽지 않을 정도로 이상한 방법으로 살아가게 하십니다. 그런데 이상한 것은 기도가 자꾸 응답되고 병도 잘 낫게 된다는 것입니다.

저는 대학원을 다니고 직장 생활을 할 때 "무엇을 먹을까 무엇을 입을까 염려하지 말고 먼저 그의 나라와 그의 의를 구하라 그리하면 이 모든 것을 너희에게 더하시리라"(마 6:31, 33)는 말씀을 믿고 직장도 그만두고 학위도 그만두고, 청년과 청소년들에게 성경 공부를 가르치고 신앙 수련회도 했습니다. 그리고 얼마 있지 않아서 극빈자가 되고 말았습니다. 그런데 이상하게도 우리는 굶어 죽지 않았고 길에서 자지도 않았습니다. 그리고 희한하게도 기도가 자꾸 응답되기 시작했습니다. 저는 이것이 우연이라고 생각했습니다. 그러나 나중에 이것이 빈번하게 일어나는 것을 보고 기도 응답이라는 사실을 알았습니다. 우리가 기도 응답을 받고 진정한 부흥을 체험하려면 모든 교인이 다 잘 살아서는 안 됩니다. 목회자는 반드시 이 훈련을 받아야 하고 교인 중에서도 이런 분들이 계셔야 합니다. 왜냐하면 바로 이런 분들이 레위족이기 때문입니다.

    헨델의 〈메시야〉에 "레위족들을 깨끗케 하시리라" 하는 노래 가사가 나옵니다. 레위족들이 지금까지 살던 불신앙을 회개하고 이방인 결혼을 하지 않고 하나님만 붙들 때, 메시야가 그들을 찾아오시는 것입니다. 그리고 흑암에 앉아 있고 사망의 그늘에 있는 스불론과 납달리 지역에 큰 빛이 비취게 되는 것입니다. 이제 우리는 우리나라가 사망의 그늘에 앉아 있다는 것을 인정해야 합니다. 이태원에서 멀쩡한 청년 156명이 깔려 죽었기 때문입니다. 그러나 이런 사고는 지하철역이나 심지어는 교회에서도 일어날 수 있는 일입니다. 이것을 막을 수 있는 사람들이 레위족들입니다.

    저는 어떤 청바지의 상표를 보고 깜짝 놀랐습니다. 그 청바지 상표가 레위족이었기 때문입니다. 영어로 '리바이스'는 레위족입니다. 그러나 리바이스 청바지만 입는다고 해서 레위족이 되는 것이 아닙니다. 우리 교회에 나이가 드셔서 겨우 입에 풀칠만 하시면서도 예배나 기도회에 나오시는 분이나 아직 직장을 구하지 못해도 열심히 교회 봉사하는 청년, 정년 후에 생활이 제대로 되지 않아서 불편하게 지내면서도 열심히 예배에 오시는 분들은 모두 레위족입니다. 바로 이들이 우리나라를 지키시는 분들입니다.

## 2. 살 곳을 예비하시는 하나님

    여호수아 21장을 보면, 이스라엘이 가나안 땅을 다 정복한 후에 여호수아는 하나님의 말씀대로 이스라엘 모든 지파에게 레위족들이 살 수 있는 성을 내어놓으라고 했습니다. 그래서 이스라엘 모든 지파는 자기 지파가 가진 성 중에서 하나님의 말씀에 따라서 좋은 성들을 레위 사람에게 주었고 그들이 키우는 가축을 위한 목초지도 주었습니다.

> 21:3, "이스라엘 자손이 여호와의 명령을 따라 자기의 기업에서 이 성읍들과 그 목초지들을 레위 사람에게 주니라"

레위에게는 세 아들이 있었는데, 그핫과 게르손과 므라리였습니다. 그래서 레위 지파는 그핫 자손, 게르손 자손, 므라리 자손으로 나누어졌습니다. 레위 자손 중에는 예루살렘 가까운 곳에 있는 성을 받은 지파도 있었지만, 가장 북쪽에 있는 납달리, 스불론, 아셀 지파나 요단 동쪽에 있는 지파의 성을 받은 이들도 있었습니다. 이처럼 레위 족들은 믿음의 군인이라고 할 수 있습니다. 그래서 어떤 사람들은 성막에서 제사를 드리지만 어떤 사람들은 최전방에 배치되어서 기도와 말씀으로 이스라엘을 지키는 역할을 했습니다.

그런데 하나님께서는 레위족들이 살 곳을 준비해 주셨습니다. 심지어는 그들의 가축까지 먹을 수 있는 목초지를 준비해 주셨습니다. 단지 그들의 수입은 이스라엘 백성이 드리는 감사의 예물이나 십일조로 생활하게 했습니다. 왜냐하면 레위족들이 가장 먼저 여호와 이레의 하나님을 체험해야 했기 때문입니다. 레위족들은 이스라엘의 신앙의 장자들이었습니다. 레위족들이 여호와 이레의 하나님을 체험하면 이스라엘 백성도 모든 것은 하나님이 준비해 주신다는 것을 믿을 수 있기 때문입니다.

그런데 이스라엘 백성 중에서 성을 레위족들에게 떼어주면서 싫어하는 사람들이 아무도 없었습니다. 이스라엘 백성이 가진 모든 성이 하나님의 은혜였기 때문입니다. 우리가 십분의 일을 하나님께 바치는 것은 사실상 우리 수입 전체를 다 바치는 것과 같습니다. 그래서 하나님은 우리 삶 전체를 지켜주시고 복을 주시는 것입니다.

하나님은 우리를 이 세상에서 살게 하실 때 우리의 살 곳이나 가족이 살 곳을 다 준비해 주십니다. 그래서 우리는 앞으로 무엇을 먹을까 어느 집에서 살까 걱정하면 안 되는 것입니다. 우리가 미래를 생각하면서 걱정하면 반드시 침체에 빠지게 되어 있습니다. 미래는 우리의 영역이 아니기 때문입니다. 미래는 오직 하나님만이 아실 수 있습니다. 그래서 우리는 무조건 하나님을 믿고 오늘을 살아야 합니다. 내가 아프고 먹을 것이 없고 자녀들의 미래가 염려되어도 하나님이 어떻게 하시리라는 것을 믿어야 합니다.

### 3. 말씀을 뿌리는 종들

땅에 씨를 뿌려야 열매를 거둘 수 있습니다. 그래서 논에 볍씨를 뿌리면 가을에 많은 벼를 거두게 되고, 또 무나 배추씨를 뿌리면 가을에 무나 배추를 많이 거두게 됩니다. 그래서 뿌린 대로 거둔다는 것입니다. 즉 선을 뿌리는 사람은 선을 거두고 악을 뿌리는 사람은 악한 것을 거두게 되어 있는 것입니다.

그런데 다른 것을 거두는 사람들이 있습니다. 그들은 바로 하나님의 종들입니다. 레위족이나 하나님의 종들은 사람들에게 말씀의 씨를 뿌립니다. 물론 우리가 하나님의 말씀을 뿌릴 때 그것은 하나의 소리에 불과하므로 그냥 없어지는 것 같습니다. 그러나 이 세상에 뿌린 씨는 썩고 벌레가 먹어서 없어지는 경우는 있어도 하나님의 말씀은 절대로 그냥 돌아오는 법이 없다고 하셨습니다. 제사장들은 무엇보다 기도의 씨를 뿌립니다. 사람들은 하나님의 말씀을 듣지 않으면 기도할 용기가 생기지 않습니다. 그러나 교인들은 하나님의 말씀을 들으면서 소망이 생기기 때문에 기도할 용기가 생기는 것입니다. 하나님의 종들이 하나님의 말씀을 외치면 어려움의 구렁텅이에 빠진 이들에게 희망이 생기게 됩니다. 즉 하나님의 구원의 밧줄이 내려가게 되는 것입니다. 성도들이 하나님의 밧줄을 붙잡고 흔들면 축복이 임하게 되어 있습니다. 그래서 이스라엘 백성은 물질적인 축복까지 받게 됩니다. 그래서 하나님께서는 레위인들이 뿌린 말씀의 열매를 거두게 하신 것입니다.

사도 바울은 추수하는 소의 입에 망을 씌우지 말라고 했습니다(딤전 5:18). 그 소는 일 년 내내 일을 했기 때문에 그 일한 열매를 먹을 자격이 있다는 것입니다. 마찬가지로 하나님의 백성에게 인색하지 못하게 하셨습니다. 내가 이렇게 복 받는 것은 하나님의 종들이 말씀의 씨를 뿌렸고 또 계속 기도해 준 열매이기 때문입니다.

그런데 레위인의 중요한 사명 중의 하나는 이스라엘 땅에서 죄 없는 사람이 죽는 것을 막는 일이었습니다. 그래서 레위인들이 차지한 성에는 반드시 도피성이 포함되어 있었습니다.

21:27, "레위 가족의 게르손 자손에게는 므낫세 반 지파 중에서 살인자의 도피성 바산 골란과"

21:32, "납달리 지파 중에서는 살인자의 도피성 갈릴리 게데스와"

21:38, "갓 지파 중에서 준 것은 살인자의 도피성 길르앗 라못과"

이스라엘 백성 중에서 본인은 전혀 의도하지 않았는데 실수로 동료나 다른 사람을 죽게 할 수 있습니다. 예를 들어서 나무를 하려고 도끼질하다가 도끼가 자루에서 빠져서 다른 사람의 머리를 때려서 죽게 할 수도 있습니다. 혹은 운전하다가 갑자기 행인이 찻길에 뛰어드는 바람에 죽게 할 수도 있습니다. 이럴 때 그 살인자는 살인할 의도가 전혀 없었기 때문에 죽게 하면 너무 아까운 것입니다. 그렇다고 해서 그 사람이 죄가 없다고 할 수도 없는 것입니다. 그래서 하나님께서는 이스라엘 전역 즉 요단 동쪽에 세 군데, 요단 서쪽 본토에 세 군데, 이렇게 여섯 군데의 도피성을 만들어서 살인자가 그곳으로 피해서 살 수 있게 하셨습니다. 그래서 살인자는 피의 보수자가 따라와서 자기를 죽이기 전에 온 힘을 다해서 가까운 도피성으로 달아나서 그곳 제사장에게 신고해야 합니다. 제사장은 그 사람의 말이 사실인지 아닌지 조사해 본 후 정말 살인의 의도 없이 사람을 죽게 했다면 아무리 피의 보수자가 찾아와도 그를 보호해주게 되어 있었습니다.

그래서 우리나라에도 전혀 죽을 의사가 없는데 죽는 사람들이 생기면 안 됩니다. 예를 들어서 어떤 학생이 다른 학생의 폭행으로 절망해서 건물에서 뛰어내려 자살한다든지 혹은 사람들이 너무 많이 밀려 들어서 깔려 죽는다든지 하는 일이 일어나면 안 되는 것입니다. 물론 미리 그런 일을 막아야 하겠지만 더 중요한 것은 교회가 기도로 이런 사고가 나지 않도록 다시 말해서 마귀들이 이런 짓을 하지 못하도록 막아야 하는 것입니다. 그러나 지금의 우리는 이런 엄청난 사고가 터지기 전에는 이런 일이 일어날 수 있다는 것에 대해 전혀 관심이 없습니다. 그 이유는 사람들이 모두 자기 일만 생각하고 다른 사람에 대해서 관심이 없기 때문입니다.

우리 모두는 레위인입니다. 성가대도 레위인이고, 헌금 당번도 레위인이고, 교역자나 장로, 장립집사, 서리집사나 권사나 권찰도 모두 다 레위인입니다. 우리는 내 자식이 죽지 않았다고 하여 다행이라고 생각해서는 안 됩니다. 사랑이 없고 사람들이 자기 생각만 하는 곳에서는 언제든지 이런 사고가 터질 수 있는 것입니다. 레위인은 자기가 먹고 사는 것보다 다른 이스라엘 백성의 생명을 지켜주기 위하여 도피성에 배치되었습니다. 그들의 생활 전체는 이런 억울한 사람의 생명을 지켜주는 것이었습니다. 하나님께서 다시 한번 이런 레위인과 같은 우리를 정결케 해주셔서 사망의 그늘이 걷히고 축복의 새날이 오기를 간절히 바랍니다.

## 22

### 이스라엘의 오해
수 22:1-34

**사**람이 다른 사람에 대하여 가지고 있는 오해가 때로는 아주 나쁜 결과를 가져오는 경우가 있습니다. 서울의 어느 지하철역 계단에서 한 젊은 여성이 귀에 이어폰을 꽂고 친구와 크게 웃으면서 통화하고 있었는데, 어떤 한 남자가 그 여자를 보니까 아무도 없는데 자기 쪽을 보면서 크게 웃고 있는 것처럼 보였습니다. 그 남자는 스마트폰으로 친구와 통화하는 그 여자가 자기를 보고 비웃는 것으로 생각해서 그 여자를 발로 차고 때리고 계단에서 밀쳤는데, 그만 죽고 말았습니다. 물론 그 남자는 조사 과정에서 조현병이 있는 것으로 밝혀졌지만 한 사람의 오해가 아무 상관 없는 한 젊은 여성의 생명을 빼앗아 간 것입니다.

미국에서는 많은 흑인이 범죄인으로 오해받고 있습니다. 그래서 백인이나 아시아계 사람들은 흑인이 있는 곳은 피하려고 하고 흑인이 사는 동네에서는 살지 않으려고 합니다. 전에 어떤 흑인이 무엇을 잘못했는지 모르지만 백인 경찰이 그 흑인을 차에서 끌어 내리고 발로 목을 밟아서 죽이는 일이 발생했습니다. 그런데 백인 경찰이 육중한 몸으로 흑인의 목을 밟는 모습과 그 흑인의 표정이 신문에 실리면서 흑인들이 화가 나서 폭동을 일으킨 적이 있습니다. 이와 같은 사건이 미국에서는 흔하게 일어나고 있습니다.

오해는 가족 안에도 있을 수 있고 교회 안에도 있을 수 있고 회사 안에서도 있을 수 있고 한 나라 안에서도 얼마든지 일어날 수 있습니다. 그래서 단순히 어떤 말을 듣고 혼자서 생각하는 것보다는 정확한 사실을 확인해 보고 난 후에 화를 내든지 따지든지 하는 것이 불필요한 희생을 줄일 수 있습니다.

본문을 보면, 이스라엘 백성이 가나안 정복 전쟁을 잘 마치고 돌아가는 요단 동쪽의 두 지파 반에 대하여 크게 오해해서 내전이 크게 일어날 뻔한 사건을 기록하고 있습니다. 지금까지 이스라엘 백성은 서로 협력해서 가나안 족속과의 전쟁에서 이기고 많은 전리품을 차지했습니다. 그리고 이제 요단 동쪽에 있는 두 지파 반은 여호수아의 축복을 받으면서 자기 가족들이 있는 요단 동쪽으로 돌아가게 되었습니다. 그때 그들은 자기들의 후손들이 본토 이스라엘 백성에게 따돌림을 당할까 걱정해서 무엇인가 일을 벌이게 됩니다. 이것이 엄청난 오해를 일으켜서 같은 이스라엘 백성 안에서 내전이 일어날뻔했던 것입니다. 그 오해가 무엇입니까?

### 1. 요단 동쪽 지파의 성실함

모세가 살아 있었을 때 르우벤 지파와 갓 지파와 므낫세 반 지파는 이스라엘 백성이 거인족들로부터 빼앗은 요단 동쪽 땅을 보고 그곳이 목축하기에 너무나도 좋은 땅이라고 생각해서 모세에게 그 땅을 자기 지파에게 달라고 요구했습니다. 이 요구에 처음에는 모세도 오해해서 너희가 여기에 주저앉고 가나안 본토에서는 싸우지 않으려고 하느냐고 하면서 화를 내었습니다. 그랬더니 이 두 지파 반은 모세에게 그것이 아니라고 했습니다. 즉 우리는 처음부터 끝까지 요단강을 건너가서 이스라엘 백성과 함께 싸울 것인데, 단지 우리의 직업이 목축업이기 때문에 이 땅이 목축하기에 너무 좋아서 우리에게 달라고 요구한 것이라고 해명했습니다. 모세는 이들의 말을 알아듣고 그러면 여기서 성을 쌓고 여자들과 가축들은 여기에 두고 너희들은 다른 이스라엘 백성보다 먼저 요단강을 건너가서 가나안 족속과 끝까지 싸우라고 했습니다. 그랬더니 이 요단 동쪽의 르우벤, 갓, 므낫세 반 지파는 '좋다' 고 대답했습니다. 그리고 실제로 그들은 다른 이스라엘 백성보다 먼저 요단강을 건너가서 처음부터 끝까지 십수 년이 지나도록 집에도 가지 못하고 끝까지 가나안 족속들과 싸웠습니다.

이제 가나안 땅에서 더 이상 큰 전쟁은 없고 각 지파는 자기 땅에 거하는 가나안 족속들을 몰아내든지 아니면 같이 살든지 함으로써 마침내 전쟁이 끝나게 되었습니다. 그때 여호수아는 그때까지 처음 약속을 끝까지 지켜서 집에 돌아가지도 않고 가나안 땅에 남아서 싸운 르우벤과 갓 지파와 므낫세 반 지파를 불러서 이제는 집으로 돌아가도 된다고 하면서 그들을 축복했습니다. 이 세 지파는 전쟁만 하고 그냥 빈손으로 돌아간 것이 아니라 다른 이스라엘 백성과 힘을 합해서 싸우면서 차지했던 엄청난 전리품들을 챙겨서 돌아가게 되었습니다.

무엇보다 먼저 여호수아는 이 가나안 동쪽 지파 사람들이 하나님께서 명령하신 대로 끝까지 가나안 땅에서 싸운 그 신실함을 칭찬했습니다. 그리고 그들은 가나안 땅에서 빼앗았던 금과 은과 구리와 쇠와 심히 많은 의복을 가지고 돌아가게 되었습니다. 여호수아는 이 요단 동쪽 지파들이 자기 집으로 돌아가서 거기서도 여호와의 말씀과 율법을 지켜 행하고 하나님을 사랑하고 하나님을 가까이 하고 마음을 다하고 성품을 다하여 하나님을 섬기면 된다고 하면서 그들을 축복하며 돌아가게 했습니다. 그래서 르우벤 지파와 갓 지파와 므낫세 반 지파는 하나님의 일차 테스트에 합격했던 것입니다. 그들은 자기들이 약속한 대로 가장 먼저 요단강을 건너갔고 끝까지 집에 돌아가지 않고 싸웠기 때문에 엄청난 전리품을 상으로 얻게 되었습니다.

그런 의미에서 요단 동쪽의 지파들은 이스라엘에 큰 기여를 했던 것입니다. 우선 이스라엘이라는 나라의 경계선을 요단 동쪽까지 크게 넓힌 것이었습니다. 더욱이 므낫세 지파는 반씩 나누어서 반은 요단 동쪽에 반은 요단 서쪽에 두 군데나 땅을 차지했습니다. 결국 요단 동쪽 지파들은 가나안 본토를 보호하는 역할도 하게 된 것입니다. 더욱이 그들이 거기서도 하나님의 말씀에 잘 순종하면 이스라엘 부흥의 불길은 두 군데서나 일어나게 되는 것입니다.

## 2. 요단 동쪽 지파의 걱정

이제 드디어 요단 동쪽의 지파들은 엄청난 금과 은과 동과 철을 마차에 싣고 수많은 옷들도 가지고 요단 강가까지 오게 되었습니다. 그런데 그들이 막상 요단강을 건너려고 하니까 걱정되는 것이 있었습니다. 앞으로 그들이 살게 될 요단 동쪽 땅과 가나안 본토가 너무 멀다는 것이었습니다. 거기에다가 요단강이 너무 깊이 파여 있어서 요단 동쪽과 서쪽이 왔다 갔다 하기가 어려워질 수도 있다는 생각이 들었습니다. 이때 요단 동쪽의 지파들은 무조건 여호수아의 말을 믿고 자기 땅에 가서도 하나님의 말씀을 지키고 마음을 다하고 성품을 다하여 하나님을 섬기면 아무 문제가 없었을 텐데 그들은 인간적인 걱정을 하기 시작했습니다.

우선 하나는 본토에 있는 이스라엘 백성이 자기들은 요단 동쪽에 있다고 따돌릴 것이라는 생각이었습니다. 즉 가나안 본토에 있는 이스라엘 백성은 '요단강이 이스라엘의 경계선'이라고 주장하면서 요단 동쪽에 있는 사람들은 하나님께 와서 제사할 자격이 없다고 하면 어떻게 하나 하는 걱정이었습니다. 즉 요단 동쪽 족속들이 가만히 보니까 이스라엘의 중요한 지파들은 모두 다 본토에 있는데 자기들만 동쪽에 있어서 따돌림당할 가능성이 크다고 생각했던 것입니다. 즉 유다 지파와 에브라임 지파, 베냐민 지파, 시므온 지파는 모두 다 본토에 있었던 것입니다.

그리고 또 하나는 성경에는 잘 나타나지 않지만 후손들의 신앙을 걱정했던 것 같습니다. 즉 부모들이 보니까 요단 동쪽에서 성전이 있는 곳까지는 너무나도 멀었습니다. 그래서 그들은 자기 후손들이 성전을 무시하고 하나님께 예배드릴 것을 등한히 하고 살까 봐 걱정되었던 것입니다. 이것은 우리에게도 얼마든지 일어나고 있는 일입니다. 즉 다른 도시에 있던 학생들이 큰 도시의 학교로 전학을 가면 왕따를 시킵니다. 특히 우리나라는 모든 직장이나 학교가 서울에 편중되어서 지방 출신들은 인정받지 못합니다. 그래서 요즘은 지방에 있는 국립대학조차도 자퇴생들이 30%나 된다고 합니다. 즉 '인 서울'에 있는 대학을 나와야 그나마 인정을 받는다는 것입니다.

이것은 교회도 마찬가지입니다. 서울에 있는 교회나 알아주지, 지방에 있는 교회는 아무리 커도 잘 알아주지 않습니다. 그러다가 서울에 있는 교회에 엄청난 쓰나미가 불어오게 되었습니다. 그것은 돈 문제나 후계자 문제, 성범죄 문제 같은 것이었습니다. 그리고 자녀들이 공부 잘해서 서울이나 외국 유학을 가서 결혼까지 하면 신앙생활을 잘하지 않는 자녀들이 너무 많습니다.

22:11-12, "이스라엘 자손이 들은즉 이르기를 르우벤 자손과 갓 자손과 므낫세 반 지파가 가나안 땅의 맨 앞쪽 요단 언덕 가 이스라엘 자손에게 속한 쪽에 제단을 쌓았다 하는지라 이스라엘 자손이 이를

듣자 곧 이스라엘 자손의 온 회중이 실로에 모여서 그들과 싸우러 가려 하니라"

요단 동쪽 지파 사람들은 두 가지 생각을 했습니다. 하나는 우리는 정식 이스라엘 백성이라는 것입니다. 자기들은 가나안 본토를 찾을 때 처음부터 끝까지 싸웠기 때문에 자기들이 이스라엘 백성이라는 흔적을 가나안 본토에 남기기를 원했습니다. 그리고 또 이 동쪽 사람들은 앞으로 후손들이 하나님을 멀리하지 않도록 본토에 큰 제단을 하나 쌓아서 그 후손들이 언제나 본토에 있는 성전을 찾아가야 한다는 것을 가르치려고 했던 것 같습니다.

그래서 요단 동쪽 지파 사람들은 요단 언덕 가 본토 쪽에 아주 큰 돌로 제단을 쌓았습니다. 이것은 역시 두 가지 의미가 있습니다. 즉 우리는 비록 몸은 요단 동쪽에 있지만 같은 이스라엘이라는 표시였고, 후손들은 이 제단을 보고 본토에 있는 성전을 찾아가서 제사 드리도록 하라는 뜻이었습니다. 그들이 아주 큰 제단을 쌓은 이유는 성전 제단은 너무 작아서 잘 보이지 않았기 때문입니다. 그래서 아주 큰 제단을 쌓아서 요단강을 건널 때마다 성전을 생각하도록 하려고 했던 것입니다.

그러나 본토 이스라엘 안에는 소문이 빠르게 났습니다. 요단 동쪽 지파가 요단강을 지나가기도 전에 아주 큰 제단을 쌓았다는 소문이 온 본토 이스라엘 백성에게 퍼지게 되었습니다. 그때 이스라엘 백성은 요단 동쪽 지파가 이 제단을 쌓은 것을 보고 그들이 다른 신을 섬기려고 한다고 오해했던 것입니다. 이때까지만 해도 이스라엘 백성은 이스라엘의 한 지파가 범죄하면 전 지파가 하나님의 심판을 받게 된다는 의식이 강했습니다. 결국 본토의 이스라엘 백성은 요단 동쪽 지파가 요단강을 건너기도 전에 우리 하나님을 버리고 다른 신을 섬기려고 한다는 소문이 쫙 퍼지게 되었습니다. 그래서 본토의 전 이스라엘 지파가 다른 신을 섬기려고 하는 요단 동쪽 지파와 싸워서 그들을 전멸시키기 위하여 전쟁하려고 모이게 되었습니다. 사실은 요단 동쪽 사람들도 지금까지 하나님의 일을 잘했고 또 앞으로도 잘 믿으려고 제단을 쌓았고, 본토 이스라엘 백성도 하나님을 잘 믿으려고 애쓰고 있는데 서로의 오해가 서로 싸우게 만들었던 것입니다.

이번에는 비느하스라고 하는 성숙한 지도자 때문에 전쟁을 피하게 됩니다. 그는 정말 하나님께 대한 열정이 뜨거운 사람이었습니다. 이스라엘 백성이 가나안 땅으로 오는 중에 모압 왕이 발람이라는 거짓 선지자를 불러서 이스라엘 백성을 저주해달라고 했습니다. 발람은 모압 왕에게 하나의 계책을 이야기해 주었는데 그것은 이스라엘 백성이 지나가는 길옆에 모압의 신상을 세우고 모압 여인으로 이스라엘 백성을 유혹하라는 것입니다. 실제로 이스라엘 백성은 모두 모압 여인들에게 달려가서 우상에게 절하고 우상의 음식을 먹고 모압 여인들과 성관계를 가졌습니다. 이것이 바로 브올의 사건이었습니다(민 25:1-15).

이때 이스라엘 족장 중에서 한 사람은 이스라엘 백성이 보는 앞에서 모압 여인을 한 명 끼고 들어와서 자기 텐트에서 성관계를 가지고 있었습니다. 이때 비느하스는 하나님을 사모하는 열정을 가지고 그 텐트에 따라 들어가서 창으로 단번에 남녀를 꿰뚫어서 죽여 버렸습니다. 그때 하나님은 비느하스가 하나님의 시기심으로 우상 숭배하고 간음하는 자들을 죽여서 하나님의 진노를 그치게 했다고 했습니다. 그리고 그 날에 하나님이 치셔서 이스라엘 백성 2만 4천 명이 죽었습니다. 그러나 이스라엘 백성은 그때의 미련을 여전히 버리지 못하고 있었던 것입니다.

### 3. 비느하스의 지도력

이스라엘에는 여호수아라는 지도자가 있었지만, 그는 이제 나이가 너무 들어서 회담 같은 것은 할 수 없었습니다. 그런데 그 당시 비느하스라고 하는 지도자가 있었습니다. 비느하스는 신앙적으로 성숙한 크리스천이었습니다.

비느하스는 이스라엘 백성에게 제안을 합니다. "우리가 바로 요단 동쪽 이스라엘과 당장 전쟁하지 말고 각 지파에서 대표 한 명씩 뽑아서 가서 이야기를 한번 들어보자. 그때 그들이 정말 하나님을 버리고 우상을 섬기려고 하면 그때 전쟁을 해도 늦지 않다"고 했습니다. 그래서 비느하스는 이스라엘 대표들을 데리고 아직 요단강을 건너가지 않은 요단 동쪽 지파 사람을 만나러 갔습니다.

비느하스는 그들을 찾아가서 자기가 찾아온 목적을 먼저 전했습니다. "너희들이 큰 제단을 쌓은 것은 지금까지 우리를 인도하신 여호와 하나님을 버리고 다른 신을 섬기려는 의도로 생각된다. 이것은 대단히 잘못하는 것이며 하나님을 거역하는 것이라"고 했습니다.

이때 비느하스는 두 가지 예를 들었습니다. 하나는 모압 들판에서 있었던 그 사건이었습니다. 그때 수많은 이스라엘 백성이 이방신에서 절하고 우상의 제물을 먹고 여인들과 관계하는 바람에 2만 4천 명이나 전염병으로 죽었는데, 우리는 아직까지 그 죄에서 깨끗이 씻음을 받지 못하고 있다고 강조했습니다. 즉 그 우상 숭배의 찌꺼기들은 아직도 이스라엘 백성 안에 남아 있다는 것입니다. 그런데 너희가 어떻게 아직 요단강을 건너지도 않았는데 하나님을 거역하고 다른 신을 섬기겠다고 제단을 만들었느냐고 질책했습니다. 그리고 또 하나는 아간이 여리고 성에서 하나님께 바치지 않고 감추었던 물건 때문에 전 이스라엘이 힘을 잃고 아이 성에서 패배해서 절망하고 낙심했는데 그것을 잊었느냐고 강하게 질책했습니다. 그리고 이어서 비느하스는 요단 동쪽 지파에게 만일 그 땅이 하나님의 성전에서 멀어서 신앙 생활하기 힘들면 본토로 오라고 하면서 우리 땅을 나누어주겠다고 제안했습니다.

이때 요단 동쪽 지파도 자기들이 제단을 만든 의도를 이야기했습니다. 이 제단은 모양을 보면 알겠지만, 제물을 바치기 위한 제단도 아니고 번제를 드리기 위한 제단도 아니라고 했습니다. 제단 위에 제사장이 올라가는 계단이 없었기 때문입니다. 우리는 단지 요단 동쪽으로 갔을 때 본토 사람들이 우리를 이스라엘 백성이 아니라고 해서 하나님을 섬기지 못하게 할까 봐 같은 이스라엘이라는 표시를 본토에 남겨놓기 위한 것이라고 설명했습니다.

비느하스가 요단 동쪽 지파의 말을 들어보니까 그들은 전혀 우상을 섬길 의도가 없는 것을 알게 되었습니다. 오히려 그들은 자손들이 하나님을 더 잘 믿게 하려고 그런 제단을 세웠다는 것을 알게 되었습니다. 그때 비느하스는 그들의 말을 듣고 "우리 안에 하나님이 계신 줄 알았다"고 했습니다. 우리가 무조건 상대방의 말을 들어보지도 않고 전쟁해서 동족을 죽이지 않고 먼저 충분히 상대방의 말을 듣고 오해를 풀 수 있었던 것은 하나님이 우리와 함께 하셨기 때문이라는 것입니다. 그래서 우리는 사람 사이에 오해가 풀어지는 것을 통해서 하나님이 우리 가운데 계신 것을 깨달을 수 있습니다.

그뿐만 아니라 우리는 다른 여러 가지 일로 하나님이 우리와 함께 계신 것을 알 수 있습니다. 어떤 사람은 마음으로 생각만 하고 있었던 일이 실제로 눈앞에 이루어지는 것을 보고 하나님이 함께 계신 것을 깨닫기도 하고, 때로는 예배 가운데 하나님이 나의 아픔을 위로하시는 것을 통해서 깨닫기도 합니다. 어떤 사람은 병이 낫는 것을 통해서 깨닫기도 하고 때로는 오해가 풀어지는 것을 통해서 깨닫기도 합니다. 어떤 분은 설교 말씀을 듣는 가운데 하나님이 너무나도 정확하게 자신의 문제를 말씀하시는 것을 듣고 하나님이 함께 계신 것을 깨닫기도 합니다.

비느하스는 요단 동쪽 지파에게 너희가 우상 숭배의 죄를 짓지 않았기 때문에 이스라엘 백성을 하나님의 손에서 건져내었다고 했습니다. 즉 우리가 죄를 짓지 않는 것이 다른 성도들을 살리는 힘이 되는 것입니다. 나만 망하지 않는다고 좋은 것이 아니라 숨어서 짓는 죄가 다른 사람을 병들게 하고 죽게 하는 것이 문제입니다.

22:34, "르우벤 자손과 갓 자손이 그 제단을 엣이라 불렀으니 우리 사이에 이 제단은 여호와께서 하나님이 되시는 증거라 함이었더라"

결국 비느하스의 중재로 온 이스라엘의 오해가 풀렸고, 전쟁은 할 필요가 없어졌습니다. 그래서 모든 이스라엘 백성은 찬송하면서 자기 땅으로 돌아갔고, 요단 동쪽 지파는 그 제단을 "엣"이라고 불렀습니다. 그것은 '증거'라는 뜻이었습니다. 오늘 우리는 잠깐 잘못하면 가족이나 교인 사이에 오해하기 쉽습니다. 그때 무조건 상대방을 죄인으로 단정하지 말고 충분히 이야기를 들어본 후에 결정해도 늦지 않습니다.

그러나 더 중요한 것은 요단 동쪽 지파가 여호수아의 말을 진작 믿었더라면 오해도 생기지 않고 축복과 기쁨 가운데 집으로 돌아갈 수 있었을 것입니다. 즉 여호수아는 제단 같은 것은 필요 없고 거기에서 하나님의 말씀만 잘 섬기면 된다고 했는데, 그 말씀을 믿지 못하고 더 잘 믿으려고 하다가 전쟁이 터질 뻔 했던 것입니다. 교인들은 어느 곳에 있든지 열정과 신앙을 잘 지키는 것이 복 받는 비결입니다. 우리는 아브라함같이 어디를 가든지 하나님의 예배 중심, 하나님의 말씀 중심으로 살아서 가는 곳마다 하나님의 복을 받는 성도들이 다 되시기 바랍니다.

# 23

## 여호수아의 설교
수 23:1-16

**옛**날 일본의 메이지 시대에 살던 도호쿠 지방의 노인들은 후손들에게 바닷가에 제방을 쌓을 때는 반드시 높이를 15미터 이상으로 쌓으라고 했습니다. 그리고 산 위에 선을 그어놓고 이 선 밑으로는 집을 짓지 말라고 경고했습니다. 그 노인들은 메이지시대에 쓰나미를 경험한 적이 있었기 때문입니다. 그러나 그 후의 사람들은 제방을 15미터 이상 쌓는 것은 비용이 엄청나게 들 뿐 아니라 바다의 조망도 좋지 못하고 불편했습니다. 그래서 그 후손들은 제방 높이를 10미터만 쌓았습니다. 그러니까 경제적으로 훨씬 이득이 되었습니다. 그리고 후손들은 노인들의 말을 무시하고 산 밑에도 집을 짓고 심지어는 원전까지 지었습니다. 그리고 후손들은 거의 100년 동안 아무 일이 일어나지 않는 것 같았습니다.

그러나 2011년에 일본 도호쿠 지방에 쓰나미가 발생했습니다. 10m가 넘는 쓰나미가 제방을 넘어오면서 그곳의 집이나 차나 배는 모두 파도에 쓸려 내려갔습니다. 그리고 이만 명 가까운 사람들이 죽었습니다. 더욱이 정부는 평지에 원전을 몇 개나 지었는데, 그 원전이 침수되면서 냉각기 전기가 중단되어서 폭발해 버렸습니다. 그래서 방사능이 퍼져서 아직도 그 지역에는 방사능이 남아 있고 그 원전 안에는 처리하지 못한 오염된 물이 수백만 톤이나 있어서 그것을 태평양에 방출하고 있는데, 주위에 여러 가지 문제를 일으키고 있습니다. 그런데 도호쿠 지방에서 옛 노인의 말을 듣고 고집스럽게 제방의 높이를 15m로 만든 지방에서는 전혀 피해가 발생하지 않았다고 합니다.

이 세상의 모든 사람이 가야만 하는 길이 있습니다. 그것은 바로 사람이 늙어가고 언젠가는 죽음에 이르는 길입니다. 우리는 나만 늙지 않는다고 생각해서는 안 되고 나는 절대로 죽지 않는다고 생각해서도 안 됩니다. 왜냐하면 사람이 늙고 결국 죽어서 땅에 묻혀야 하는 것은 인간이라면 모두 다 가야만 하는 길이기 때문입니다.

여호수아는 훌륭한 이스라엘의 지도자였습니다. 그는 모세로부터 리더십을 물려받았는데, 하나님이 말씀하신 대로 오직 모세의 율법만 믿고 가나안 족속과 싸워서 모두 물리치고 그 가나안 땅을 정복하는 데 성공했습니다. 오늘도 우리는 이 세상을 정복해야 할 의무가 있습니다. 우리는 이 세상에서 적당하게 타협해서 살아서는 안 되고 아무 목적 없이 시간만 보내서도 안 됩니다. 우리는 이 세상을 정복하기 위하여 존재하는 하나님의 백성입니다. 그러나 여호수아도 인간이었기 때문에 20년 넘게 전쟁하고 난 후에는 100살이 넘어서 완전한 노인이 되었습니다. 물론 그 당시도 세상은 끊임없이 변하고 있었습니다. 그러나 여호수아에게 변함없는 진리 하나는 하나님께서 오늘까지 이스라엘에게 승리를 주셨다는 사실이었습니다. 여호수아는 자기가 오래 살지 못하고 얼마 있지 않아서 죽을 줄 알았습니다. 그래서 여호수아는 앞으로 이스라엘 백성이 이 세상에서 멸망하지 않고 계속 승리하기 위해서 꼭 필요한 교훈을 남겼습니다.

## 1. 하나님께서 싸우셨다

하나님께서는 드디어 가나안 땅에서 이스라엘 백성이 더 이상 싸울 상대가 없도록 모든 군대나 반발 세력들을 없애주셨습니다. 그렇다고 해서 가나안 족속들이 가나안 땅에서 모두 사라진 것은 아니었습니다. 그들은 이스라엘 일부 지파에는 항복해서 종살이하겠다고 하면서 남아 있었던 것입니다. 원래 하나님은 이스라엘 백성에게 가나안 족속을 완전히 몰아내라고 명령하셨습니다. 그들은 무당이고 점쟁이이고 음란한 자들이었기 때문입니다. 그래서 이스라엘 백성 중에서 순진한 백성은 하나님의 말씀대로 가나안 족속들을 다 물리치고 몰아내었습니다. 그러나 이스라엘의 몇 지파는 가나안 족속들과 언약을 맺고 그들을 종으로 삼고 쫓아내지 않았습니다.

그러나 그들은 조심해야 할 것이 있었습니다. 그것은 가나안 족속들이 가지고 있는 미신과 음란은 끝내 버리지 않을 것이고, 이스라엘 자녀들은 호기심을 가지고 우상 숭배하거나 음란한 짓을 구경하거나 배우게 될 것입니다. 그래서 결국 이스라엘은 가나안 족속들 때문에 우상 숭배자가 되고 그 땅에서 망하게 될 것입니다.

만일 여호수아가 늙지 않고 죽지도 않는다면 이스라엘 백성의 믿음을 영구적으로 지킬 수 있을 것입니다. 그러나 여호수아도 사람이었기 때문에 세월이 흐르니까 많이 늙게 되었습니다. 사실 여호수아가 모세의 후계자로 리더십을 물려받은 때에 나이가 80세였으니까 그때만 해도 노인이었습니다. 그러나 그의 정신은 늙지 않았습니다. 그래도 20년 넘게 전쟁을 치르다 보니까 백 살이 넘어서 이제는 진짜 노인이 된 것입니다. 그러나 여호수아는 자신의 임무를 다 감당했습니다. 즉 이스라엘은 가나안 땅을 다 차지했던 것입니다. 이때 이스라엘 백성은 지금까지 이루어진 일과 이스라엘의 미래를 후손에게 남기고자 했습니다.

23:1-2, "여호와께서 주위의 모든 원수들로부터 이스라엘을 쉬게 하신 지 오랜 후에 여호수아가 나이 많아 늙은지라 여호수아가 온 이스라엘 곧 그들의 장로들과 수령들과 재판장들과 관리들을 불러다가 그들에게 이르되 나는 나이가 많아 늙었도다"

여기서 "원수들로부터 쉬게" 하셨다는 말을 옛 개역성경에는 "안식하게" 하셨다고 했습니다. 즉 이제 가나안 땅에서 전쟁은 모두 끝이 난 것입니다. 이스라엘 백성은 가나안 땅을 정복하는 데 성공했습니다. 그때 여호수아는 많이 늙어서 더이상 이스라엘 백성을 이끌 수 없었습니다. 그렇다고 해서 하나님께서 여호수아를 대신할 만한 지도자를 세워주시지도 않았습니다. 이제 이스라엘 백성은 자기 신앙을 지키고 믿음을 자기 스스로 지켜야 할 시대가 된 것입니다.

이것은 교회도 마찬가지입니다. 교회에 목사님이 강력한 리더십을 가지고 교회를 이끌어 나갈 때는 교회 안에 별일이 없습니다. 그러나 그런 목사님이 돌아가시거나 은퇴하시고 나면 교회에 말이 많아지고 자기가 잘났다고 나서는 사람들이 많아지는 것입니다. 이때 교인들은 자신의 신앙을 스스로 잘 지켜야 합니다. 결코 어느 누구도 다른 사람의 핑계를 댈 수 없는 것입니다. 하나님은 이제는 너희가 스스로 깨닫고 판단해야 할 때가 되었다고 생각하셨기 때문입니다.

이때 여호수아가 이스라엘 백성에게 남긴 중요한 교훈은 지금까지 가나안을 정복할 수 있었던 비결은 하나님께서 가나안 족속과 싸우셨기 때문이라는 것입니다.

23:3, "너희의 하나님 여호와께서 너희를 위하여 이 모든 나라에 행하신 일을 너희가 다 보았거니와 너희의 하나님 여호와 그는 너희를 위하여 싸우신 이시니라"

우리는 이 말씀이 잘 이해되지 않습니다. 왜냐하면 가나안 땅을 실제로 정복한 것은 하나님이 아니라 이스라엘 백성이기 때문입니다. 이스라엘 백성이 가나안 족속들과 싸웠기 때문에 가나안 땅을 차지한 것이지 하나님이 싸우시는 것을 이스라엘 백성은 한 번도 본 적이 없었습니다.

물론 가나안 땅을 정복하기 위하여 죽도록 싸운 사람들은 이스라엘 백성이었습니다. 그러나 이스라엘 백성에게 힘을 주시고 용기를 주시고 가나안 족속들로 하여금 무력하게 하신 분은 하나님이셨던 것입니다. 그래서 우리 삶에 있어서 가장 중요한 전제는 오늘까지 내가 복 받고 잘 된 것은 내가 잘한 것이 아니라 하나님께서 함께하셨기 때문이라는 것입니다. 물론 나로 하여금 노력하게 하시고 좋은 찬스를 주신 분이 바로 하나님이십니다. 그래서 이스라엘 백성은 요단에서부터 해지는 대해까지 모든 땅을 다 정복할 수 있었던 것입니다.

그래서 지금까지 함께 하셨던 하나님께서 앞으로도 함께 하실 것입니다. 그래서 하나님은 앞으로도 이스라엘의 원수들을 다 쫓아내고 떠나게 하셔서 이스라엘이 힘이 부족해도 젖과 꿀이 흐르는 가나안 땅을 지킬 수 있을 것이라고 말씀하셨습니다. 하나님의 백성에게 놀라운 사실 하나는 우리 눈에는 보이지 않지만 하나님께서 우리로 세상을 정복하게 하시려고 좋은 머리를 주시고 좋은 여건을 주셔서 우리로 하여금 성공하게 하신다는 것입니다. 이것은 앞으로도 마찬가지입니다. 우리 힘이 부족해서 도저히 자신을 지키거나 세상에 살 수 없을 것 같을 때도 하나님께서 그 경쟁자나 대적자를 이기게 하신다는 것입니다.

## 2. 이스라엘 백성이 지킬 것은 오직 말씀

이스라엘 백성이 앞으로 가나안 땅을 잘 보전하고 주위에 있는 강한 나라들의 공격을 물리치고 가정과 나라를 지키기 위하여 할 일은 무엇이겠습니까? 그것은 무기를 사거나 군사력을 키우는 것이 아니라 하나님의 말씀을 끝까지 지키는 것입니다.

23:6, "그러므로 너희는 크게 힘써 모세의 율법 책에 기록된 것을 다 지켜 행하라 그것을 떠나 우로나 좌로나 치우치지 말라"

우리는 이 말씀도 잘 이해되지 않습니다. 이스라엘 백성이 힘들게 빼앗은 가나안 땅을 지키려면 강한 군사나 새로운 무기를 만들어서 어떤 적이 공격하더라도 물리칠 수 있는 군사력을 갖추어야 할 것입니다. 그러나 여호수아는 그렇게 말하지 않았습니다. 이스라엘 백성이 행할 것은 오직 모세의 율법 즉 하나님의 말씀을 잘 지켜 행하고 그것을 떠나 우로나 좌로나 치우치지 않는 것이라고 했습니다. 여기서 "우"는 모세의 율법에 없는 것을 추가해서 너무 잘 믿으려고 하는 것이고, "좌"는 하나님의 말씀에서 좋은 것 몇 가지만 추려서 믿는 것을 말합니다.

이스라엘 백성이 가나안 땅을 잘 지키고 거기서 행복하게 사는 길은 모세의 율법 전체를 늘 읽고 그 말씀에 있는 대로 순종해서 사는 것입니다. 그러나 현실은 그렇지 않습니다. 이스라엘 백성보다 강한 적들이 말과 병거와 신식 무기로 무장하고 공격해 온다면 그들이 율법만 읽는다고 해서 적이 저절로 물러가는 것은 아닐 것입니다. 적들이 쳐들어왔을 때 그들과 싸워서 이기거나 져야 할 사람은 바로 이스라엘 백성입니다. 그런데 미래를 행복하게 살려면 이스라엘 백성이 노력하고 세상의 발전된 문명을 배워야 하는 것이지, 오래된 모세의 율법만 읽고 지킨다고 해서 성공할 수 있을까요? 이것이 바로 하나님의 백성이 가진 특수성입니다.

하나님의 백성은 하나님의 양입니다. 양들에게 먹여야 할 것은 신선한 풀입니다. 그리고 깨끗한 물을 마시게 해야 합니다. 양들이 신선한 풀을 먹고 깨끗한 물을 마시면 저절로 살이 찌고 좋은 털이 생기고 새끼도 잘 낳아서 번식하게 됩니다. 마찬가지로 하나님의 백성이 하나님의 말씀을 들으면 기도하게 됩니다. 하나님의 말씀을 듣고 기도하면 저절로 힘이 생기고 문명이 발전하고 병이 없어지며 부흥이 일어나서 강한 나라가 될 것입니다. 그러나 말씀을 듣지 않고 기도도 하지 않으면 아무것도 되는 것이 없고 꼭 망할 길만 찾아 가게 되는 것입니다.

> 23:10, "너희 중 한 사람이 천 명을 쫓으리니 이는 너희의 하나님 여호와 그가 너희에게 말씀하신 것 같이 너희를 위하여 싸우심이라"

이스라엘에 부흥이 일어나면 한 사람 한 사람이 얼마나 능력이 있는지 한 사람이 천 명을 쫓아버린다고 했습니다. 그 사람 앞에서 하나님의 천사가 먼저 칼을 휘둘러서 천 명을 전부 좌절시키고 두렵게 만들기 때문입니다. 그래서 우리는 적들이 무력시위 한다고 두려워할 필요가 없습니다. 그들이 무력시위 하는 것은 우리가 무섭기 때문입니다. 그래서 우리는 우리 눈에 보이지 않는 세계를 볼 수 있어야 합니다.

목회자가 교인들을 말씀으로 잘 먹이면 스스로 기도를 합니다. 그리고 교인들은 합심해서 기도하고 찬송하고 말씀 듣는 것을 좋아합니다. 그러면 부흥이 일어나게 되어 있습니다. 부흥이 일어나면 아이들이 좋은 학교에 합격하고 청년들이 엄청나게 결혼하고 어른들은 사업에 성공합니다. 아기를 낳지 못하는 사람들이 있으면 한꺼번에 모두 임신하기도 합니다. 그리고 우리 안에 말씀이 살아 있고 기도가 살아 있으면 적이 아무리 핵무기를 가지고 있어도 아무 소용이 없게 될 것입니다. 그래서 우리는 세상일에도 최선을 다해야 하지만 하나님을 가까이하는 일을 소홀히 해서는 안 됩니다.

23:8, "오직 너희의 하나님 여호와께 가까이 하기를 오늘까지 행한 것 같이 하라"

우리는 하나님을 가까이해야 합니다. 눈에 보이지도 않는 하나님을 어떻게 가까이하겠습니까? 세상 사람들이 하는 말에 귀를 기울이지 않고 하나님의 말씀을 가까이하고 예배를 좋아하는 것이 하나님을 가까이하는 것입니다.

사도 바울은 믿음으로 하지 않는 모든 것이 '죄' 라고 했습니다. 아무리 좋은 일이라도 하나님 없이 내 생각으로 밀어붙이는 것은 죄입니다. 거기에는 하나님이 함께하시지 않습니다.

### 3. 이스라엘 백성의 유혹

이스라엘 백성이 가나안 땅에서 살아갈 때 가장 큰 유혹이 있습니다. 그것은 이 세상에서 당하는 유혹과 같은 것으로, 하나님을 믿지 않고 자신의 야망이나 욕망을 위해서 이기적으로 사는 사람들이 더 잘 되고 성공하고 출세만 잘한다는 것입니다. 반면에 하나님과 말씀을 사랑하는 사람은 질병에도 잘 걸리고 가난하게 살고 성공도 잘하지 못한다는 것입니다. 그래서 이스라엘 백성이나 우리도 하나님을 믿어도 성공하지 못하고 믿지 않아도 성공하지 못할 바에야 하나님을 버리고 자신이 하고 싶은 대로 하면서 성공하고 싶다는 생각이 드는 것입니다.

그러나 여기서 우리는 오해하지 말아야 합니다. 세상 사람들은 이 세상에서 잘 사는 것만이 목표이기 때문에 세상에서라도 잘 사는 것이 덜 불쌍합니다. 그들에게는 영원한 나라의 소망이 없고 그들 가운데 하나님은 안 계시고 죽은 귀신들만 득실거리기 때문입니다. 그러나 하나님은 하나님의 백성에게 먼저 세상 것을 주시지 않고 속 사람을 강건하게 하십니다. 그리고 고난을 통해서 모든 교만과 거짓이 빠져나가게 하시고 속 사람을 풍성하게 만드십니다. 그러고 난 후에 하나님이 복을 주시는데 이것은 마치 죽은 나무뿌리에서 싹이 나는 것과 같습니다. 세상 사람들이 보기에는 하나님을 믿는 사람도 성공하는 것을 보고 놀라는데 그것은 하나님이 부어주신 말씀의 은혜에 비하면 너무 작은 것에 불과합니다. 그러므로 우리는 세상 사람들이 잘 사는 것에 대하여 시기하거나 부러워할 필요가 없습니다.

### 23:14상, "보라 나는 오늘 온 세상이 가는 길로 가려니와"

여호수아는 자기가 늙었고 이제 죽음에 한 발짝 가까이 가는 것을 온 세상 사람들이 다 가는 길이라고 했습니다. 결국 우리는 모든 사람이 가야 할 길을 가는 것입니다. 그래서 모든 사람은 나이가 되면 다 늙고 또 때가 되어 하나님이 부르시면 하나님 앞에 가야 합니다. 그러나 분명한 것은 하나님이 말씀하신 것은 하나도 틀리지 않고 그 말씀이 전부 다 응답되었다는 사실입니다.

그러나 우리가 세상 사람들을 보고 하나님의 말씀을 업신여기고 세상을 따라가면 우리는 세상 사람들에게도 업신여김을 당하게 되고 세상이 가시가 되고 올무가 되어서 세상이 망할 때 같이 망하게 될 것입니다. 그래서 우리는 우리의 미래에 대해서도 많이 생각하고 고민하는 것보다 하나님을 믿어야 합니다. 즉 하나님께서 지금까지 나와 함께 하신 것 같이 앞으로도 함께 하신다는 것을 믿으면 되는 것입니다. 어차피 모든 일의 주인공은 하나님이십니다. 우리는 열심히 연기하고 하나님의 뜻만 이루어지면 되는 것입니다. 미래의 염려나 걱정 다 버리시고 하나님만 의지하고 사랑하는 성도들이 다 되시기 바랍니다.

# 24

## 이스라엘의 변질

수 24:1-33

**사**람들은 대개 자신이 맨 처음 가졌던 마음가짐을 끝까지 지키기가 어렵습니다. 왜냐하면 사람은 가난할 때의 마음과 성공했을 때 마음이 다르고, 무명 시절의 마음과 유명해졌을 때의 마음이 다르기 때문입니다. 어떤 여성은 사람들이 아무도 관심을 가져주지 않는 위안부 할머니들을 위해서 일을 했습니다. 그런데 할머니들을 위한 기부금이 들어오고 사람들의 관심을 끌게 되니까 그는 그 기부금을 자기 돈으로 써버렸습니다. 그리고 그 유명세를 가지고 정치인이 되었지만 구설수에 오르게 되었습니다.

저는 예전에 한 육군 여자 헬기 조종사를 참 좋게 생각했습니다. 그녀는 유방암에 걸렸는데 한쪽 유방을 잘라내니까 양쪽 균형이 달라져서 불편했습니다. 그래서 그는 성한 쪽 유방도 잘라내서 헬기 조종사를 하려고 했습니다. 그러나 그 이유로 강제 예편되었는데, 법정에 소송해서 군에 다시 복귀할 수 있었습니다. 그리고 그다음 정권 때 아주 높은 자리에 임명되게 되었습니다. 그런데 그는 높은 자리에 오르고 보니까 그 자리를 지키고 싶은 욕심이 생겼는지, 한쪽 유방을 베어 버리면서까지 나라를 지키려던 마음은 없어지고 높은 사람의 마음에 들기 위해서 자격도 없는 사람에게 상을 주고 불법적인 일을 받아들인 모습을 볼 수 있었습니다.

여호수아서의 주제는 '세상을 정복하라' 입니다. 하나님께서는 광야에서 40년 동안 문화와 학문의 혜택을 전혀 보지 못하고 메마른 땅을 돌기만 하던 이스라엘 백성을 하나님의 말씀에 충성된 여호수아를 사용해서 가나안 땅을 정복하는 데 성공했습니다. 겉으로 보기에 이스라엘 백성은 가나안 땅을 다 차지했고 전부 땅을 가진 부자가 되었습니다. 그러나 그들은 가나안 땅을 차지한 후 급격하게 변질되기 시작했습니다. 하나님께서 이스라엘 백성으로 하여금 가나안 땅을 차지하게 하신 것은 가나안의 미신과 나쁜 풍습을 몰아내고 하나님의 말씀대로 사는 세상을 만들기 위해서였습니다. 그러나 이스라엘 백성은 이런 목표를 달성하고 성공하자마자 여호수아가 손을 쓸 수 없을 정도로 이방 풍습을 따라가고 하나님의 말씀을 버리기 시작했습니다.

## 1. 이스라엘의 역사는 하나님의 역사

우리는 가끔 성경을 보면서 이해되지 않을 때가 있습니다. 그것은 우리가 우리나라 역사도 잘 모르는데 이스라엘 역사까지 배워야 하느냐 하는 점입니다. 그런데 이스라엘 역사는 이스라엘 민족의 역사가 아니라 하나님의 역사입니다. 그리고 우리 한 사람 한 사람이 살아온 과정도 그냥 한 인간의 역사가 아니라 하나님의 역사이기 때문에 중요한 것입니다. 그래서 우리는 이스라엘 역사를 통해서 하나님께서 하신 일을 보게 되고 믿음이 더 생기게 됩니다.

이스라엘 역사는 한 가정의 역사에서부터 시작합니다. 그 사람은 바로 아브라함이라는 믿음의 사람입니다. 원래 아브라함이나 아브라함의 아버지는 메소포타미아의 갈대아 우르에 살던 사람이었고, 하나님을 모르고 이방신을 섬기던 사람이었습니다. 그런데 아마도 이 바벨론 땅에서 하나님께서 아브라함에게 전도를 하셨던 것 같습니다. 어떤 사람을 통해서 전도하셨든지 아니면 꿈을 통해서 전도하셨든지, 아브라함에게 "나는 온 세상을 창조한 하나님이다. 나는 너에 대한 놀라운 계획을 가지고 있다. 너는 더 이상 세상 신을 섬기지 말고 내가 네게 주는 말씀을 믿고 살아라"고 하신 것 같습니다. 그래서 아브라함은 아버지 데라를 모시고 당시 큰 도시였던 우르를 떠나서 하란 땅까지 갔습니다.

하란 땅은 가나안 땅을 오기 위해서 거슬러 올라오다 보면 삼각형의 꼭짓점에 해당하는 딱 중간 지점에 있었습니다. 거기가 살기 좋았는지 아브라함과 아버지 데라는 하란에서 성공했습니다. 거기에서 많은 땅도 사고 친척들도 많이 살았고 목축도 많이 했습니다. 그래서 하란은 아브라함의 제2의 고향처럼 되었습니다. 그러나 아버지 데라가 죽고 난 후에 어느 날 하나님은 아브라함에게 이 모든 성공과 안정된 삶을 포기하고 하나님의 말씀이 인도하는 대로 새로운 인생을 시작하라고 말씀하셨습니다. 이때 75세가 된 아브라함은 하나님의 말씀을 믿고 전혀 살아보지도 않은 미지의 땅으로 이민을 갔습니다.

이때 하나님은 아브라함에게 두 가지 약속을 하셨습니다. 하나는 네 후손이 밤하늘의 별처럼 많아질 것이며, 가나안 땅을 너와 후손에게 주시겠다고 말씀하셨습니다. 아브라함은 하나님을 믿었습니다. 하나님은 아브라함의 그 믿음을 보시고 그를 의인이라고 인정하셨습니다. 즉 하나님은 아브라함의 죄는 다 가져가시고 하나님의 의를 아브라함에게 주셨던 것입니다. 그리고 하나님은 아브라함에게 하나님의 복을 독점적으로 주시겠다고 말씀하셨습니다. 그 복은 자손들에게 상속되는 복이었습니다.

그러나 하나님의 약속은 쉽게 이루어지지 않았습니다. 아브라함은 백 살이 되어서야 겨우 이삭을 낳았습니다. 그리고 이삭의 아들은 에서와 야곱이었는데, 에서는 일찌감치 세일 땅을 차지하고 나라를 만들었습니다. 그러나 야곱과 그 열두 아들은 흉년 때문에 애굽에 내려가서 사백 년 동안 그곳에서 종살이를 해야 했습니다. 이것이 바로 하나님의 드라마입니다. 드라마는 반드시 왕이거나 부자라고 해서 주인공이 아닙니다. 오히려 그들이 엑스트라일 수 있습니다. 하나님의 무대는 하나님의 말씀이 임하는 곳입니다. 그리고 그 말씀을 믿고 순종하는 사람들이 주인공입니다.

사백 년 후에 하나님의 드라마는 모세라는 사람을 통하여 엄청난 스케일로 나타나게 되었습니다. 그것은 애굽에서 종살이하던 이스라엘 백성을 건져내기 위해서 열 가지 기적을 내리고 나중에는 홍해까지 갈라지게 한 것이었습니다. 그래서 무조건 이 세상에서 안정되고 높은 자리에 올라가고 잘 산다고 해서 주인공은 아닙니다. 때로는 죽도록 고생하고 먹고 살 것이 없고 인생 밑바닥까지 내려가도 하나님의 말씀이 임하는 곳이 무대 중심인 것입니다. 애굽의 바로는 하나님을 대저해서 수많은 마병과 병거를 거느리고 이스라엘 백성을 죽이려고 쫓아왔습니다. 그러나 모세의 지팡이로 홍해는 갈라지고 이스라엘 백성은 홍해 안에 피할 길이 생겼습니다. 그리고 끝까지 병거를 타고 추격하던 바로와 그의 군대는 홍해가 갈라진 것이 합쳐지는 바람에 모두 바다에 빠져 죽고 말았습니다. 하나님 말씀의 위력은 핵무기 백만 배의 위력이 있는 것입니다. 이것을 이스라엘 백성은 다 보았습니다.

## 2. 이스라엘의 광야 생활

이스라엘 백성은 홍해를 건넌 후 물도 없고 양식도 없는 광야로 들어갔습니다. 사실 이것은 미친 짓이고 자살 행위와 같았습니다. 그러나 모세는 홍해가 갈리지는 것을 보고 무조건 하나님의 말씀을 믿고 이스라엘 백성을 물도 없고 양식도 없는 그 뜨거운 광야로 데리고 갔습니다. 이스라엘 백성은 물이 없으면 모세를 돌로 쳐죽이고 다시 애굽으로 돌아가려고 했습니다. 그러나 하나님은 모세로 하여금 지팡이로 반석을 쳐서 물이 터져 나오게 해서 백성이 다 물을 먹고 마셨습니다. 또 하나님은 40년 동안 이스라엘 백성에게 만나를 주셔서 먹고 살게 하셨습니다.

그러나 이스라엘 백성에게 많은 위기가 있었습니다. 그것은 단지 광야 생활이 고생스러운 것도 있지만 하나님의 말씀을 믿지 못하게 하는 유혹이었습니다. 그들은 하나님의 율법의 돌비를 받고도 금송아지를 만들어서 섬겼고, 가나안 땅 경계선까지 가서 40일 동안 정탐까지 해 놓고 우리 힘으로는 가나안 땅을 차지하지 못할 것이라고 하면서 애굽으로 돌아가 다시 종살이를 하겠다고 했습니다. 하나님 말씀의 능력을 체험하지 못했다면 얼마든지 그렇게 해도 됩니다. 그러나 홍해의 기적과 반석에서 물이 터지는 기적을 본 사람이라면 무조건 하나님을 믿어야 하는데, 이스라엘 백성은 그렇지 못했습니다. 그래서 이스라엘 백성 중에서 이 위대한 하나님의 능력을 보고도 믿지 못한 출애굽 세대는 여호수아와 갈렙을 제외하고는 한 사람도 가나안 땅에 들어가지 못했습니다. 또 그들은 40년 광야 생활이 거의 끝나갈 때쯤에 발람이라는 거짓 선지의 계략으로 길가에 모압 신상과 우상의 제물과 모압 여자들을 보고는 우상에게 절하고 그 제물을 먹고 모압 여인들과 관계함으로 하루에만 2만 4천 명이 죽었습니다. 이처럼 아무것도 보이는 것이 없는데 하나님의 말씀을 믿는다는 것은 정말 어려운 일이었습니다.

이스라엘 백성이 처음 대결해야 했던 왕들은 요단 동쪽에 있는 거인족들이었습니다. 왕도 거인이고 백성 중에도 거인들이 많았습니다. 하나님께서는 모세에게 "내가 왕벌을 너희 앞에 먼저 보내어 그들을 정신 차리지 못하게 하고 너희들로 하여금 쫓아내게 하겠다"고 말씀하셨습니다.

24:12, "내가 왕벌을 너희 앞에 보내어 그 아모리 족속의 두 왕을 너희 앞에서 쫓아내게 하였나니 너희의 칼이나 너희의 활로써 이같이 한 것이 아니며"

여기서 "왕벌"은 말벌을 말하는데, 아마 광야의 말벌은 우리나라 말벌보다 훨씬 크고 독이 많았던 것 같습니다. 이 말벌들의 공격을 받으면 물린 곳이 퉁퉁 붓고 숨이 가빠지며 어떤 사람은 호흡곤란을 느껴서 죽기도 합니다. 또 때로 몰려다니고 독침을 쏘고 또 쏘고 하기 때문에 왕벌에게 한 번 걸리면 전쟁이고 무엇이고 도망치는 수밖에 없었습니다. 그래서 이스라엘 백성이 요단 동쪽의 거인족속과 싸울 때 평소 실력으로는 도저히 이길 수 없었던 그들을 하나님의 말씀만 믿고 나가니까 너무나도 쉽게 이길 수 있었습니다. 하나님께서는 바로 요단 동쪽의 두 거인 왕국이 너희들이 가나안 땅을 정복할 샘플이라고 말씀하셨습니다. 그러니까 이스라엘 백성은 앞으로 어떤 적을 만나더라도 하나님의 말씀만 믿고 나가면 모두 다 정복할 수 있다는 뜻입니다.

하나님께서는 이스라엘 백성에게 그 땅에 있는 모든 것을 선물로 주셨습니다.

24:13, "내가 또 너희가 수고하지 아니한 땅과 너희가 건설하지 아니

한 성읍들을 너희에게 주었더니 너희가 그 가운데에 거주하며 너희는 또 너희가 심지 아니한 포도원과 감람원의 열매를 먹는다 하셨느니라"

이스라엘 백성은 처음 가나안 땅에 와서 어마어마한 성들을 보았습니다. 그리고 키가 크고 말을 타는 우수한 군인들을 보았습니다. 그리고 수많은 마병을 보았습니다. 그러나 하나님께서는 그런 것들을 두려워하지 말라고 했습니다. 왜냐하면 하나님의 왕벌이 먼저 그들을 공격해서 말을 탔든지 병거를 탔든지 활을 가졌든지 모두 정신없이 만들어 놓을 것이기 때문입니다.

우리는 이스라엘 백성이 남이 지은 성을 차지하고 남이 지은 집에 살고 남이 심은 포도원이나 감람원에 농사를 짓는 것은 도둑질이 아니냐고 생각할지 모릅니다. 그러나 그것은 하나님이 이스라엘 백성에게 주시는 선물이었습니다. 하나님은 이 세상에 있는 모든 것을 우리에게 선물로 주시는 것입니다. 그러나 이스라엘 백성이 가나안 땅을 정복한 목적은 단 하나였습니다. 그것은 가나안 땅의 모든 무당과 미신과 점과 음란을 몰아내고 하나님만 섬기는 나라를 만드는 것이었습니다. 하나님은 가나안 족속이라고 해서 무조건 다 나쁘다고 말씀하시지 않았습니다. 단지 그들이 우상 숭배나 미신을 따라가지 않고 음란하지만 않으면 얼마든지 가나안 땅에 살아도 되는 것입니다. 그러나 이스라엘 백성은 정신을 똑바로 차려서 절대로 우상이나 미신이나 세상의 풍습을 따라가면 안 되는 것입니다.

24:14, "그러므로 이제는 여호와를 경외하며 온전함과 진실함으로 그를 섬기라 너희의 조상들이 강 저쪽과 애굽에서 섬기던 신들을 치워 버리고 여호와만 섬기라"

이스라엘 백성이 가나안 땅을 정복한 후 가나안 땅을 절대로 빼앗기고 싶지 않았고 먹고살 만해지니까 더 잘살고 싶은 욕심이 생겼습니다. 그래서 그들은 목적을 달성한 후에 변질되기 시작했습니다. 그들은 광야에서 가난하게 살다가 가나안 땅에 와서 갑자기 땅을 가지고 집을 가지고 포도원과 감람원을 가진 부자가 되고 나니까 마음이 달라지게 되었습니다. 그것은 더 부자가 되고 더 넓은 땅을 차지하고 더 강한 힘을 가진 사람들이 되고 싶었던 것입니다.

그래서 그들은 이제 하나님의 도움 없이도 잘 살고 부자가 되고 성공하기 위하여 세상을 따라가기 시작했습니다. 물론 이스라엘 백성이 하나님을 버린 것은 아니었습니다. 그러나 하나님은 하나의 종교에 불과했고 그들은 세상 사람들처럼 성공하기를 원했던 것입니다. 그래서 이스라엘 백성은 거의 전부 다 우상을 가지고 있었고, 이제는 노골적으로 그것을 내놓고 자랑하고 숭배하기도 하고 또 가나안 땅에서 구하기도 했습니다. 이런 흐름을 이제는 여호수아의 힘으로는 막을 수 없었습니다. 이제 여호수아는 늙어서 살아있을 날이 얼마 남지 않았습니다. 그러나 이스라엘 백성은 아직 젊고 힘이 있고 자기 생각에 가득 차 있었습니다.

그래서 여호수아는 아주 비장한 설교를 하게 됩니다. 즉 "너희들이 금송아지나 가나안 땅의 우상이나 우리 조상들이 우르에서 섬기던 신을 섬기고 싶으면 섬기라. 나는 더 이상 너희들을 막을 수 없다. 그렇지만 나와 내 집은 여호와만 섬기겠다"고 했습니다.

24:15, "만일 여호와를 섬기는 것이 너희에게 좋지 않게 보이거든 너희 조상들이 강 저쪽에서 섬기던 신들이든지 또는 너희가 거주하는 땅에 있는 아모리 족속의 신들이든지 너희가 섬길 자를 오늘 택하라 오직 나와 내 집은 여호와를 섬기겠노라 하니"

여호수아가 이런 피맺힌 말을 토해내었던 것은 이스라엘 백성의 마음이 너무 돌같이 단단해서 아무리 하나님의 기적과 능력을 보아도 그들은 자기 멋대로 믿고 자기 하고 싶은 대로 하는 사람들이었기 때문입니다. 이제는 더 이상 여호수아는 이스라엘 백성을 말릴 수 없었습니다. 여호수아는 이제 모든 이스라엘 백성의 문제는 하나님께 맡기고 여호수아는 자신의 임무를 마치는 수밖에 없었습니다. 여호수아는 오직 하나님의 말씀 하나로 가나안 땅을 정복하고 세상을 정복하는 데는 성공했지만 이스라엘 백성이 성공하고 난 후에 신앙이 변질되는 것은 막을 수 없었습니다. 이것은 이스라엘 백성이 각자 알아서 해야 하는 일이었습니다.

## 3. 이스라엘의 결단

아마도 이스라엘 백성은 여호수아의 말을 듣고 섭섭했을 것입니다. 이스라엘 백성은 우리는 지금까지 하나님을 잘 믿어왔고 앞으로도 잘 믿을 건데 왜 '너희들이 알아서 믿고 싶은 대로 믿으라' 고 부정적으로 말하는가 생각했을 것입니다. 그러나 여호수아는 이스라엘 백성이 지금은 하나님을 믿는 것 같이 행동하지만 결국 하나님의 말씀보다는 자신의 의지를 믿고 자신의 생각대로 하고야 말 것임을 잘 알고 있었던 것입니다.

이스라엘 백성은 모두 여호수아 앞에서 하나님만 섬기겠다고 큰 소리로 약속했습니다. 즉 "우리는 결단코 여호와를 버리고 다른 신을 섬기지 않을 것이며 하나님이 친히 우리를 애굽의 종된 집에서 올라오게 하시며 우리 눈앞에서 큰 기적을 행하시고 가나안 땅에 있는 모든 족속들을 몰아내셨으니 우리는 여호와만 섬기겠습니다. 그리고 하나님만 우리 하나님이십니다"라고 대답했습니다.

그러나 여호수아는 그들에게 "너희가 하나님을 능히 섬기지 못할 것이니 그는 질투하시는 하나님이시기 때문이라"고 했습니다. 하나님이 이스라엘에 대하여 질투하신다고 말하는 것은 하나님은 이스라엘만 사랑하신다는 뜻입니다. 그래서 이스라엘 백성도 하나님을 대충 섬기거나 생활의 한 부분으로 섬겨서는 안 되고 하나님만 사랑해야 한다는 뜻입니다.

하나님은 질투하시는 분이십니다. 그래서 하나님은 우리가 다른 것을 하나님보다 더 사랑하는 것을 참지 못하시는 것입니다. 우리가 하나님의 말씀보다는 자기 생각을 더 확신하고 세상의 유행이나 사람들의 인기를 더 따라간다면 하나님은 화가 나서 가만히 있지 못하시는 것입니다. 그러나 우리는 이것을 이해하지 못합니다. 우리가 하나님 앞에 무엇입니까? 우리는 하나님 앞에 벌레보다 못하고 먼지보다 못한 존재입니다. 그런데 우리가 무엇이라고 하나님이 우리를 죽도록 사랑하시며 우리도 하나님만 죽도록 사랑하기를 바라신다는 것입니다. 그러나 이것은 사실입니다. 우리는 어디까지나 인간이고 인간의 인정이 좋고 인간 세상이 좋고 세상에서 오래 살고 싶은 것을 부인할 수 없습니다. 그러나 하나님은 우리의 눈을 높이 들어서 하나님의 세계와 하나님의 축복을 바라보라고 말씀하고 있습니다.

이스라엘 백성은 하나님만 섬기겠다고 약속했지만 그들은 대개 노인이었습니다. 이스라엘의 노인에게는 하나님의 말씀에 갈급한 마음이 있었습니다. 그러나 젊은 사람들은 노인들과 생각이 달랐습니다. 결국 이 일 후에 여호수아는 백십 세의 나이로 죽습니다. 이스라엘 백성은 여호수아 하나님의 말씀에 갈급한 노인들이 살아 있을 때는 하나님을 잘 섬겼습니다. 그러나 자기들이 어른들이 되었을 때는 옛날에 한 약속은 다 집어 던져버리고 자기 생각이나 자기 뜻대로 세상과 하나님을 섞어서 믿었던 것입니다. 우리나라의 기독교인이 천만이라고 하지만 우리는 하나님의 말씀보다는 세상을 더 좋아하는 것이 사실입니다. 하나님을 믿는다고 하지만 목회자나 교인들이나 모두 성공에 중독되어 있는 것도 사실입니다.

　오늘까지 우리를 살아있게 하시고 모든 좋은 것을 주신 분은 하나님이십니다. 지금이라도 자기 생각대로 믿지 마시고, 내 인생의 목표를 달성한 후에 옛날의 그 가난하고 갈급했던 마음을 버리지 마시고, 끝까지 겸손하고 순수한 마음을 지키면 끝까지 하나님의 복을 독점적으로 누리게 될 것입니다.